# GELDANLAGE FÜR FLEISSIGE

Stefanie Kühn
Markus Kühn

Stiftung Warentest

# INHALTSVERZEICHNIS

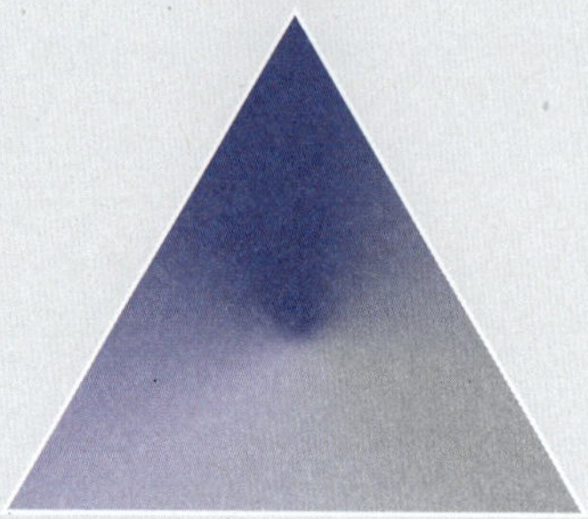

6 = 12
6 = 18
6 = 24
9 x 6 =
10 x 6 =
11 x 6 =
12 x 6 =

# OHNE FLEISS KEIN PREIS

Im Beruf werden Sie vor allem vorwärtskommen, wenn Sie Leistung und Einsatz zeigen. Bei der Geldanlage ist es nicht anders: Auch hier können Sie bessere Ergebnisse erzielen, wenn Sie Einsatz zeigen und sich regelmäßig um Ihre Finanzen kümmern. Mit etwas Fleiß, Finanzwissen und einer persönlichen Strategie erzielen Sie aber nicht nur mehr Ertrag, sondern erreichen auch mehr Sicherheit, Flexibilität und persönliche finanzielle Unabhängigkeit.

## DAS MAGISCHE DREIECK DER GELDANLAGE

Sein Geld richtig gut anzulegen ist nicht so einfach. Tausende Finanzprodukte stehen zur Auswahl und werden von Bankberatern und freien Finanzdienstleistern angepriesen. Altersvorsorge, Hausbau, Ausbildungsfinanzierung, Konsumwünsche ... Jeder Anleger hat andere Ziele. Schön wäre es, wenn es eine Anlageform gäbe, die für alle diese Ziele optimal wäre. Die werden Sie aber unter den vielen angebotenen Produkten vergeblich suchen.

Ein bekanntes Modell zur Charakterisierung von Kapitalanlagen ist das „Magische Dreieck der Geldanlage". Danach können Anleger mit einer Kapitalanlage im Grundsatz drei verschiedene Ziele verfolgen, aber nicht alle vollständig erreichen: Rendite, Sicherheit und Verfügbarkeit (Liquidität). Oft muss man bei einer Anlage Abstriche bei einem dieser Ziele machen, wenn ein anderes stärker im Vordergrund steht. So besteht zum Beispiel zwischen den Zielen Renditechancen und Sicherheit meist ein Konflikt, da der Preis für höhere Renditechancen in der Regel eine weniger sichere Anlage ist. Kann hingegen beispielsweise eine sichere Spareinlage bei einer Bank erst nach vier Jahren gekündigt werden, besteht ein Konflikt zwischen Sicherheit und Verfügbarkeit der Anlage.

Weitere wichtige Kriterien, auf die Sie achten können, sind:

- Der Aufwand, den Sie mit der Auswahl und der Kontrolle einer Anlage haben.
- Ethische Gesichtspunkte einer Geldanlage. Das können Fragen sein, wie zum Beispiel „Welche Auswirkungen hat mein Investment auf die Umwelt, zukünftige

## Das magische Dreieck der Geldanlage

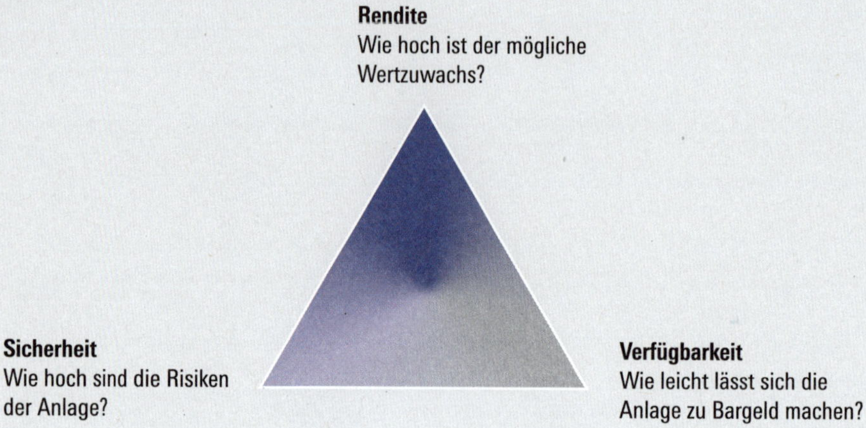


Generationen oder die Menschen eines Landes?" Das magische Dreieck der Geldanlage kann unter Berücksichtigung dieser Kriterien dann auch mal zum Vier- oder Fünfeck erweitert werden.

Auch wenn eine einzelne Geldanlage nie sämtliche Kriterien des magischen Vielecks gleichzeitig in höchstem Maß erfüllen kann, können Sie mit etwas Fleiß die Gesamtheit Ihrer Geldanlagen so optimieren, dass alle Kriterien für Sie persönlich bestmöglich erfüllt sind.

## Nicht nur auf die Rendite schauen

Die Rentabilität oder auch Rendite einer Anlage zeigt den Erfolg der Investition. Sie ergibt sich vereinfacht gesprochen aus dem Verhältnis des erzielten Ertrags zum investierten Kapital über einen bestimmten Zeitraum. Sie wird grundsätzlich auf ein Jahr umgerechnet und in Prozent angegeben. Je nachdem, um welche Art Anlage es sich handelt, kann die Rendite bereits vor der Investition berechnet werden oder ergibt sich erst bei der Veräußerung.

Stehen zum Beispiel bei einer festverzinslichen Anlage Laufzeit und Verzinsung von vornherein fest, lässt sich die Rendite vorab berechnen. Bei einer Aktienanlage hingegen steht letztlich erst beim Verkauf nach Berücksichtigung der Kurssteigerungen und etwaigen Dividendenzahlungen fest, wie rentabel sie war.

In der Regel sind Anlagen mit höheren Renditechancen auch weniger sicher. Bei zwei Anlagen mit annähernd gleicher Sicherheit sollten Sie grundsätzlich die mit der höheren Renditechance oder Liquidierbarkeit wählen. So sind beispielsweise Tagesgeldkonten und Sparbücher annähernd gleich sicher, Tagesgelder bieten aber meist höhere Zinsen und können schneller zu Geld gemacht (liquidiert) werden als Sparbücher.

### Was etwas mehr Rendite ausmacht

In der Schule haben Sie sicher im Fach Mathematik Zinseszins-Berechnungen gemacht. Vielleicht haben Sie diese Kenntnisse aber wie die meisten Menschen noch nicht auf die eigene Geldanlage übertragen. „Ein Prozent mehr oder weniger Rendite – was macht das schon?" ist ein häufig anzutreffender Glaubenssatz. Dass das Streben nach immer höheren Renditen nicht das alleinige Maß bei der

Geldanlage sein darf, hat die Finanzkrise zwar eindrücklich gezeigt. Denn hohe Renditechancen gehen immer mit höheren Risiken einher und manchmal verwirklicht sich auch ein Risiko. Dennoch gibt es immer verschiedene Anlagealternativen mit gleichem Risiko, aber unterschiedlichen Renditechancen. Hier lohnt es sich, fleißig zu sein, Angebote zu vergleichen und die besten zu wählen, da gerade bei langfristigen Anlagen jeder Prozentpunkt erhebliche Auswirkungen auf das Anlageergebnis hat (siehe Tabelle Seite 8).

Wer zum Beispiel bei einem Festgeld statt 3 Prozent bei seiner Hausbank bei einer anderen Bank 4 Prozent erzielen kann, hat bei einer Anlagesumme von 10 000 Euro und einer Anlagedauer von 15 Jahren am Ende 2 430 Euro mehr zur Verfügung. Auf die Anlagesumme von 10 000 Euro bezogen sind das über 24 Prozent mehr – nicht nur 1 Prozent! Denn insbesondere bei langen Laufzeiten kann sich der Zinseszinseffekt voll entfalten.

Auch wenn Sie regelmäßig eine feste Summe sparen wollen, hat bereits ein kleiner Renditeunterschied beachtliche Auswirkungen für den Erfolg der Anlage (siehe Tabelle unten).

**Kosten, Steuern und Inflation nagen an der Rendite**

Einen Teil der Bruttorendite Ihrer Anlagen zehren leider Kosten (beispielsweise Depotgebühren, Kauf- und Verkaufsgebühren) und Steuern auf. Was Ihnen danach verbleibt, ist die Nettorendite Ihrer Anlagen nach Steuern. Liegt diese unterhalb der Inflationsrate, haben Sie sogar Geld verloren.

**SO WIRKT SICH DER ZINSESZINSEFFEKT BEI EINEM SPARPLAN AUS**

So viel Euro haben Sie, wenn Sie monatlich 100 Euro in einen Sparplan zahlen, bei einem Zinssatz von ... Prozent nach ... Jahren

| Spardauer in Jahren | 1,0 % | 2,0 % | 3,0 % | 4,0 % | 5,0 % | 6,0 % |
|---|---|---|---|---|---|---|
| 3 | 3 655 | 3 712 | 3 769 | 3 872 | 3 885 | 3 944 |
| 5 | 6 154 | 6 312 | 6 474 | 6 640 | 6 810 | 6 984 |
| 10 | 12 622 | 13 282 | 13 980 | 14 719 | 15 502 | 16 331 |
| 15 | 19 420 | 20 976 | 22 681 | 24 548 | 26 595 | 28 838 |
| 20 | 26 565 | 29 472 | 32 768 | 36 507 | 40 753 | 45 577 |
| 25 | 34 075 | 38 852 | 44 462 | 51 057 | 58 823 | 67 977 |

## DAS BRINGT DER ZINSESZINSEFFEKT BEI EINMALANLAGEN

So viel Euro haben Sie bei einer Anlagesumme von 10000 Euro nach ... Jahren Laufzeit bei einem Zinssatz von ... Prozent

| Anlagedauer in Jahren | 0,5 % | 1,0 % | 2,0 % | 3,0 % | 4,0 % | 5,0 % | 6,0 % |
|---|---|---|---|---|---|---|---|
| 1 | 10050 | 10100 | 10200 | 10300 | 10400 | 10500 | 10600 |
| 2 | 10100 | 10201 | 10404 | 10609 | 10816 | 11025 | 11236 |
| 3 | 10151 | 10303 | 10612 | 10927 | 11249 | 11576 | 11910 |
| 4 | 10202 | 10406 | 10824 | 11255 | 11699 | 12155 | 12625 |
| 5 | 10253 | 10510 | 11041 | 11593 | 12167 | 12763 | 13382 |
| 6 | 10304 | 10615 | 11262 | 11941 | 12653 | 13401 | 14185 |
| 7 | 10355 | 10721 | 11487 | 12299 | 13159 | 14071 | 15036 |
| 8 | 10407 | 10829 | 11717 | 12668 | 13686 | 14775 | 15938 |
| 9 | 10459 | 10937 | 11951 | 13048 | 14233 | 15513 | 16895 |
| 10 | 10511 | 11046 | 12190 | 13439 | 14802 | 16289 | 17908 |
| 11 | 10564 | 11157 | 12434 | 13842 | 15395 | 17103 | 18983 |
| 12 | 10617 | 11268 | 12682 | 14258 | 16010 | 17959 | 20122 |
| 13 | 10670 | 11381 | 12936 | 14685 | 16651 | 18856 | 21329 |
| 14 | 10723 | 11495 | 13195 | 15126 | 17317 | 19799 | 22609 |
| 15 | 10777 | 11610 | 13459 | 15580 | 18009 | 20789 | 23966 |
| 16 | 10831 | 11726 | 13728 | 16047 | 18730 | 21829 | 25404 |
| 17 | 10885 | 11843 | 14002 | 16528 | 19479 | 22920 | 26928 |
| 18 | 10939 | 11961 | 14282 | 17024 | 20258 | 24066 | 28543 |
| 19 | 10994 | 12081 | 14568 | 17535 | 21068 | 25269 | 30256 |
| 20 | 11049 | 12202 | 14859 | 18061 | 21911 | 26533 | 32071 |

**Beispiel:** Die Bruttorendite einer festverzinslichen Anlage von 10 000 Euro beträgt 3 Prozent. Die Kauf- und Verkaufsgebühren belaufen sich auf je 0,5 Prozent. Die Abgeltungsteuer beträgt einschließlich Solidaritätszuschlag und ohne Kirchensteuer 26,375 Prozent. Die Inflationsrate liegt beispielsweise bei 2,5 Prozent.

| **Anlagebetrag** | **10 000,00 Euro** |
|---|---|
| minus Kaufgebühren | – 50,00 Euro |
| 3 % Zinsen auf 9950 Euro (10 000 – 50) | 298,50 Euro |
| minus Abgeltungsteuer | – 78,73 Euro |
| minus Verkaufsgebühren | – 49,75 Euro |
| **Ertrag nach Kosten und Steuern** | **120,02 Euro** |
| Nettorendite nach Steuern in Prozent | 1,2 % |
| minus Inflationsrate | – 2,5 % |
| **Ergebnis nach Inflation** | **– 1,3 %** |

Da Sie auf die Steuern und die Inflation keinen Einfluss haben, verbleibt Ihnen zur Verbesserung des Erfolgs Ihrer Geldanlagen nur, besser rentierliche Anlagen zu finden und bei den Kosten der Anlage zu sparen. Wie das geht, erfahren Sie in diesem Ratgeber.

## Denken Sie auch an die Sicherheit

Unter Sicherheit einer Anlage versteht man vor allem die Wahrscheinlichkeit, das eingesetzte Kapital wieder zurückzubekommen. Insbesondere die Finanzkrise und die Schuldenkrise im Euroraum haben gezeigt, dass auch heutzutage scheinbar sichere Anlagen wertlos werden können. So hat beispielsweise niemand gedacht, dass eine große amerikanische Bank wie Lehman Brothers pleitegehen könnte und von ihr begebene Zertifikate wertlos werden könnten. Auch hätte es bis vor Kurzem niemand für möglich gehalten, dass manche Euro-Staatsanleihen nicht vollständig zurückgezahlt werden. Oder man denke an die Pleite der isländischen Kaupthing Bank, die bis dahin vor allem mit hohen Einlagenzinsen glänzte. Hier hatte Finanztest allerdings schon länger gewarnt und Produkte der Kaupthing Bank nicht bei den empfohlenen Zinsangeboten gelistet. Denn für ein kleines Land wie Island mit etwas mehr als 300 000 Einwohnern und sehr beschränkten finanziellen Möglichkeiten ist es schwierig, die Pleite einer großen Bank abzufangen.

Jede Anlageklasse (Aktien, Festzinsanlagen, Immobilien etc.) bietet Anlagen mit unterschiedlichen Risiken. Eine Festzinsanlage ist beispielsweise immer nur so sicher wie derjenige, dem Sie Ihr Geld leihen. Deshalb ist eine deutsche Staatsanleihe grundsätzlich sicherer als eine italienische. Aktien von großen Standardwerten sind grundsätzlich sicherer als Aktien kleiner Technologiewerte. Wenn es um das Anlageziel Sicherheit geht, müssen Sie also genauer hinschauen, wo Sie Ihr Geld anlegen, und gegebenenfalls abwägen, ob Sie lieber mehr Sicherheit oder mehr Rendite haben wollen.

## Bleiben Sie liquide

Je liquider Ihre Geldanlagen, umso schneller sind sie in Geld umtauschbar. Der Haken ist: Je größer die Liquidität eines Produktes, umso niedriger ist in der Regel auch die Rendite. So können Sie beispielsweise über das Geld auf Ihrem Girokonto jederzeit verfügen, erhalten aber meist keine Zinsen. Dennoch müssen Sie einen Teil Ihres Vermögens liquide halten, um Ihre täglichen und auch außerplanmäßigen Rechnungen bezahlen zu können. Wenn Sie nicht liquide sind, kann es richtig teuer werden, denn dann kommen zusätzlich Verzugs- und Kontoüberziehungszinsen auf Sie zu.

Wichtig ist also, die Balance zwischen Liquidität und Renditechance zu finden. Eine Faustregel besagt, dass Sie mindestes drei Monatseinkommen als Notfallreserve haben sollten. Die muss aber nicht auf dem Girokonto liegen, sondern kann zum Beispiel auf einem verzinsten Tagesgeldkonto angelegt sein. Mehr dazu erfahren Sie ab Seite 89.

Unterscheiden Sie einfach zwischen täglicher Liquidität und kurzfristiger Liquidität. Mit der täglichen Liquidität bezahlen Sie Ihre Rechnungen des alltäglichen Lebensbedarfs wie beim Einkaufen oder im Restaurant. Es geht hierbei vor allem um Bargeldzahlungen und Zahlungen mit Ihrer Girokarte (früher EC-Karte genannt). Dazu können Sie auch eine persönliche Notfall-Bargeldreserve rechnen, die Sie bei sich zu Hause haben, für den Fall, dass Sie beispielsweise aufgrund einer Naturkatastrophe Ihr Haus schnell verlassen müssten.

Die kurzfristige Liquidität ist der Bedarf, den Sie innerhalb weniger Tage bereitstellen können müssen, gegebenenfalls auch, um Ihr Girokonto für die tägliche Liquidität wieder aufzufüllen. Die kurzfristige Liquidität sollte auf jeden Fall Zinsen bringen, um damit der Inflation zumindest etwas entgegenzuwirken. Denn die Inflation verteuert beständig Ihre Lebenshaltung und verringert damit Ihr Vermögen.

## WIRKLICH GUT BERATEN?

Je weniger Sie sich in Finanzangelegenheiten auskennen, umso mehr sind Sie auf den Rat und die Empfehlungen von Finanzberatern bei Banken, Sparkassen und freien Finanzdienstleistern angewiesen. Egal, an wen Sie sich wenden: Die Beratung ist nie kostenlos. Auch wenn Sie von Ihrem Versicherungsmakler, Bankberater oder einem Mitarbeiter eines Finanzvertriebs keine Rechnung für seine Beratung erhalten, bezahlen Sie ihn indirekt durch die Provisionen, die er mit dem Verkauf eines Finanzproduktes an Sie verdient. Die Provisionen werden in der Regel von Ihrer Anlagesumme oder Ihren Sparbeiträgen abgezogen und mindern entsprechend Ihre Renditeaussichten.

Leider bekommen Anleger sehr oft Produkte empfohlen, die zwar für sie gar nicht passen, dafür aber für die Bank oder den freien Finanzdienstleister besonders provisionsträchtig sind. Bankberater berichteten beispielsweise, dass sie ihre Kunden teilweise belügen und betrügen mussten, um die hohen Umsatzziele der Bank erreichen zu können. Dabei wurden sie täglich überwacht, ob sie ihre Verkaufsziele erfüllen. Aus Angst um ihren Job oder um ein hohes Einkommen zu erzielen hätten viele „Berater" ihre einst guten Vorsätze, kundenfreundlich zu beraten, über Bord geworfen und würden dem Kunden verkaufen, was der Bank/Sparkasse oder dem Finanzdienstleister den höchsten Ertrag bringe.

Auch unsere Untersuchungen zur Anlageberatung in Banken belegten mehrfach, dass sich Kunden nicht uneingeschränkt auf die Anlagevorschläge ihres Bankberaters verlassen können und dieser oftmals eher Verkäufer von Finanzprodukten als Finanzberater ist.

## ÜBLICHE PROVISIONEN IM FINANZVERTRIEB

| Produkte | Abschlussprovision[1] | Jährliche Bestandsprovision[1] | Kosten in Euro |
|---|---|---|---|
| **Wertpapieranlagen** | | | Bei einer Anlage von 10 000 Euro[2] Abschlusskosten / jährliche Bestandsprovision |
| Aktienfonds | 4 – 6,5 % | 0,25 – 0,5 % | 400 – 650 / 25 – 50 |
| Rentenfonds | 3 – 5 % | 0,1 – 0,25 % | 300 – 500 / 10 – 25 |
| Mischfonds | 4 – 5 % | 0,1 – 0,4 % | 400 – 500 / 10 – 40 |
| Offene Immobilienfonds | 4 – 5 % | 0,25 – 0,5 % | 400 – 500 / 25 – 50 |
| Zertifikate | 0,5 – 5 % | – | 50 – 500 |
| **Versicherungen** | | | Bei einer Beitragssumme von 36 000 Euro (= 100 Euro Monatsbeitrag über 30 Jahre)[2] Abschlusskosten/jährliche Bestandsprovision |
| Kapitallebensversicherung | 1 – 5,5 % | 0,1 – 2,5 % | 360 – 1 980 / 1,20 – 30 |
| Rentenversicherung | 1 – 5,5 % | 0,1 – 2,5 % | 360 – 1 980 / 1,20 – 30 |
| Fondspolice | 1 – 5,5 % | 0,1 – 2,5 % | 360 – 1 980 / 1,20 – 30 |
| **Geschlossene Fonds/Beteiligungen** | | | Abschlusskosten bei einer Anlage von 50 000 Euro[2] |
| Geschlossene Immobilienfonds | 6 – 10 % | – | 3 000 – 5 000 |
| Umweltfonds | 6 – 11 % | – | 3 000 – 5 500 |
| Schiffsfonds | 8 – 15 % | – | 4 000 – 7 500 |
| Containerfonds | 3 – 8 % | – | 1 500 – 4 000 |
| Infrastrukturfonds | 6 – 8 % | – | 3 000 – 4 000 |
| Flugzeugfonds | 7 – 9 % | – | 3 500 – 4 500 |

1 In Prozent der Anlage-/Beitragssumme.

2 Bei höheren Anlage- bzw. Beitragssummen erhöhen sich die an den Verkäufer/Vermittler fließenden Beträge unabhängig vom Beratungsaufwand entsprechend.

## Alternative: Honorarberatung

Eine Alternative zu auf Provisionsbasis arbeitenden Finanzberatern bei Banken und freien Finanzdienstleistungsunternehmen sind sogenannte Honorarberater. Diese nehmen ähnlich wie ein Rechtsanwalt, Steuerberater oder Arzt nur für ihre Beratungsleistung Geld vom Kunden. Dafür verzichten sie auf Provisionen von Produktanbietern. So können sie ausschließlich im Kundeninteresse beraten. Die Stundensätze von Honorarberatern liegen zwischen 150 und 300 Euro.

Ein Honorarberater kann Ihnen auch einmal von einer Geldanlage abraten, die nicht zu Ihnen passt oder gerade Ihre finanziellen Mittel übersteigt. Er kann Ihnen zeigen, wo Sie am günstigsten die besten Anlage- oder Versicherungsprodukte für sich und Ihre Situation einkaufen können. Denn der Honorarberater ist nicht auf den provisionsträchtigen Verkauf hauseigener Produkte angewiesen.

Sofern Sie zunächst davor zurückschrecken, ein Honorar für eine Finanzberatung zu zahlen, da Sie doch bei Ihrer Bank oder Ihrem Versicherungsvertreter noch nie direkt für die Beratung gezahlt haben, müssen Sie sich nur einmal verdeutlichen, welche Beträge über die der Beratung nachfolgende Vermittlung der Finanzprodukte verdient werden (siehe Tabelle links). Dann wird Ihnen schnell klar, dass eine Honorarberatung für Sie häufig um ein Vielfaches günstiger sein kann als eine scheinbar kostenlose Beratung bei einem Provisionsvertrieb. Auch wird dann klar, dass eine Honorarberatung sich für jeden eignet und nicht nur etwas für Superreiche ist.

Sie können sich für unabhängigen Rat auch an eine Verbraucherzentrale wenden. Diese bieten telefonische, schriftliche und persönliche Beratungen zu verschiedenen Finanzthemen wie Geldanlage, Versicherungen, Private Altersvorsorge und Finanzierung an. Die Angebote der Beratungsstellen in den einzelnen Bundesländern unterscheiden sich leicht, ebenso wie die Preise. Über die Internetadresse www.verbraucherzentrale.de gelangen Sie schnell auf die Homepage der in Ihrem Bundesland ansässigen Verbraucherzentrale.

## Das Beratungsprotokoll

Banken, freie Finanzberater und Vermögensverwalter sind gegenüber ihren Wertpapierkunden gesetzlich verpflichtet, bei jeder Beratung über Wertpapiere ein Protokoll auszustellen und auszuhändigen. Damit soll den Kunden unter anderem die Durchsetzung von Schadensersatzansprüchen bei Falschberatungen erleichtert werden. Verschiedene unserer Untersuchungen und eine Studie des Deutschen Instituts für Service-Qualität haben aber gezeigt, dass einige Wertpapierdienstleister das Gesetz nicht richtig ernst nehmen.

Das Beratungsprotokoll muss folgende Vorgaben erfüllen:

- Das Protokoll muss vollständige Angaben über den Beratungsanlass enthalten. Hat der Berater oder der Kunde um das

**CHECKLISTE: Das sollten Sie beim Beratungsgespräch beachten**

- Bereiten Sie sich gut auf das Beratungsgespräch vor und hören Sie im Gespräch auch auf Ihren gesunden Menschenverstand. So merken Sie eher, wenn Ihnen der Berater etwas empfiehlt, was nicht zu Ihren Zielen und Wünschen passt.
- Verlassen Sie sich nicht auf die Anlagevorschläge Ihres Beraters. Da Sie nicht wissen, ob er Ihnen unpassende Produkte aufgrund von hausinternen Verkaufsvorgaben oder Provisionsinteressen empfiehlt, sollten Sie gegebenenfalls mehrere Beratungsgespräche führen und die Ergebnisse miteinander vergleichen.
- Lassen Sie sich für jeden Anlagetipp die Kosten aufschlüsseln. Fragen Sie nach den Vertriebsprovisionen, die der Vermittler oder die Bank für die Vermittlung eines Produktes kassiert. Dann wissen Sie in der Regel, ob ein Produkt nur empfohlen wird, weil die Bank oder der Vermittler daran besonders gut verdienen.
- Um den Zielkonflikt zwischen Beratung im Kundeninteresse und Provisionsinteresse des Beraters auszuschließen, können Sie sich durch einen nicht auf Provisionsbasis arbeitenden Honorarberater beraten lassen. Klären Sie, wonach sich dessen Vergütung bemisst (zeitabhängig, volumenabhängig oder pauschal).
- Wenn Ihr Honorarberater auch Finanzprodukte für Sie vermittelt, lassen Sie ihn unterschreiben, dass er alle Provisionen offenlegt und an Sie auszahlt oder Versicherungsprodukte mit Honorartarifen, also ohne Provisionen, auswählt.
- Fragen Sie Ihren Berater, ob er eine Vermögensschaden-Haftpflichtversicherung hat. Diese zahlt, wenn er Sie falsch beraten hat.

Gespräch gebeten? Haben die Bank oder ein Finanzvertrieb den Mitarbeitern Vorgaben gemacht, Kunden auf bestimmte Produkte gezielt anzusprechen?

- Der Berater muss vermerken, wie lange das Gespräch gedauert hat. Hat ein Kunde nach einem kurzen Gespräch erstmals ein kompliziertes Produkt gekauft, spricht das für eine oberflächliche Beratung.
- Ins Protokoll gehören die finanziellen Verhältnisse des Anlegers, seine Anlageziele sowie seine Kenntnisse und Erfahrungen mit Geldanlagen wie beispielsweise Aktien und Fonds. Das Dokument muss außerdem die Informationen über die Finanzprodukte enthalten, die in der Beratung angesprochen werden.
- Die Wünsche des Kunden müssen in dem Papier auftauchen. Will der Kunde eine sichere Geldanlage, fordert gleichzeitig aber eine hohe Rendite, muss sich aus dem Protokoll ergeben, was ihm letztlich wichtiger war und wie der Berater diese Entscheidung beeinflusst hat.
- Alle Empfehlungen, die ein Berater ausspricht, müssen sich im Protokoll wiederfinden. Auch diejenigen, die der Kunde nicht annimmt.
- Wenn der Berater im Gespräch den Grund nennt, warum er ein Produkt für geeignet hält, dann muss er das auch im Protokoll aufführen. Er ist aber nicht verpflichtet, seine Empfehlung im Gespräch zu begründen.

Der Berater muss das Protokoll unterschreiben und es dem Anleger spätestens vor Abschluss eines Vertrages aushändigen. Nach einer telefonischen Beratung muss der Berater dem Anleger das Protokoll zuschicken. Der Anleger muss das Beratungsprotokoll nicht unterschreiben und sollte das auch besser nicht tun.

## Das Produktinformationsblatt

Seit dem 1. Juli 2011 müssen Banken und andere Finanzdienstleister Kunden neben dem Beratungsprotokoll bei Anlageberatungen zu Wertpapieren überdies ein Produktinformationsblatt aushändigen. Dieses darf grundsätzlich nicht mehr als zwei DIN-A4-Seiten umfassen und muss

- die Art des Finanzprodukts,
- seine Funktionsweise,
- die mit dem Produkt verbundenen Risiken, wie zum Beispiel Kursschwankungen, sowie
- die mit der Anlage verbundenen Kosten beschreiben.

Produktinformationsblätter gibt es derzeit zu Aktien, Anleihen und Zertifikaten, zu Pfandbriefen und Bundeswertpapieren. Für Investmentfonds gibt es ein eigenes Produktinformationsblatt, die „wesentlichen Anlegerinformationen".

## Information ist das A und O

Der beste Schutz gegen Finanzanlagen, die nicht zu Ihrer Lebenssituation und Ihren Zielen passen, sind solide eigene Kenntnisse im Finanzbereich. Wenn Sie die am Markt angebotenen Finanzprodukte verstehen und deren Chancen und Risiken einzuschätzen wissen, können Sie selbst beurteilen, ob diese Produkte für Sie geeignet sind. Je mehr Sie sich auskennen, desto besser können Sie eine eigene Finanzstrategie verfolgen. Finanzbücher und -zeitschriften sowie das Internet stehen Ihnen jederzeit offen. Zu nahezu jedem Finanzprodukt, das ein Finanzberater oder Banker empfiehlt, gibt es Recherchemöglichkeiten, mit deren Hilfe sich die Empfehlungen überprüfen lassen.

Wenn Sie sich die Zeit nehmen, sich regelmäßig um Ihre Finanzen und Ihr Finanzwissen zu kümmern,

- haben Sie das gute Gefühl, Ihr Vermögen immer selbst im Griff zu haben.
- verfolgen Sie eine Finanzstrategie, die zu Ihren Zielen und nicht zu den Provisionsinteressen von Banken und Finanzvertrieben passt.
- reden Sie mit Bankern und Finanzberatern auf Augenhöhe.
- verschenken Sie nicht unbewusst Geld, das lieber für Sie als für andere arbeiten sollte.
- können Sie jederzeit auf persönliche und äußere Veränderungen reagieren und Ihre Finanzanlagen entsprechend anpassen.
- sind Sie ein unabhängiger und selbstverantwortlicher Anleger.

Mit diesem Buch haben Sie ein gute Grundlage. Eine Übersicht zu weiteren wichtigen Informationsquellen finden Sie auf Seite 98.

# MIT FONDS DAS RISIKO STREUEN

Wer höhere Renditechancen möchte als sie sichere Zinsanlagen bieten, kann bei Fonds fündig werden. Schon mit geringen Beträgen können Sie hier eine breite Streuung von Wertpapieren erreichen. Neben den klassischen Fonds mit einem aktiven Management ist die Bedeutung von Indexfonds stark gestiegen. Wenn Sie die Vor- und Nachteile der beiden Fondskonzepte kennen und verstehen, können Sie sie optimal für Ihre Geldanlagen einsetzen.

## SO FUNKTIONIEREN FONDS

Investmentfonds sind eine komfortable Möglichkeit, sich an der Börse zu engagieren. Das Prinzip ist einfach: Eine Fondsgesellschaft (auch Kapitalanlagegesellschaft genannt) bietet einen Fonds mit einem bestimmten Anlageschwerpunkt an. Anleger kaufen Anteile daran, indem sie einmalig einen Betrag investieren oder über einen Sparplan regelmäßig Geld einzahlen. Ein Fondsmanager kümmert sich darum, das gesammelte Geld entsprechend dem festgelegten Schwerpunkt anzulegen. Beispielsweise wird der Fondsmanager bei einem Aktienfonds mit Schwerpunkt Deutschland in deutsche Aktien investieren, bei einem Fonds mit Schwerpunkt europäische Anleihen eben in europäische Anleihen. Grundsätzlich kann das Fondsvermögen nach den gesetzlichen Vorgaben (siehe Kapitalgesetzbuch KAGB, Seite 184) aus Aktien, Anleihen, Geldmarktinstrumenten, Bankguthaben, Derivaten, Immobilien und anderen Fonds (Dachfonds) bestehen.

### Breite Anlagestreuung

Ein großer Vorteil von Investmentfonds ist, dass Sie auch mit relativ kleinen Anlagebeträgen eine breite Streuung in unterschiedliche Wertpapiere und Finanzmärkte erreichen können. Bei direkten Investments in einzelne Wertpapiere würde dies einen deutlich höheren Kapitaleinsatz erfordern. Sie brauchen sich außerdem keine Gedanken darüber zu machen, welche Märkte und Wertpapiere aussichtsreicher als andere sind. Das übernimmt der Fondsmanager und dessen professionelles Managementteam. Managt er beispielsweise einen Fonds für chinesische Aktien, entscheidet er mit seinem Team, welche einzelnen chinesischen Aktien er kauft und mit welcher Gewichtung er diese im Fonds vertreten sehen will.

Um eine Risikostreuung zu sichern, schreibt das KAGB vor, dass maximal 10 Prozent des Fondsvermögens in ein einzelnes Wertpapier investiert werden dürfen. Vorsicht!: Die Streuung wirkt zwar risikosenkend, trotzdem kann der Anteilspreis eines Fonds stark schwanken. Das Marktrisiko bleibt: Wenn die Kurse der Märkte, in denen ein Fonds laut seinen Anlagegrundsätzen investiert ist, fallen, wird der Wert des Fonds fallen. Sie haben als Anleger aber nicht das Risiko, genau die eine falsche Aktie gekauft zu haben, die sich aufgrund unerwarteter negativer Firmennachrichten schlecht entwickelt.

## Hohe rechtliche Sicherheit

Das Fondsvermögen ist rechtlich ein sogenanntes Sondervermögen. Dies bedeutet, dass die Anlegergelder im Fonds getrennt von dem Vermögen der Fondsgesellschaft bei einer unabhängigen Depotbank verwahrt werden und weder die Fondsgesellschaft noch der Fondsmanager darauf zugreifen können. Deshalb ist es vor einer Insolvenz der Fondsgesellschaft oder einer Veruntreuung durch den Fondsmanager geschützt.

Die Depotbank gibt Anteilsscheine am gesamten Fondsvermögen an die Anleger aus. Dabei wird bis auf drei Nachkommastellen genau berechnet, mit welchem Anteil der jeweilige Anleger Miteigentümer am Fondsvermögen ist. Über die Depotbank können die Anteilsscheine wieder verkauft werden. Die Depotbank berechnet dafür börsentäglich den Preis eines

### So funktionieren Fonds

**Anleger** ↔ **Fondsvermögen** ↔ **Depotbank**

**Fondsvermögen** ↕ **Kapitalanlagegesellschaft**

**Anleger**

**Zahlt** Geld einmalig oder als Sparplan ratenweise.

**Erhält** Bescheinigung für Anteil am Fondvermögen.

**Hat Anspruch** auf Erträge und Rückgabe seiner Anteile zu jeder Zeit.

**Kapitalanlagegesellschaft**

**Fondsmanager investiert** das Fondsvermögen, indem er Vermögenswerte wie Aktien, Renten und Immobilien kauft und verkauft.

**Depotbank**

**Verwaltet** und überwacht das Fondsvermögen.

**Weist** Anlegern ihre Anteile zu.

**Berechnet** Ausgabe- und Rücknahmepreis der Anteile

Fondsanteils. Der Anteilspreis ergibt sich aus dem Gesamtwert der vom Fonds gehaltenen Einzelvermögenswerte dividiert durch die Anzahl der ausgegebenen Anteile. Der Anteilspreis steigt, wenn die gehaltenen Wertpapiere im Kurs steigen und Dividenden oder Zinsen ausschütten.

Mit der Depotbank haben Sie als Anleger keinen direkten Kontakt. Sie kaufen die Anteilsscheine zum Beispiel über eine Bank und verwahren sie in Ihrem Wertpapierdepot bei einer beliebigen Bank. Hier ist also zu unterscheiden zwischen der Depotbank als dem Kreditinstitut, bei dem das Sondervermögen von Investmentfonds hinterlegt und verwaltet wird, und dem Depot des Anlegers bei einer Bank, in dem seine persönlichen Wertpapiere geführt werden.

## Einmalanlage und Fondssparpläne

Neben der Möglichkeit, einmalig eine größere Sparsumme anzulegen, bieten viele Fonds auch Sparpläne an. Bei einem Sparplan vereinbaren Sie mit einer Bank oder einem freien Finanzdienstleister, dass Sie monatlich oder vierteljährlich eine bestimmte Summe in den Fonds investieren. Solche Sparpläne sind sehr flexibel, da Sie die Zahlung jederzeit für ein paar Monate aussetzen oder ganz beenden und das Ersparte weiter im Fonds belassen können. Auch die Höhe der Sparrate können Sie jederzeit ändern.

Fondssparpläne haben einen weiteren großen Vorteil, denn es stellt sich nicht die Frage nach dem richtigen Einstiegszeitpunkt. Dadurch, dass der Sparer zu festen Terminen immer gleiche Summen investiert, erwirbt er automatisch bei hohen Kursen weniger und bei niedrigeren Kursen mehr Fondsanteile. In der Regel erzielt er dadurch einen günstigeren Durchschnittspreis als bei einer Einmalanlage. Das nennt man Cost-Average-Effekt. Mit einem Sparplan nehmen Sie sich auf diese Weise den Stress, beim Fondskauf möglicherweise den falschen Zeitpunkt zu erwischen. Ein Fondssparplan eignet sich insbesondere zum langfristigen Vermögensaufbau, beispielsweise für die Altersvorsorge.

## Kosten bei Fonds

Beim Kauf von Fondsanteilen fallen natürlich auch Kosten an, da die Fondsgesellschaft, die Depotbank und der Vertrieb bezahlt werden wollen. Bei einigen Kostenblöcken lässt sich mit ein wenig Einsatz aber einiges an Geld sparen und damit die Rendite erheblich verbessern. Wie das geht, finden Sie im Kapitel „Preiswerter anlegen" ab Seite 79.

Grundsätzlich unterscheidet man folgende Kostenfaktoren bei Fonds.

- Ausgabeaufschlag: Beim Ausgabeaufschlag handelt es sich um eine einmalig anfallende Kaufgebühr bei jedem Kauf von Fondsanteilen. Der Ausgabeaufschlag dient hauptsächlich zur Deckung der Vertriebskosten. Er beträgt bei Aktienfonds üblicherweise 5 Prozent, bei Rentenfonds meist 3 Prozent und bei offenen Immobilienfonds und Mischfonds 4 bis 5 Prozent.

- **Verwaltungsgebühren der Fondsgesellschaft:** Diese fallen jährlich an und sind das Entgelt für die Verwaltung des Fonds. Damit wird unter anderem das Fondsmanagement bezahlt. Die Verwaltungsgebühren eines aktiv gemanagten Fonds hängen stark davon ab, in welche Märkte er investiert und welche Strategie er verfolgt. Bei Aktienfonds können die Verwaltungskosten über 2 Prozent pro Jahr betragen, 1 bis 2 Prozent sind meist üblich. Bei Indexfonds liegen die Kosten meist zwischen 0,15 und 0,5 Prozent.
- **Depotbankgebühren:** Für ihre Verwaltung des Fondsvermögens und Kontrollaufgaben stellt die Depotbank dem Fonds jährlich eine Gebühr in Rechnung. Diese beträgt in der Regel 0,1 bis 0,3 Prozent des Fondsvermögens pro Jahr.
- **Erfolgsabhängige Gebühren:** Immer häufiger verlangen Fondsgesellschaften Erfolgsgebühren, vor allem bei Aktienfonds. Diese Gebühren werden in der Regel fällig, wenn der Fondsmanager seinen Vergleichsindex (zum Beispiel den Dax) schlägt. Sie können bis zu 25 Prozent des Vorsprungs gegenüber dem Index betragen. Während manche Fonds die Erfolgsgebühr nur berechnen, wenn der Fonds im Vergleichsjahr im Plus lag, kassieren andere die Gebühr sogar, wenn der Fonds Verluste gemacht hat, aber eben der Vergleichsindex noch schlechter war. Es gibt auch Fonds, die nur dann eine Erfolgsgebühr kassieren, wenn der Fonds einen früher erreichten Höchststand übertrifft (High Water Mark). Diese Art der Berechnung ist die fairste.

### TIPP: PRÜFEN SIE DIE GEBÜHREN

Prüfen Sie immer, ob ein Fonds erfolgsabhängige Gebühren einbehält. Sie finden diese Information in den „wesentlichen

### INFO Total Expense Ratio (TER)

Eine Kennzahl, die in den Rechenschaftsberichten des Fonds darüber informiert, wie hoch dessen interne Kostenbelastung im zurückliegenden Geschäftsjahr war, ist die Total Expense Ratio (TER). Achtung: Viele Anleger glauben, hier werden alle Kosten erfasst. Doch das ist nicht so. Sie beinhaltet nicht die Kauf- und Verkaufsspesen, die Anleger bezahlen, oder den Ausgabeaufschlag. Überdies enthält sie in Deutschland auch nicht die auf Fondsebene entstandenen Transaktionskosten für Käufe/Verkäufe von Wertpapieren. Die Transaktionskosten, die bei der Fondsverwaltung entstehen, werden aber seit dem 1. Juli 2011 im Key Investor Information Document (KIID) (siehe Seite 22) ausgewiesen. Dennoch gilt: Je niedriger die TER, umso besser. Ist die TER größer als 2 Prozent, ist der Fonds eher teuer.

| STEUERN BEI FONDS | | |
|---|---|---|
| | **Inländischer Fonds** | **Ausländischer Fonds** |
| **Thesaurierend (wieder anlegend)** | Die Fondsgesellschaft führt die Abgeltungsteuer von vereinnahmten Erträgen ab und legt den verbleibenden Rest wieder im Fonds an. | Der Anleger muss seine Erträge jedes Jahr versteuern. Beim Anteilsverkauf behält die inländische Bank dennoch 25 Prozent Abgeltungsteuer auf sämtliche aufgelaufenen Erträge und Kursgewinne ein. Der Anleger muss in der Steuererklärung des Verkaufsjahres nachweisen, dass er die Erträge für die Jahre zuvor bereits versteuert hat, damit er am Ende nicht doppelt Steuern zahlt und die Steuererstattung erhält. |
| **Ausschüttend** | Die inländische Depotbank des Anlegers behält auf alle vereinnahmten Erträge die Abgeltungsteuer ein und führt diese ans Finanzamt ab. | Die inländische Depotbank des Anlegers behält auf alle vereinnahmten Erträge die Abgeltungsteuer ein und führt diese ans Finanzamt ab. |

Anlegerinformationen" oder im Verkaufsprospekt. Während eine fair gestaltete Erfolgsgebühr bei guten Aktienfonds vertretbar ist, macht sie bei Renten- und Geldmarktfonds kaum Sinn, da diese ohnehin geringere Renditeerwartungen haben. Kaufen Sie keinen Fonds, bei dem die Performance der Vergangenheit, die Ihnen als erstes Indiz für das Können des Fondsmanagements dient, die Erfolgsgebühr nicht rechtfertigt. Alternativ können Sie sich an unseren Fondsbewertungen orientieren. Wir weisen im Internet unter www.test.de/fonds und in jedem Finanztest-Heft in unserem monatlichen Fondsdauertest die Wertentwicklung nach Abzug von Gebühren aus.

## Die Steuerregeln bei Fonds

Seit Anfang 2009 unterliegen Kursgewinne sowie Zinsen und Dividenden von Wertpapieren der Abgeltungsteuer von 25 Prozent (zuzüglich Solidaritätszuschlag von 5,5 Prozent und gegebenenfalls Kirchensteuer). Lediglich Kursgewinne von vor 2009 gekauften Fondsanteilen sind steuerfrei. Ist der Sitz der Bank, bei der Sie ein Wertpapierdepot unterhalten, in Deutschland, führt diese die Steuer direkt ans Finanzamt ab, sofern Sie keinen Freistellungsauftrag erteilt haben oder Ihr Freistellungsvolumen bereits ausgeschöpft ist. Der Sparerpauschbetrag liegt für Singles bei 801 Euro, für Ehepaare bei 1 602 Euro. Bis zu diesen Beträgen können Sie Dividenden, Zinsen und realisierte Kursgewinne jedes Jahr steuerfrei vereinnahmen.

Je nachdem, ob es sich um einen in- oder ausländischen Fonds handelt und ob Fonds ihre Erträge an die Anleger ausschütten oder sofort im Fonds wieder anlegen (thesaurieren), ist aber ihre steuerliche Behandlung unterschiedlich.

Die Tabelle oben zeigt: Ausländische thesaurierende Fonds haben steuerliche Tücken, die Sie kennen sollten. Da der deutsche Fiskus im Ausland sitzende Fondsgesellschaften nicht zwingen kann, jährlich die Abgeltungsteuer auf die thesaurierten Erträge der deutschen Anteilsinhaber einzubehalten, verlangt er von der inländischen Depotstelle, dass diese pauschal für die während der gesamten Haltedauer thesaurierten Erträge die Steuer abzieht, wenn Anleger den Fonds verkaufen. Bei Aktienfonds geht es dabei meist um geringe Beträge, da sie vor allem auf Kursgewinne setzen und die ausschüttungsgleichen (thesaurierten) Erträge gering sind. Bei Rentenfonds hingegen können im Lauf der Jahre erhebliche Summen zusammenkommen, weil hohe Zinserträge anfallen. Beim Verkauf müssen Anleger detailliert nachweisen, dass sie ihre Erträge jedes Jahr versteuert haben.

Einen inländischen Fonds erkennen Sie meist daran, dass seine Kennnummer, die sogenannte Isin, mit den Buchstaben „DE" (für Deutschland) beginnt. Ausnahme: Bei einigen Indexfonds von ishares, einem großen Anbieter, handelt es sich um irische Fonds, obwohl die Isin mit „DE" anfängt. Bei ishares erkennt man die deutschen Fonds am Zusatz „DE" in der Produktbezeichnung. In der Regel ist aber die Isin maßgeblich: Gängige ausländische Fonds sind oft in Luxemburg (Isin beginnt mit „LU"), Frankreich (FR), Großbritannien (GB) und Irland (IE) aufgelegt.

Wenn Sie ausländische thesaurierende Fonds im Depot haben, sollten Sie die Anlage KAP der Steuererklärung jedes Jahr auch dann ausfüllen, wenn Sie den jährlichen Sparerpauschbetrag von 801 Euro nicht ausgeschöpft haben. Sonst kann es später beim Verkauf schwierig sein, die bereits abgezogene Steuer wiederzubekommen.

**TIPP: BELEGE SAMMELN ODER SOLCHE FONDS MEIDEN**

Bewahren Sie für thesaurierende Auslandsfonds den Kaufbeleg, die jährlichen Steuermitteilungen sowie Kopien der Steuererklärung (Anlage KAP) auf. Damit können Sie nach dem Verkauf zu viel gezahlte Steuern zurückholen. Stehen mehrere gleichwertige Fonds zur Auswahl, ist es besser, ausländische thesaurierende Fonds zu meiden – vor allem bei Renten- oder defensiven Mischfonds.

## Die neue Anlegerinformation: KIID

Seit dem 1. Juli 2011 müssen die Anbieter von Fonds Anleger über deren Anlageziele, Kosten und Wertentwicklung sowie ihr Risiko-Ertragsprofil informieren. Mit der zweiseitigen, europaweit einheitlichen „wesentlichen Anlegerinformation" (key investor information document, KIID) soll die Vergleichbarkeit von Fonds verbessert werden. Auch wurden einige Anlegerrechte verbessert. So werden Anleger umfassender über Hintergründe und Auswirkungen von Fondsverschmelzungen (Zusammenlegung mehrerer Fonds) informiert. Fondsgesellschaften müssen ihre Kunden bei Gebührenanpassungen und wesentlichen Änderungen der Anlagepolitik oder von Anlegerrechten durch ein direktes Schreiben oder eine E-Mail unterrichten.

Das KIID muss allen Kunden vor dem Kauf eines Fonds ausgehändigt werden. Dieser neue Beipackzettel ist übersichtlich, schafft Transparenz und ermöglicht Anlegern, verschiedene Anlagealternati-

**Wertentwicklung von Fremdwährungsfonds** (Prozent)

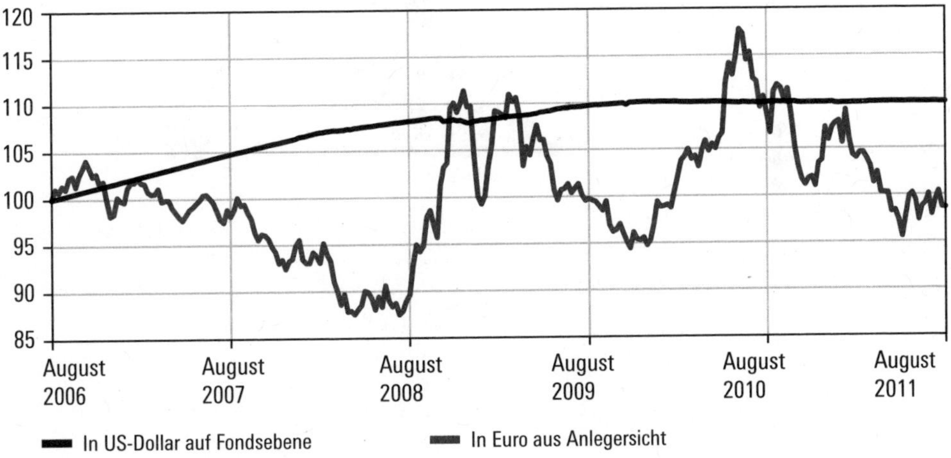


**Die Grafik zeigt:** Während die Wertentwicklung des Fonds auf Fondsebene keine Ausschläge aufweist, schwankt die Wertentwicklung aus Sicht eines Anlegers aus dem Euroraum erheblich.

ven auf einen Blick zu vergleichen. Er ersetzt die frühere Praxis, bei der Fondskäufer bei Beratungen oft mit umfangreichen Kurz- und Fondsprospekten zugeschüttet wurden.

Stark verbesserungsfähig ist das KIID vor allem noch bei der Risikoeinstufung von Fonds, die in Fremdwährung anlegen. So stufen zum Beispiel manche Fondsgesellschaften Geldmarktfonds, die in US-Dollar anlegen, in die niedrigsten von sieben vorgegebenen Risikoklassen ein, was aus Sicht der Fondsgesellschaft, die in Dollar anlegt, nicht falsch ist. Ein Anleger, der in Euro in den Fonds investiert, trägt hingegen das volle Wechselkursrisiko zwischen dem Dollar und dem Euro. Daher gehört ein solcher Fonds eigentlich in die Risikoklasse 5, und damit in die dritthöchste Klasse.

Zur Einteilung des Fonds in eine der sieben Risikoklassen werden dessen Wertschwankungen in der Vergangenheit, in der Regel die letzten fünf Jahre, herangezogen. Bei Fonds, die neu auf dem Markt sind, können die Wertschwankungen auf der Grundlage eines Vergleichsindex oder -portfolios simuliert werden.

# AKTIV UND PASSIV GEMANAGTE FONDS

Wer in Fonds anlegen will, kann sich entweder für einen gemanagten Fonds entscheiden oder auf die Entwicklung eines Index vertrauen. Denn neben der großen Gruppe der aktiv gemanagten Fonds gibt es seit über einem Jahrzehnt eine neue Gruppe von Fonds, die sich wachsender Beliebtheit erfreut: passiv gemanagte Fonds. Sie werden auch Indexfonds genannt, weil sie die Entwicklung eines Index nachbilden. Sowohl aktiv gemanagte Fonds als auch Indexfonds haben eine Daseinsberechtigung im Anlegerportfolio. Fleißige Anleger, die die jeweiligen Vor- und Nachteile beider Fondsarten kennen, können ihr Portfolio so strukturieren, dass sie das Beste beider Welten optimal aufeinander abstimmen und damit einiges an Extrarendite erzielen können.

## Aktiv gemanagte Fonds

Haben Investmentfonds einen Fondsmanager, der selbst entscheidet, welche Wertpapiere er für den Fonds kauft und verkauft, spricht man von aktiv gemanagten Fonds. Ein Fondsmanager verfolgt eine eigene Strategie und setzt sein Know-how ein, um die Gelder im Fonds möglichst lukrativ anzulegen. Dabei orientiert sich er oft an einem Index (siehe Kasten) und versucht, ihn zu schlagen. Das bedeutet, er versucht, besser zu sein als der Markt, in den er investiert, oder einfach gesagt: besser als die Konkurrenz.

Je nachdem, wie stark sich das Auf und Ab des Marktes in der Wertentwicklung des Fonds widerspiegelt, spricht man von marktnahen oder marktunabhängigen Fonds.

### Marktnahe Fonds

Spiegelt sich das Auf und Ab des Marktes stark in der Wertentwicklung des Fonds wider, weist er eine hohe Marktnähe auf. Marktnähe ist aber nicht gleichzusetzen mit einer möglichst gleichen Wertentwicklung wie der Index, den der Fonds als Vergleichsmaßstab heranzieht. Auch wenn ein Fonds deutlich besser oder schlechter abschneidet, sich aber relativ parallel zum Index bewegt, kann er eine hohe Marktnähe besitzen. Die Marktnähe sagt also nichts über die Qualität eines Fonds aus, sondern gibt Anlegern einen Anhaltspunkt

## INFO Kleine Indexkunde

Ein Index spiegelt die Entwicklung der in ihm zusammengefassten Werte wider und ist eine Art Marktbarometer. Er kann zum Beispiel Aktien, Anleihen oder Rohstoffe zusammenfassen. Seine Berechnung erfolgt nach klar definierten Kriterien. So zeigt zum Beispiel der bekannteste deutsche Index, der Dax, die Entwicklung der 30 umsatzstärksten Aktien von Unternehmen, die an der Frankfurter Börse gelistet sind. Grob unterscheidet man Indizes nach den Basiswerten, die sie bündeln. Hier gibt es insbesondere Aktien-, Renten-, Währungs- und Rohstoffindizes. Innerhalb dieser Anlageklassen gibt es wiederum verschiedenste Unterteilungen.

### Aktienindizes

Bei den Aktienindizes unterscheidet man beispielsweise Welt-, Regionen-, Länder- und Sektorenindizes.

- Weltindizes: Der meistbeachtete Index ist der MSCI World. Er umfasst mehr als 1600 Aktien aus über 20 Ländern. Allerdings werden Aktien aus Emerging Markets und Aktien kleiner Unternehmen nicht berücksichtigt. US-Aktien sind in ihm durch die kapitalmäßige Dominanz der US-Börsen im Vergleich zu anderen Börsen überrepräsentiert, sodass der Index stark von der US-Aktienmarktentwicklung abhängig ist und die weltweiten wirtschaftlichen Kräfteverhältnisse eigentlich nicht widerspiegelt. Der Dow Jones Global Titans 50 Index umfasst die 50 größten börsennotierten Unternehmen der Welt, die aber auch vorwiegend ihren Sitz in den USA haben (u. a. Exxon Mobile, Chevron, General Electric, Apple, IBM, Microsoft). Als deutsche Großunternehmen sind derzeit nur Siemens und BASF in dem Index vertreten.
- Regionenindizes: Sie spiegeln länderübergreifend einzelne für Anleger interessante Regionen wider, wie (Ost-)Europa, Asien oder Lateinamerika. Beispiele sind die Stoxx- und Euro-Stoxx-Indizes, die bestimmte Aktien aus Westeuropa oder der Eurozone beinhalten, der osteuropäische Aktien umfassende CECE-Index und diverse Indizes auf verschiedene Regionen von Schwellenländern (Emerging Markets).
- Länderindizes: Sie bilden – wie der Dax für die größten deutschen Aktien – die Aktienmärkte einzelner Länder ab. Beispiele für wichtige Länderindizes sind: S&P 500 (USA), CAC 40 (Frankreich), Ibovespa (Brasilien), FTSE (Großbritannien), Nikkei 225 (Japan), SSE (China) und ATX (Österreich).
- Branchen- und Sektorenindizes: Sie konzentrieren sich auf einzelne Branchen wie die Automobil-, Chemie-, Pharma- oder Technologiebranche. Durch die Konzentration auf eine Branche gibt es bei Branchenindizes eine geringere Diversifikation (Streuung) als bei Indizes, bei denen Unternehmen verschiedenster Bereiche vertreten sind.

### Rentenindizes

Anleihen werden auch Renten genannt, weshalb Indizes auf Anleihen als Rentenindizes bezeichnet werden. Sie lassen sich beispielsweise in Indizes auf Staatsanleihen, Pfandbriefe und Unternehmensanleihen, jeweils mit verschiedenen Laufzeiten, einteilen.

### Rohstoffindizes

Rohstoffindizes fassen einzelne Rohstoffsegmente wie Agrargüter, Energierohstoffe, Industrie- und Edelmetalle zusammen.

über dessen Anlagestil. Finanztest weist die Marktnähe von Fonds im Serviceteil der Zeitschrift aus.

Gute marktnahe Fonds schaffen es über Jahre, zumindest leicht besser als ihr Vergleichsindex zu sein. Das erreichen sie zum Beispiel dadurch, dass sie bestimmte im Vergleichsindex enthaltene Werte über- oder untergewichten. Oder sie nutzen spezielle Timingstrategien, kaufen und verkaufen also zu bestimmten Börsenphasen, um den breiten Markt zu schlagen.

Bekannte marktnahe Fonds sind in Deutschland zum Beispiel der „UniGlobal" oder der „DWS Akkumula".

**Marktunabhängige Fonds**

Neben den marktnahen Fonds gibt es marktunabhängige Fonds. Bei diesen versuchen Fondsmanager, unabhängig von

## CHECKLISTE: Vorsicht vor falschen Vergleichen

Schauen Sie genau hin, wenn ein Fonds damit wirbt, einen bestimmten Index geschlagen zu haben.

- Nicht auf konstruierte Indizes reinfallen: Oftmals vergleichen sich Fonds mit speziell konstruierten Indizes. Diese sind so zusammengestellt, dass auch ein mittelmäßiger Fonds sie übertreffen kann.
- Kurs- und Performanceindizes unterscheiden: Auch beim Vergleich mit Standardindizes heißt es aufpassen: So vergleichen sich weltweit anlegende Fonds meist mit dem MSCI World Index. Wenn hier aber der Kursindex des MSCI World mit dem Performanceindex des Fonds verglichen wird, heißt das Äpfel mit Birnen vergleichen. Denn bei einem Kursindex berechnet sich der Indexstand allein nach dem Kurs der enthaltenen Aktien. Bei einem Performanceindex hingegen wird unterstellt, dass sämtliche Erträge, also insbesondere die Dividenden, die die im Index vertretenen Unternehmen zahlen, sofort wieder in dasselbe Papier reinvestiert werden. Performanceindizes berücksichtigen somit einen Zinseszinseffekt und haben daher eine bessere Wertentwicklung als Kursindizes. Eine echte Vergleichbarkeit hat man also nur, wenn sowohl beim Fonds als auch beim Vergleichsindex die Verwendung der Erträge in der gleichen Weise in die Berechnung der Wertentwicklung einfließt.
- Auf die Zeitperiode achten: Ein weiterer beliebter Trick: Die dargestellte Zeitperiode ist so gewählt, dass die Performance des Fonds in diesem Zeitraum besonders gut aussieht.

Bei Direktbanken und Internetseiten wie www.onvista.de oder www.finanzen.net können Sie sich Fondsverläufe über verschiedene, auch selbst gewählte Zeiträume anzeigen lassen und mit Indizes oder anderen Fonds vergleichen. Hier sehen Sie dann, ob der Fonds langfristig wirklich Leistung gezeigt hat und andere Fonds oder Indizes geschlagen hat.

einem Vergleichsindex die besten Werte für ihren Fonds zu finden.

Die Ergebnisse dieser Fonds können deutlich von denen marktnaher Fonds abweichen – sowohl in positiver als auch in negativer Hinsicht. Ihr Erfolg ist schwerer berechenbar als der von sehr marktnahen Fonds. Bei marktunabhängigen Fonds vertrauen Anleger darauf, dass der Fondsmanager Trends richtig erkennt und entsprechend anlegt. Sie müssen hier noch mehr die Erfolge in der Vergangenheit als Hinweis auf die Kompetenz des Fondsmanagements mitberücksichtigen. Denn liegt der Fondsmanager mit seinen Einschätzungen richtig, ist es durchaus möglich, dass der Fonds längerfristig eine Überrendite gegenüber marktnahen Fonds erzielen kann, auch wenn es dabei zu kurzzeitigen Durchhängern kommt.

Beispiele für solche „eigenwilligen" Fonds, die es immer wieder geschafft haben, bessere Ergebnisse zu erzielen als zahlreiche marktnahe Fonds, sind der „Investissement" und der „Patrimoine" von Carmignac, der „DJE Dividende & Substanz" sowie der „Flossbach von Storch Multiple Opportunities".

Gerade bei den marktunabhängigen Fonds sollten Sie ein besonderes Augenmerk darauf haben, wie sich die Fondsentwicklung verhält, wenn es zu personellen Änderungen im Fondsmanagement kommt. Denn ihr Erfolg hängt häufig erheblich vom Geschick des jeweiligen Fondsmanagers ab.

## Indexfonds (ETFs)

Wollte sich ein Anleger an einem Index orientieren und diesen selbst nachbauen, müsste er alle Einzeltitel des Index in der entsprechenden Gewichtung kaufen, was wenig praktikabel wäre und ein größeres Anlagevermögen voraussetzen würde. Einfacher geht es mit dem Kauf von Indexfonds. Das sind Investmentfonds, die einen Index möglichst genau nachbilden. Überwiegend werden sie als Exchange Traded Funds (ETFs), also börsengehandelte Fonds aufgelegt. Im Gegensatz zu den aktiv gemanagten Fonds, bei denen der Fondsmanager die Auswahl der Einzeltitel übernimmt, orientiert sich die Zusammensetzung von Indexfonds allein an dem zugrundeliegenden Index. Da kein Fondsmanager erforderlich ist, spricht man auch von passiv gemanagten Fonds. Indexfonds sind rechtlich ebenfalls Investmentfonds. Auch hier sind die Anlegergelder dadurch gesichert, dass das Fondsvermögen ein von der Fondsgesellschaft getrenntes Sondervermögen ist.

### TIPP: ACHTEN SIE AUF DIE GEWICHTUNG

Sehen Sie sich die Zusammensetzung eines Index genau an. In manchen Indizes – und damit auch in den Indexfonds, die diesen Index nachbilden – sind einzelne Titel besonders stark gewichtet. Dann erreicht man beispielsweise durch die Investition in einen Länderindex gerade keine Titel-Streuung, sondern ist von der Entwicklung der wenigen großen Unternehmen abhängig. Besonders, wenn Sie in aufstrebende Schwellenländer investieren möchten, kann es passieren, dass die kleineren Unternehmen, die noch eine hohe und dynamische Entwicklung vor sich haben, kaum im Fonds repräsentiert sind, während die Unternehmen mit einem großen Gewicht im Index vielleicht schon den Zenit ihres wirtschaftlichen Aufschwungs hinter sich haben. In solchen Märkten empfiehlt sich eher die Anlage in aktiv gemanagte Fonds, die versuchen, die Perlen unter den Unternehmen dieser Länder zu finden.

**Niedrigere Kosten und hohe Transparenz**

Der europäische ETF-Markt startete im April 2000 und hat sich seitdem rasant entwickelt. In Deutschland gibt es mittlerweile über 1 000 verschiedene ETFs.

ETFs sind wie Aktien jederzeit an der Börse zu für Aktien üblichen Spesen handelbar. Die mindesthandelbare Menge beträgt lediglich ein Stück. Professionelle Market Maker (siehe Seite 185) stellen permanente An- und Verkaufskurse, sodass eine ständige Handelbarkeit sichergestellt ist. Anleger, die ein Wertpapierdepot besitzen, können ETFs somit bei jeder Bank kaufen. Ausgabeaufschläge, mit denen bei aktiv gemanagten Fonds vor allem der Vertrieb bezahlt wird, fallen bei ETFs nicht an. Deshalb bieten Banken und Finanzvermittler ETFs wohl auch nicht so gern aktiv an. Auch die Verwaltungskosten sind bei ETFs natürlich geringer, da sich die Auswahl der Einzeltitel nur nach dem zugrundeliegenden Index richtet und kein aufwendiges Fondsmanagement finanziert werden muss. Die jährlichen Verwaltungsgebühren liegen bei ETFs meist zwischen 0,15 und 0,90 Prozent.

ETFs sind transparenter als aktiv gemanagte Fonds, weil ihr Wertpapierbestand zum Ende eines jeden Börsentages veröffentlicht wird. Viele aktiv gemanagte Fonds hingegen weisen die Wertpapiere, die sie halten, nur halbjährlich aus. Der Kurs eines ETF beträgt häufig annähernd 1/10 oder 1/100 des zugrundeliegenden Index, sodass die Kursentwicklung leicht nachvollziehbar ist. Darüber hinaus berechnet die Deutsche Börse AG minütlich den indikativen Nettoinventarwert (iNAV), also die aktuelle Summe aller zum Mittelkurs bewerteten Vermögensgegenstände abzüglich Verbindlichkeiten des ETF. Der aktuelle iNAV eines ETF ist auf der Homepage der Börse Frankfurt (www.boerse-frankfurt.de) mit einer 15-minütigen Zeitverzögerung einsehbar.

**Den Index nachbauen**

Ein Index besteht aus vielen Einzelwerten. Beim MSCI World sind es beispielsweise um die 1600 verschiedene Titel. Wie kann ein Fonds also einen solchen Index nachbilden?

Die naheliegende Methode ist, dass der Fonds alle Einzeltitel, aus denen sich der Index zusammensetzt, entsprechend deren Gewichtung im Index kauft. Kommt es beim Index zu Änderungen (zum Beispiel weil Titel herausfallen oder sich deren Ge-

wichtung ändert), nimmt das Fondsmanagement der Kapitalanlagegesellschaft entsprechende Änderungen beim ETF-Sondervermögen vor. Man nennt diese Methode, einen Index nachzubilden, „vollständige Nachbildung" (Full Replication). Ihr Vorteil ist die hohe Transparenz: Sie wissen, welche Titel der Fonds hält, denn sie entsprechen denen im Index. Da sämtliche Werte auch tatsächlich im Sondervermögen gehalten werden, besteht kein Emittentenrisiko: Auch bei einer Insolvenz der Fondsgesellschaft bleiben die Anleger Miteigentümer der Einzelwerte.

Ein Restrisiko bleibt aber häufig: Da die Zusammensetzung des Aktienkorbs bei den voll replizierenden ETFs immer der Zusammensetzung des Index entsprechen muss und unter anderem der Kauf und Verkauf der Einzelwerte Kosten verursacht, würde sich der ETF schlechter entwickeln als der Index. Um diesen Kostennachteil auszugleichen, betreiben einige ETF-Anbieter Zusatzgeschäfte. Sie verleihen Wertpapiere an andere Finanzmarktakteure und erhalten dafür eine Gebühr. Durch diese Gebühr können sie dann die Kostennachteile ausgleichen und den Index möglichst genau nachbilden.

Das Risiko, dass der Entleiher die geliehenen Wertpapiere nicht zurückgeben kann, begrenzen die ETF-Anbieter dadurch, dass sie für die Leihgeschäfte Sicherheiten in Form von Anleihen oder Aktien verlangen. Anleger würden höchstens dann Geld verlieren, wenn die Sicherheiten im Krisenfall nicht oder nur mit einem Abschlag verkauft werden könnten. Dadurch, dass die ETF-Anbieter Sicherheiten verlangen, die über dem Wert der verliehenen Wertpapiere liegen, bauen sie einen zusätzlichen Sicherheitspuffer ein.

### ... oder den Index synthetisch nachbilden

Nachteil der Methode der vollständigen Replikation ist, dass vor allem bei breiten Indizes mit vielen Einzeltiteln eine Nachbildung zu kompliziert und teuer wäre. Außerdem erschweren es Dividendenzahlungen und darauf fällige unterschiedliche Quellensteuern, Kurse exakt nachzubilden. Unter anderem aus diesen Gründen wenden viele ETFs die Methode der „synthetischen Replikation" an.

Dabei erwerben sie zunächst für das Sondervermögen ein Wertpapierportfolio, das die gesetzlichen Anforderungen für einen Investmentfonds, insbesondere den

Grundsatz der Risikostreuung, erfüllt. Die Wertpapiere im Sondervermögen müssen aber nichts mit dem abzubildenden Index zu tun haben. Beispielsweise kann das Sondervermögen eines ETF, der den Dax nachbildet, aus japanischen Aktien bestehen. Gleichzeitig schließt die Fondsgesellschaft ein Tauschgeschäft (Swap-Vertrag) mit einer Bank oder einem Finanzdienstleister ab. Dieser Swap-Partner gleicht den ETF-Wert dann laufend so weit aus, dass die Wertentwicklung des ETF insgesamt immer der des Index entspricht.

Die synthetische Replikation ermöglicht es so, dass es für nahezu alle Märkte und Branchen einen ETF gibt. So können beispielsweise auch Indizes nachgebildet werden, bei denen bestimmte Einzelwerte gar nicht frei handelbar sind oder die von ausländischen Marktteilnehmern nur beschränkt erworben werden dürfen. Hier ist eine Nachbildung mit der Full-Replication-Methode gar nicht möglich. Ferner können auch ETFs auf bestimmte Strategie-Indizes wie Leerverkaufs- und Hebel-Strategien dargestellt werden (siehe Seite 52).

**INFO** **Welche Methode ist sicherer?**

Sowohl bei vollreplizierenden als auch bei Swap-basierten ETFs gibt es ein Restrisiko: nämlich, dass der Partner des Leihe-Geschäfts oder des Swap-Vertrags seinen Verpflichtungen nicht nachkommt. Am sichersten wären vollreplizierende Fonds ohne Zusatzgeschäfte wie die Wertpapierleihe. Die gibt es aber so gut wie nicht in Europa, was wohl auch daran liegt, dass den meisten Anlegern eine möglichst geringe Abweichung der Wertentwicklung des ETFs vom zugrundeliegenden Index wichtiger ist als ein möglichst geringes Kontrahentenrisiko.

Ob das Kontrahentenrisiko bei physischen ETFs kleiner ist als bei synthetischen ETFs, können wir derzeit nicht sagen. Allerdings könnte im Krisenfall, zum Beispiel beim Zusammenbruch großer Banken, die Fortführung eines physisch replizierenden Fonds eher möglich sein als die eines Swap-ETFs. Lassen Sie sich aber durch die Diskussion zu den Risiken nicht verunsichern: Das größte Risiko bei der Geldanlage bleibt das Marktrisiko, welches Sie durch die Auswahl der passenden Indizes und eine vernünftige Aufteilung Ihrer Geldanlagen selbst steuern können. Informationen dazu, welche Replikationsmethode ein ETF anwendet, finden Sie unter anderem in den wesentlichen Anlegerinformationen oder auf der Homepage des Anbieters. Auf ihren Internetseiten informieren die ETF-Anbieter auch über die Absicherungsmechanismen, die Sie zur Minimierung des Kontrahentenrisikos bei Swap- oder Leihe-Geschäften einbauen.

Der Nachteil der synthetischen Nachbildung ist, dass durch das Swap-Geschäft ein „Kontrahentenrisiko" besteht: Geht der Tauschpartner pleite, ist das Swap-Geschäft wertlos. Lediglich die im Sondervermögen gehaltenen Einzelwerte sind insolvenzgeschützt. Allerdings dürfen Swap-Kontrakte maximal 10 Prozent des Fondsvermögens ausmachen, sodass das Kontrahentenrisiko begrenzt ist. Einige ETF-Anbieter sichern überdies das Kontrahentenrisiko ab, indem sie Wertpapiere hinterlegen.

## Aktiv gemanagt oder ETF?

Was aber sind die Vorteile von aktiv gemanagten Fonds und wann punkten Indexfonds? Hier die wichtigsten Unterschiede, die Sie kennen sollten.

### Kostenvorteil ETF

Der Vorteil geringerer Kauf- und Verwaltungsgebühren bei ETFs liegt auf der Hand. Unterstellt man eine gleiche Wertentwicklung der von ETF und aktivem Fonds gehaltenen Anteile, liegen die ETFs besonders über eine längere Laufzeit klar vorn. So haben Untersuchungen gezeigt, dass die meisten Manager aktiver Fonds es nicht schaffen, über längere Zeit ihren Vergleichsindex zu schlagen.

Als Konsequenz daraus müsste ein renditeorientierter Anleger also sein Portfolio ausschließlich mit ETFs bestücken. Denn allein aufgrund der jährlich gesparten Verwaltungskosten würde er – sofern die sonstige Performance beider Fondsarten tatsächlich gleich wäre – einen erheblichen Mehrertrag gegenüber aktiv gemanagten Fonds erzielen.

Beispiel: Ein Anleger will 10000 Euro investieren. Er hat die Wahl zwischen einem aktiv gemanagten Fonds mit einer jährlichen Kostenquote von 1,55 Prozent und einem ETF mit einer Kostenquote von 0,35 Prozent. Beide Fonds kann er ohne Ausgabeaufschlag erwerben. Erzielen beide Fonds eine Wertentwicklung von 7 Prozent, wären die Anteile des aktiv gemanagten Fonds nach zehn Jahren rund 16800 Euro wert, die des ETFs hingegen rund 19000 Euro. Dies würde auf das eingesetzte Kapital einen Vorteil von rund 22 Prozent für den ETF bedeuten. Bei einer 20-jährigen Spardauer läge der Vorteil des ETFs sogar bei rund 7800 Euro Mehrertrag.

### Chance auf Mehrrendite bei aktiv gemanagten Fonds

Allerdings gibt es auch Fondsmanager, die es über Jahre schaffen, durch geschicktes Timing und kluge Einzeltitelauswahl eine bessere Rendite als ihr Vergleichsindex zu erzielen. Sofern dieses Mehrergebnis auch noch nach Abzug der höheren Kosten (und gegebenenfalls Erfolgsgebühren) bei aktiv gemanagten Fonds bleibt, war und ist der Manager sein Geld wert. ETFs hingegen können schon nach ihrer Definition nicht besser als ihr Index sein, da sie diesen ja gerade so gut wie möglich nachbilden sollen.

Mehr als die Marktrendite ist mit ETFs nicht zu erzielen.

Insbesondere bei aktiv gemanagten, weltweit anlegenden Rentenfonds können die Fondsmanager auf die „richtigen" Währungen setzen und damit zusätzliche Gewinne erwirtschaften. ETFs hingegen können nicht flexibel in verschiedene Währungen anlegen.

Ein weiterer wesentlicher Vorteil der aktiv gemanagten Fonds ist, dass sie nicht immer voll investiert sein müssen. Bis zu 50 Prozent darf ein gemanagter Fonds an flüssigen Mitteln halten. Das kann sich vor allem in Krisenzeiten auszahlen. Wenn der Fondsmanager einen Rückgang der Börsenkurse erwartet, kann er Werte verkaufen und den Anteil der liquiden Mittel erhöhen. ETFs sind hingegen immer entsprechend ihrem Index voll investiert. Sie als Anleger müssten hier selbst tätig werden und ETF-Anteile verkaufen, wenn Sie der Meinung sind, dass die Börse fällt. Hat der Manager des aktiven Fonds die Marktlage richtig eingeschätzt, kann er Anleger vor größeren Verlusten bewahren. Andererseits besteht die Gefahr, dass er zu früh aussteigt oder Phasen steigender Börsenkurse verpasst und zu spät wieder einsteigt.

### Liquiditätsvorteil ETFs

Apropos Ein- und Ausstieg: Hier haben ETFs durch ihre jederzeitige Handelbarkeit

**INFO** **Vorsicht beim Kauf in Randzeiten**

An den Regionalbörsen in Düsseldorf, Stuttgart, Berlin, Hamburg und München können Sie Wertpapiere zwischen 8 und 20 Uhr (teilweise bis 22 Uhr) kaufen, und damit auch in Zeiten, wenn das elektronische Handelssystem Xetra geschlossen ist. Denn dort wird nur von 9.00 bis 17.30 Uhr gehandelt. Was besonders anlegerfreundlich klingt, kann negative Folgen haben. Da nämlich die Umsätze im außerbörslichen Handel weitaus geringer sind als während der normalen Handelszeiten, besteht die Gefahr, dass Aufträge zu schlechteren Kursen ausgeführt werden. Gerade im Früh- oder Späthandel sollten Sie daher nur limitierte Kaufaufträge erteilen, bei denen Sie einen bestimmten Höchstkaufpreis vorschreiben, wenn Sie kaufen, oder einen Mindestverkaufspreis, wenn Sie verkaufen möchten. Kritisch zu sehen sind in diesen Randzeiten hingegen Stop-Loss-Limits, bei denen bei Unterschreiten eines bestimmten Kurses automatisch verkauft wird. Hier besteht die Gefahr, dass ein niedriger Kurs, der aufgrund der geringen Umsätze im Früh- oder Späthandel kurzzeitig zustande gekommen ist, zum Verkauf führt, der Kurs zu den nächsten regulären Handelszeiten aber wieder über dem Limit bleibt.

während der Börsenzeiten einen eindeutigen Vorteil gegenüber aktiv gemanagten Fonds. Letztere rechnen die Fondsgesellschaften grundsätzlich nur einmal am Tag ab. Will ein Anleger schnell aus seinem aktiv gemanagten Fonds aussteigen, beispielsweise weil sich die Marktlage aufgrund eines Terroranschlags oder einer Naturkatastrophe plötzlich verschlechtert, kann er seinen Fondsanteil möglicherweise erst am nächsten Tag zum dann gültigen Kurs verkaufen.

Allerdings werden mittlerweile die meisten aktiv gemanagten Fonds auch an den Regionalbörsen wie Hamburg oder Düsseldorf gehandelt. Sie bieten Anlegern die Möglichkeit, Wertpapiere auch außerhalb der Handelszeiten der Deutschen Börse Frankfurt zu kaufen und zu verkaufen. Ob Anleger ihre Fondsanteile an den Regionalbörsen zu einem guten Kurs verkaufen können, hängt aber von Angebot und Nachfrage ab. Umso wichtiger ist es, dass Sie bei Ihren Kauf- und Verkaufsaufträgen an den Regionalbörsen stets ein Limit setzen. Das bedeutet, dass Sie einen Höchstkaufkurs oder Mindestverkaufskurs mit Ihrer Auftragserteilung festlegen (siehe Kasten links).

### Spezielle Strategien mit ETFs

Da sich mit den Swap-basierten Replikationsmethoden fast jeder beliebige Index nachbilden lässt, werden mittlerweile immer mehr ETFs angeboten, die sehr spezielle Strategien zulassen. Dazu gehören unter anderem ETFs, die bestimmte Handelsstrategien nachbilden. Das sind zum Beispiel ETFs, bei denen die Wertentwicklung eines Index gehebelt (leveraged) wird oder mit denen auf fallende Märkte gesetzt werden kann (siehe Seite 52). Auch gibt es ETFs, die spezielle Strategien aus dem Optionshandel wie Protective Put und Covered Call umsetzen.

Je komplizierter die Strategien sind, umso weiter entfernen sich die ETFs von ihrer ursprünglichen Zielsetzung, einfach und transparent zu sein. Die Berechnungsweise und die Wertentwicklung mancher Strategie-ETFs sind für Anleger, die keine Börsenprofis sind, kaum mehr nachvollziehbar.

### Sparpläne mit ETFs

ETFs waren anfangs bei Sparplänen gegenüber gemanagten Fonds eindeutig im Nachteil: Nur wenige Banken und Fondsplattformen boten eine breitere Palette an Sparplänen für ETFs an, und die Gebühren, die sie dafür verlangten, waren so hoch wie Ausgabeaufschläge bei aktiv gemanagten Fonds. Das hat sich aber mit der zunehmenden Beliebtheit der ETFs geändert. Mittlerweile bieten vor allem Direktbanken und Fondsplattformen eine wachsende Zahl von sparplanfähigen ETFs kostengünstig an (siehe Seite 85).

# CHANCENREICHE ANLAGEKONZEPTE MIT RENTENFONDS

Neben kurzfristigeren Festzinsanlagen (siehe Seite 89) bieten Rentenfonds, die in höher verzinste Anleihen aus Schwellenländern, in Unternehmensanleihen oder in Fremdwährungsanleihen investieren, die Chance auf eine Mehrrendite. Selbstverständlich können Sie die Anleihen auch direkt kaufen, der Vorteil eines Fonds liegt hier vor allem in der Streuung von Ausfall- und Zinsänderungsrisiken auf mehrere Anleihen und Schuldner.

## Grundsätzliches zu Anleihen

Auch wenn man bei Anleihen synonym von Renten spricht, haben diese nichts mit gesetzlichen oder privaten Rentenversicherungen zu tun.

Der Käufer einer Anleihe, der Gläubiger, leiht dem Schuldner (Herausgeber/Emittent) der Anleihe Geld. Der Emittent muss dem Gläubiger einen Zins zahlen und am Ende der Laufzeit das Geld zurückgeben. Die Gesamtrendite der Anlage setzt sich im Wesentlichen aus dem Zins und einem möglichen Kursgewinn oder -verlust während der Haltedauer der Anleihe zusammen.

### Der Zinssatz von Anleihen

Welchen Zinssatz ein Emittent bieten muss, damit ihm Anleger Geld leihen, hängt von verschiedenen Faktoren ab. In der Regel ist der Zins umso höher, je länger die Laufzeit ist, da Anleger auch länger nicht mit ihrem Geld arbeiten oder es ausgeben können. Außerdem kommt es auf die Bonität des Emittenten an. Je unzuverlässiger ein Emittent ist, umso höher muss der Zins als Ausgleich für das Risiko des Anlegers sein, dass er sein eingesetztes Geld nicht zurückbekommen könnte. Eine deutsche Staatsanleihe hat zum Beispiel eine höhere Bonität als eine italienische, folglich muss der deutsche Staat auch geringere Zinsen für die von ihm begebenen Anleihen zahlen. Ratingagenturen bewerten die Ausfallwahrscheinlichkeiten von Anleiheemittenten und geben damit Anhaltspunkte für das Risiko, das bei einem Anleiheinvestment besteht. Derzeit gibt es drei amerikanische Ratingagenturen: Moody's, Standard & Poor's und Fitch (siehe Tabelle rechts). Ihre Ratings sind allerdings nicht unumstritten. Der Plan, die Übermacht der amerikanischen durch eine europäische Ratingagentur zu durchbrechen, wurde Ende April 2013 aufgegeben.

Ein weiterer Einflussfaktor für den Zins ist die Inflationserwartung. Je höher diese ist, umso höher muss auch der Zins sein, da ein potenzieller Käufer einen Ausgleich für die Geldentwertung während der Laufzeit der Anlage haben will. Letztlich spielt auch die Liquidität der Anleihe eine Rolle: Je seltener eine Anleihe an einer Börse gehandelt wird, umso höher muss der

**DIE NOTENSKALA DER RATINGAGENTUREN**

| | Moody's | Standard & Poor's | Fitch | Was steckt hinter der Note? |
|---|---|---|---|---|
| Investment-Grade | Aaa | AAA | AAA | Hochqualitative Anleihen. Die Rückzahlung von Zinsen und des eingesetzten Kapitals gilt als sehr sicher. |
| | Aa1<br>Aa2<br>Aa3 | AA+<br>AA<br>AA– | AA+<br>AA<br>AA– | Anleihen mit sehr hoher Sicherheit und geringem Ausfallrisiko. Zins und Tilgung werden mit sehr hoher Wahrscheinlichkeit geleistet. |
| | A1<br>A2<br>A3 | A+<br>A<br>A– | A+<br>A<br>A– | Gute Bonität, viele Kriterien deuten darauf hin, dass Zins und Tilgung geleistet werden. Es gibt aber ein Restrisiko. |
| | Baa1<br>Baa2<br>Baa3 | BBB+<br>BBB<br>BBB– | BBB+<br>BBB<br>BBB– | Durchschnittliche Bonität. Anleger, die nicht spekulieren wollen, sollten keine schlechter bewerteten Anleihen kaufen. |
| Non-Investment-Grade | Ba1<br>Ba2<br>Ba3 | BB+<br>BB<br>BB– | BB+<br>BB<br>BB– | Das Risiko des Zahlungsausfalls ist hoch. Aktuell werden Zins und Tilgung geleistet, doch langfristig scheint das Risiko eines Ausfalls hoch. |
| | B1<br>B2<br>B3 | B+<br>B<br>B– | B+<br>B<br>B– | Spekulative Anlage. Die Rückzahlung der Anleihen ist stark gefährdet. |
| | Caa<br>Ca<br>C | CCC<br>CC<br>C | CCC<br>CC<br>C | Hoch spekulativ. Direkte Gefahr, dass der Schuldner in Zahlungsverzug gerät (S & P) oder dass dieser bereits eingetreten ist. |

Zins sein, denn Anleger gehen ein höheres Risiko ein, sie vielleicht gar nicht oder nur schlecht verkaufen zu können.

**Nennwert und Kurswert**

Der Nennwert einer Anleihe ist der Betrag, auf den die Zinsen (Kupon) gezahlt werden und zu dem die Anleihe bei Laufzeitende zurückgezahlt werden muss.

Da Anleihen während der Laufzeit aber auch gehandelt werden können, haben sie einen Kurswert, der den aktuellen Preis der Anleihe ausdrückt. Der Kurswert wird in Prozent vom Nennwert angegeben. Daraus folgt, dass ein Anleger einen Kursgewinn erzielen kann, wenn er eine Anleihe mit einem Kurswert von unter 100 Prozent kauft und diese zum Laufzeitende zum Nennwert zurückgibt. Der Kurswert hängt vom aktuellen Zinsniveau sowie von eventuellen Veränderungen der Bonität des Anleiheherausgebers ab. Steigen beispielsweise die Marktzinsen, fällt der Kurs einer bereits umlaufenden Anleihe. Denn Anleger würden dann eher neue Anleihen mit höherem Zins kaufen. Man spricht hier vom Zinsänderungsrisiko.

## Euro-Staatsanleihenfonds

Für sicherheitsorientierte Anleger werden Euro-Staatsanleihenfonds angeboten. Das sind aktiv gemanagte Investmentfonds oder ETFs, die Staatsanleihen kaufen, die in Euro notieren oder gegen Währungs-

**CHECKLISTE Euro-Staatsanleihenfonds**

Wer lieber auf die Sicherheit von Staaten als auf Banken mit ihrer Einlagensicherung setzen möchte, für den sind Euro-Staatsanleihen eine gute Wahl. Wenn Sie Euro-Staatsanleihenfonds als Sicherheitsbaustein für Ihr Depot einsetzen möchten, sollten Sie auf folgende Punkte achten:

- Entscheiden Sie sich lieber für einen ETF als für einen aktiv gemanagten Fonds. Denn die Margen bei den sicherheitsorientierten Rentenfonds sind so gering, dass ein Fondsmanager nur schwer eine Mehrrendite gegenüber dem Index erzielen kann. Seine Arbeit müssen Sie aber in Form von Verwaltungsgebühren bezahlen.
- Wählen Sie entweder einen Index auf deutsche oder europäische Staatsanleihen, die alle auf Euro lauten, oder einen Index auf Pfandbriefe. Renten-ETFs mit einem Schwerpunkt auf den Euro-Wackelkandidaten Portugal, Italien, Irland, Griechenland und Spanien, den sogenannten PIIGS-Staaten, sind als Sicherheitsbaustein nicht geeignet.
- Achten Sie darauf, dass im Index sowohl kurze als auch lange Laufzeiten abgebildet sind.
- Welche Renten-ETFs in der Vergangenheit gut abgeschnitten haben, können Sie unter www.test.de/fonds gegen eine geringe Gebühr prüfen.

schwankungen abgesichert sind. Anleger aus dem Euroraum gehen also keine Währungsrisiken damit ein.

Allerdings ist diese Anlage nicht unumstritten. Zwar erzielen die Euro-Staatsanleihen-ETFs in Phasen sinkender Zinsen durch Kursgewinne attraktive Gewinne, sollten die Zinsen jedoch steigen, ist mit Kursverlusten zu rechnen. Bei aktiv gemanagten Euro-Rentenfonds auf Staatsanleihen sind nach Abzug der Verwaltungsgebühren sogar Negativ-Renditen möglich, wenn Sie einen Ausgabeaufschlag dafür bezahlen müssen.

Zum anderen haben Anleger bei einer Spareinlage bei einer Bank mit Sitz in der EU darüber hinaus durch die gesetzliche Einlagensicherung und zusätzliche Einlagensicherungssysteme der Banken die Gewähr, dass sie ihr eingezahltes Geld nebst vereinbarten Zinsen zurückbekommen.

Einziger Vorteil von aktiv und passiv gemanagten Euro-Staatsanleihenfonds gegenüber Spareinlagen ist momentan, dass die Fonds jederzeit verkauft werden können, während Sie bei der Spareinlage meist das Ende der vereinbarten Sparzeit abwarten müssen.

Mit einer Streuung der Laufzeiten Ihrer Einlagen können Sie aber auch bei Festgeldanlagen und Anleihen sicherstellen, dass Sie regelmäßig Rückflüsse haben. Wer jederzeit seine festverzinslichen Anlagen flüssigmachen können will, dabei aber Wert auf höchste Sicherheit legt, fährt in der Regel mit dem direkten Kauf deutscher Bundesanleihen besser. Denn der deutsche Staat gehört zu den Eurostaaten mit der höchsten Bonität.

**TIPP: DAS TREPPENDEPOT**

Eine einfache Methode, um das Zinsänderungsrisiko von festverzinslichen Anlagen zu vermindern und gleichzeitig ihre Flexibilität zu erhöhen, ist das „Treppendepot", das wir ausführlich auf Seite 138 vorstellen.

## Rentenfonds auf Unternehmensanleihen

Wenn Sie höhere Renditechancen suchen, als sie mit Bundesanleihen oder sicheren Festgeldanlagen möglich sind, und den Anleihen anderer europäischer Staaten nicht trauen, können Rentenfonds auf Unternehmensanleihen (Corporate Bonds) in Euro eine Anlagealternative sein. Insbesondere große, international tätige Unternehmen nutzen die Möglichkeit, sich über Anleihen Kapital zur Unternehmensfinanzierung zu besorgen, als Alternative zur herkömmlichen Kreditaufnahme bei Banken. Je schlechter die Bonität eines Unternehmens von Ratingagenturen eingestuft ist, umso höhere Zinsen muss dieses für seine Anleihen an die Anleger zahlen. Rentenfonds, die in Unternehmensanleihen anlegen, unterscheiden sich daher hinsichtlich ihres Chance-Risiko-Profils vor allem danach, ob sie auch in Anleihen von schlechter bewerteten Unternehmen oder gar in Unternehmen mit einem Non-Investment-Grad anlegen (solche Unternehmen werden von den Ratingagenturen als für Investments ungeeignet und damit als spekulative Anlage eingestuft) .

## Rentenfonds auf internationale Währungen

Bei Anlegern aus dem Euroraum hängt die Rendite von Euro-Rentenfonds im Wesentlichen von den Faktoren Zins und Kursgewinn ab. Rentenfonds, die weltweit in Anleihen investieren, haben hingegen eine weitere Stellschraube, um die Renditechancen zu erhöhen: die Währung. Kauft ein Rentenfonds Staatsanleihen einer fremden Währung, hat er zusätzlich die Chance auf Wechselkursgewinne, wenn diese Währung zum Euro steigt. Genauso verzeichnet er aber auch Wechselkursverluste, wenn die fremde Währung zum Euro fällt.

Beispiel: Ein deutscher Anleger will für fünf Jahre 10 000 Euro anlegen. Er hat die Wahl zwischen einer Euro-Anleihe zu 4 Prozent oder einer Fremdwährungsanleihe zu 6 Prozent. Die Fremdwährungsanleihe würde ohne Währungseffekte pro Jahr 200 Euro mehr Zinsen abwerfen und ohne Berücksichtigung einer Wiederanlage der Zinsen insgesamt 1 000 Euro mehr erwirtschaften.

Verliert die Fremdwährung allerdings gegenüber dem Euro 15 Prozent an Wert, erhält er am Laufzeitende nur 8 500 Euro zurück. Er hat dann also trotz der höheren Zinsen insgesamt Geld verloren. Steigt aber die Fremdwährung gegenüber dem Euro um 15 Prozent, ist die Rückzahlung 11 500 Euro wert, und der Anleger hat nicht nur mehr Zinsen erhalten, sondern darüber hinaus einen Wechselkursgewinn realisiert.

Internationale Rentenfonds sind daher aufgrund der Kursrisiken grundsätzlich riskanter als Euro-Rentenfonds. Der Erfolg hängt stark vom Können des Fondsmanagements ab, auch künftige Währungsentwicklungen richtig einzuschätzen. Aktiv gemanagte Rentenfonds haben hier gegenüber ETFs einen großen Vorteil, da ETFs ihr Vermögen nicht flexibel auf verschiedene Währungen verteilen können, sondern sich an den Index halten müssen, den sie nachbilden.

### Unterschiedliche Risikoprofile

Je nachdem, wie sie investieren, unterscheiden sich Rentenfonds auf internationale Währungen hinsichtlich des Chance-Risiko-Profils erheblich voneinander.

Konservativere internationale Rentenfonds investieren vor allem in Staatsanleihen von Industrieländern mit einem sehr guten A-Rating wie zum Beispiel Norwegen, die Schweiz, Australien und Kanada.

Manche Fonds verzichten zusätzlich auf den Kauf von Unternehmensanleihen, da Unternehmen meist eine geringere Bonität als Staaten aufweisen.

Chancen-, aber damit auch risikoreicher sind hingegen solche Rentenfonds, die auch Anleihen mit einem sogenannten Non-Investment-Grade (siehe Tabelle Seite 35) ins Portfolio nehmen.

Rentenfonds für risikofreudigere Anleger sind solche, die in Schwellenländeranleihen investieren. Als Schwellenländer oder Emerging Markets bezeichnet man Staaten, die den Stand eines Entwicklungslandes verlassen haben und sich auf der Schwelle zu einer bedeutenden industrialisierten und entwickelten Volkswirtschaft befinden. Dazu zählen Länder wie Brasilien, Chile, Mexiko, Malaysia, Russland, die Ukraine und die Türkei. Schwellenländer weisen in der Regel überdurchschnittliche Wachstumsraten und eine mit den Industriestaaten vergleichbare Arbeitsproduktivität auf. Überdies haben viele Schwellenländer eine geringere Staatsverschuldung als etablierte Volkswirtschaften.

### High-Yield-Fonds

Für die Chance auf einen weiteren Renditekick können Anleger auch zu High-Yield-Rentenfonds greifen. High-Yield-Fonds investieren in Staats- und Unternehmensanleihen von Schuldnern geringer Bonität. Dies sind meist Staaten aus Entwicklungs- und Schwellenländern oder Unternehmen mit hohen Ausfallrisiken. Umgangssprachlich werden solche Anleihen bisweilen als Junk-Bonds oder Schrottanleihen bezeichnet. Vor einigen Jahren haben beispielsweise die Anleger bei hochverzinslichen Argentinien-Anleihen feststellen müssen, wie sich die hohen Ausfallrisiken verwirklichten. Sie erhielten nur einen Bruchteil ihres Geldes vom argentinischen Staat zurück. Die Risiken für Anleger sind somit bei High-Yield-Fonds wesentlich höher als mit Rentenfonds, die ausschließlich in Industriestaaten anlegen.

High-Yield-Fonds setzen nicht nur auf die hohen Zinsen, die die bonitätsschwachen Anleiheschuldner zahlen müssen, sondern auch auf Ratingverbesserungen. Erhält nämlich ein Schuldner ein besseres Rating, muss er für neue Anleihen weniger Zinsen bieten. Der Preis der alten, noch höher verzinsten Anleihen steigt und der Fonds verbucht Kursgewinne.

High-Yield-Fonds, die ein Währungsrisiko ausschließen wollen, kaufen nur Anleihen, die auf eine sogenannte Hartwährung wie Euro, US-Dollar oder Schweizer Franken lauten, oder sichern Währungsrisiken durch Optionsgeschäfte ab. Währungsabsicherungen kosten jedoch Rendite.

### TIPP: PRÜFEN SIE DIE STRATEGIE UND DIE WÄHRUNG

Wenn Sie in einen internationalen Rentenfonds investieren möchten, sollten Sie sich informieren, welche Anlagestrategie er fährt und ob diese Strategie zu Ihnen und Ihrer Risikoeinstellung passt. Damit Sie keine übermäßigen Verluste erleiden, weil Ihr Fonds auf die falsche Währung gesetzt hat, sollten Sie darauf achten, ob er eine breite Streuung von Währungen hält, oder darauf, dass Währungsrisiken teilweise abgesichert sind.

## CHANCENREICHE ANLAGEKONZEPTE MIT AKTIENFONDS

In ein gut gestreutes Depot gehören natürlich auch Aktienfonds. Hier wird es für Anleger zunehmend schwerer, sich zurechtzufinden.

Nach Angaben des Bundesverbandes Investment und Asset Management (BVI) hatten Privatanleger Ende 2013 in Deutschland die Wahl zwischen rund 7600 Investmentfonds, davon etwa 3000 Aktienfonds und 1800 Rentenfonds. Im Jahr 1970 waren es insgesamt 60. Wie soll man da noch durchblicken? Insbesondere bei den Aktienfonds ist es hilfreich, zunächst nach Anlagekonzepten zu unterscheiden und damit eine erste Orientierung im Anlagedschungel zu finden.

### Weltweit anlegende Fonds

Weltweit anlegende Aktienfonds suchen auf der ganzen Welt Unternehmen, in deren Aktien die Fonds erfolgversprechend investieren können. Die Anlagen solcher Fonds sind daher in der Regel über viele Länder, Währungen und Branchen verteilt. Für Einsteiger in die Fondsanlage oder Anleger, die nur geringe Sparbeträge zur Verfügung haben, bieten sich weltweit anlegende Fonds daher als Basisinvestment an. Aber auch erfahrenere Anleger können hier gute Anlagemöglichkeiten finden. Denn auch bei diesen Fonds gibt es sehr marktnahe Fonds und solche, die marktunabhängig anlegen.

Marktnahe Fonds orientieren sich überwiegend am MSCI World Index und investieren daher hauptsächlich in den entwickelten Märkten der Industriestaaten, vor allem in US-Aktien. Das gilt natürlich im besonderem Maß für ETFs, die den MSCI World Index nachbilden.

Marktunabhängigere weltweit anlegende Fonds hingegen versuchen auch in Emerging Markets oder jenseits der weltweiten Standardwerte chancenreiche Unternehmen zu finden. Vor einer Anlage in einen weltweit anlegenden Fonds sollten Sie sich daher mit der Anlagephilosophie des Fonds beschäftigen.

### Länder- und Regionenfonds

Länderfonds sind Aktienfonds, die nur in Aktien eines Landes investieren. Sie können damit gezielt in die Länder investieren, bei denen Sie eine besonders positive

Entwicklung des Aktienmarktes erwarten. Die Auswahl der einzelnen Aktien überlassen Sie hingegen dem Fondsmanagement. Länderfonds eignen sich für Anleger, die für einen überschaubaren Zeitraum eine dezidierte Meinung bezüglich der Entwicklung des Aktienmarktes eines Landes haben. Sie sind manchmal die einzige Möglichkeit für Privatanleger, sich an den Kapitalmärkten bestimmter Länder zu beteiligen, wenn der Zugang zu deren Börsen für ausländische Privatanleger beschränkt ist.

### Die unterschiedlichen Länderfonds

Da die Wirtschaft und die Aktienmärkte einzelner Länder zum Teil stark unterschiedlich entwickelt sind, unterscheiden sich deren Risiken auch stark. Während die etablierten oder „klassischen" Aktienmärkte wie USA, Kanada, Deutschland, Großbritannien, Frankreich, Schweiz und Japan ein breites Universum an börsennotierten Unternehmen bieten, gibt es in manchen Schwellenländern nur wenige Unternehmen, in die ausländische Anleger über Aktienfonds investieren können.

**INFO**

### Aktiv gemanagt oder ETF?

Weil es aktiv gemanagte Fonds bei vielen klassischen Aktienmärkten wie Deutschland, Japan oder den USA meist nicht schaffen, langfristig bessere Renditen als der Marktdurchschnitt zu erzielen, empfehlen sich hier Investments in die kostengünstigeren ETFs. Je marktnäher der Fonds anlegt, desto schwieriger wird es für ihn, besser abzuschneiden als ETFs.

In Schwellenländern sind hingegen öfters einige Unternehmen im jeweiligen Index aufgrund ihrer Marktstärke und Marktkapitalisierung stark überrepräsentiert. Eine Indexfamilie wie beispielsweise in Deutschland die Dax-Familie mit Dax, MDax, SDax und TecDax gibt es für die weniger entwickelten Börsenländer nicht. Mit einer Anlage in einen ETF setzen Sie in diesen Ländern dann weniger auf neue, innovative Firmen mit überdurchschnittlichem Entwicklungspotenzial, sondern auf diese bereits etablierten Unternehmen. Hier ist die Anlage in einen guten aktiv gemanagten Fonds oft eine bessere Alternative.

Ein Beispiel: Die größten fünf Positionen im MSCI India machen einen Anteil von fast 37 Prozent aus. Ein ETF auf den MSCI India bildet die Verhältnisse dieser Aktienwerte nach. Ein marktunabhängiger gemanagter Aktienfonds hingegen kann seine Anlagen ganz anders gewichten. Im Index stark vertretene Unternehmen, die ihre größten Entwicklungssprünge schon hinter sich haben, kann er untergewichten und dafür stärker auf kleine und besonders aussichtsreiche Unternehmen setzen.

In den klassischen Märkten hat ein Fondsmanager somit trotz Begrenzung seiner Anlagemöglichkeiten auf ein Land leichter die Möglichkeit, ein diversifiziertes Fondsvermögen aufzubauen.

Vor allem bei den Länderfonds der etablierten Märkte lassen sich Fonds nach ihrem Anlageschwerpunkt unterscheiden. So gibt es Fonds, die eher in die großen Standardwerte investieren. Für einen Deutschlandfonds wären dies zum Beispiel insbesondere Aktien von Dax-Unternehmen. Daneben gibt es Fonds, die sich eher auf mittlere und kleine Unternehmen konzentrieren, bei einem Deutschlandfonds beispielsweise auf Werte aus dem MDax, TecDax und SDax.

Länderfonds auf etablierte Märkte sind weniger spekulativ als Länderfonds auf Schwellenländer, da die Unternehmen aus den entwickelten Ländern oftmals weltweit agierende Unternehmen sind, die nicht nur von der wirtschaftlichen Entwicklung ihres Heimatmarktes abhängen.

### Länderfonds brauchen viel Pflege

Die Entwicklung eines Länderfonds müssen Sie viel stärker überwachen als breiter gestreute Regionenfonds oder weltweite Fonds, da auf starke Aufschwungphasen eines Landes oft auch stärkere Korrekturen und jahrelange Seitwärtsbewegungen folgen können. Politische Unruhen, Naturkatastrophen oder wirtschaftliche Fehlentwicklungen können den Aktienmarkt eines Landes herunterziehen, während die restlichen Aktienmärkte auf der Welt davon unberührt bleiben. Schwellenländer sind weitaus anfälliger bei solchen Schocks als entwickelte Industriestaaten. Das Fondsmanagement eines Länderfonds kann aber in solchen Abwärtsphasen nicht auf andere Länder ausweichen, da das den prospektierten Anlagegrundsätzen widersprechen würde.

### Regionenfonds sind weniger riskant

Für Anleger, die in mehrere Länder und die Wachstumsregionen der Emerging Markets investieren wollen, bieten sich Regionenfonds an. Weil sie mehrere Länder einer Region abdecken, wird das Risiko verringert, in das falsche Land zu investieren. Außerdem sind viele Börsen der Schwellenländer noch recht schwach kapitalisiert. Das bedeutet, dass Veränderungen bei einem Unternehmen oft große Auswirkungen auf einen Index haben können, denen sich ein Länderfonds dann schwer entziehen kann. Ein Anleger, der in einen Lateinamerikafonds investiert, statt in einen Brasilienfonds, profitiert zum Beispiel auch, wenn der Fonds mexikanische und chilenische Aktien besitzt und diese Länder sich besser als Brasilien entwickeln. Neben Lateinamerikafonds gibt es Regionenfonds unter anderem für die Wachstumsregionen Asien, mittlerer Osten und Afrika.

### Europafonds

Wollen Sie eher im europäischen Raum anlegen, gibt es dafür mehrere Möglichkeiten. Europäische Aktienfonds konzen-

trieren sich vor allem auf Mitteleuropa. Daneben gibt es Fonds, die ausschließlich Aktien von Unternehmen aus Ländern der Eurozone kaufen. Sie weisen kein Währungsrisiko auf, im Gegensatz zu den breiter aufgestellten Europafonds, die auch in Länder Europas investieren, die nicht den Euro als Währung haben. Dafür fehlen aber eben wichtige Börsenländer wie Großbritannien und die Schweiz.

Für die Regionen Osteuropas gibt es spezielle Osteuropafonds, ebenso werden auch Nordeuropafonds angeboten.

Vor der Finanzkrise galten breit aufgestellte Europafonds als Basisinvestment. Das sind sie inzwischen allerdings nicht mehr uneingeschränkt. Denn mit einem solchen Europafonds kaufen Sie sich immer auch südeuropäische Unternehmen mit ins Depot – und damit noch immer auch erhöhte Risiken.

## Schwellenländerfonds, BRICS und Next-11

Seit dem Beginn des 21. Jahrhunderts zeigt sich, dass zwischen dem Wirtschaftswachstum eines Landes und dessen Aktienmarkt-Entwicklung ein starker Zusammenhang besteht. Während sich die Wachstumsraten in den entwickelten Industriestaaten nur wenig ändern, sind sie in etlichen Schwellenländern zweistellig. Ein Investment über Fonds in nur ein einziges Schwellenland ist allerdings zum einen äußerst riskant, zum anderen bei vielen Ländern gar nicht, bei anderen nur über einen ETF möglich.

Es gibt aber Schwellenländerfonds, die nicht auf ein Land begrenzt sind, sondern viele Schwellenländer weltweit umfassen oder Schwellenländerregionen. Damit ist das Risiko dann besser gestreut. Aber Vorsicht: Manche dieser Fonds haben zum Beispiel einen Südafrikaanteil von 40 Prozent. Mit einer solchen Fokussierung auf ein Land handeln Sie sich wieder ein erhöhtes Risiko ein. Deshalb lohnt hier ein genauerer Blick auf die Fondszusammensetzung (siehe Seite 46).

Daneben gibt es Fonds, die sich gezielt auf mehrere Schwellenländer konzentrieren. Die bekannteste Bündelung von Schwellenländern ist die unter dem Kürzel „BRIC", die Ende 2001 bekannt wurde. Dahinter stehen die größten aufstrebenden Schwellenländer Brasilien, Russland, Indien und China. Neuerdings wurden die BRIC-Staaten noch um Südafrika zu den

„BRICS" erweitert. Mit BRICS-Fonds können Anleger von einer positiven Entwicklung dieser Staaten profitieren.

Mit dem „Next-11"-Konzept werden elf Schwellenländer mit hohen Einwohnerzahlen zusammengefasst, die noch nicht so weit entwickelt sind wie die BRICS, aber einen ähnlichen wirtschaftlichen Aufschwung wie diese vor sich haben könnten. Zu dieser Gruppe gehören Ägypten, Bangladesch, Indonesien, der Iran, Mexiko, Nigeria, Pakistan, die Philippinen, Südkorea, die Türkei und Vietnam. Eine Unterkategorie in der Next-11-Gruppe mit besonderen Wachstumsaussichten wird als SMIT (Südkorea, Mexiko, Indonesien, Türkei) bezeichnet. Obwohl Investments in diesen Ländern mit einigen – insbesondere politischen und rechtlichen – Risiken behaftet sind, gibt es gute Gründe, warum ein Next-11-Fonds als Beimischung zum Gesamtvermögen langfristig eine Mehrrendite bringen kann: Die Next-11-Länder sind geografisch breit gestreut, sie befinden sich in unterschiedlichen Entwicklungsstadien und lassen insbesondere aufgrund ihrer jungen Bevölkerung ein hohes Wachstum durch Binnennachfrage und Konsum erwarten.

## Branchenfonds

Branchenfonds sind Fonds, die in einzelne Branchen und Wirtschaftszweige investieren. Dies sind häufig Wachstums- und Zukunftsbranchen, denen ein überdurchschnittliches Ertragspotenzial vorausgesagt wird. Branchenfonds gibt es zum Beispiel für die Bereiche Biotechnologie, Chemie, Pharma und Gesundheit, Internet, Technologie, Logistik und Telekommunikation. Obwohl sie meist weltweit anlegen, sind diese Märkte in der Regel recht eng, das heißt, die Auswahl an Unternehmen, in die ein Branchenfonds investieren kann, ist begrenzt.

Bei Branchenfonds spielt der Zeitpunkt des Ein- und Ausstiegs eine entscheidende Rolle. Steigen Anleger früh genug in eine Branche ein, die am Beginn eines Aufwärtstrends oder sogar neuen Booms steht, sind hohe Gewinne möglich – vorausgesetzt, sie steigen rechtzeitig wieder aus. Dies gilt insbesondere für Branchen, die gerade von neuen und umwälzenden Entwicklungen profitieren. Steht ein Wirtschaftszweig hingegen bereits nahe seinem Höhepunkt oder hat diesen bereits überschritten, ist das Verlustrisiko bei Branchenfonds auch besonders hoch.

Negative Meldungen zu einem Branchenunternehmen übertragen Börsianer meist auf Konkurrenzunternehmen der gleichen Branche. Folge ist dann, dass alle Aktien eines Branchenfonds Verluste hinnehmen müssen, weil keine Streuung über verschiedene Wirtschaftszweige vorliegt. Auch hier kann das Management eines Branchenfonds die Anlegergelder nicht einfach in Aktien anderer Branchen umschichten, da die Anlagestrategie auf die eine Branche festgeschrieben ist.

Schmerzlich erfahren haben diese Negativspirale viele Anleger, die in der Zeit um die Jahrtausendwende in Neue Me-

dien und Internetfonds investiert hatten. Nach dem Platzen der New-Economy-Blase mussten sie teilweise Verluste von bis zu 90 Prozent hinnehmen.

### TIPP: NUR ETWAS FÜR GUT INFORMIERTE

Wer aufmerksam Wirtschaftsthemen und -entwicklungen in den Medien verfolgt und richtig einschätzt, kann frühzeitig Wirtschaftszweige identifizieren, die eine überdurchschnittliche Entwicklung erwarten lassen. Das bietet die Chance auf kurzfristige Gewinne. Seien Sie aber vorsichtig, wenn Fondsgesellschaften vermehrt neue Fonds für eine Branche auflegen: Dies ist oft ein Zeichen, dass eine Branche eben kein Geheimtipp mehr ist und ihren Höhepunkt bereits gesehen hat. Besser kann es sein, frühzeitig Einzelaktien von Marktführern zu kaufen. Wenn Fondsgesellschaften eine neue In-Branche identifizieren, werden Fonds auch diese Aktien kaufen und damit deren Wert steigen lassen.

## Themenfonds

Themenfonds konzentrieren sich auf bestimmte Anlagethemen wie beispielsweise alternative Energien, Lifestyle, Wasser, Rohstoffe oder ethische Anlagen. Ebenso wie Branchenfonds bieten sie die Chance auf überdurchschnittliche Renditen, wenn Sie den richtigen Zeitpunkt erwischen und den Fonds kaufen, bevor sich ein Thema zum vielbeachteten Anlagethema entwickelt. Aber auch hier besteht die Gefahr, dass es sich lediglich um ein kurzfristiges Modethema handelt und Sie erst einsteigen, wenn die größten Gewinnsprünge der Anlagen im Themenfonds schon erfolgt sind.

## Exkurs: Mit Fonds nachhaltig investieren

In jüngerer Zeit suchen Anleger vermehrt nach nachhaltigen Anlagemöglichkeiten. Diese können sie auch im Bereich der Investmentfonds finden. Hier unterscheidet man im Wesentlichen:

- Nachhaltigkeitsfonds: Fonds, die bei ihren Anlageentscheidungen über ökonomische Faktoren hinaus auch soziale und ökologische Kriterien einbeziehen.
- Nachhaltigkeitsthemenfonds: Fonds, die in eine spezielle Branche oder ein spezielles Thema wie zum Beispiel Wasser oder erneuerbare Energien investieren.

- Ethikfonds: Fonds, die allein oder vorwiegend ethisch motivierte Anlagekriterien verwenden.
- Umweltfonds/Ökofonds: Fonds, die vorwiegend Umweltkriterien berücksichtigen.

Gerade bei nachhaltigen Fondsinvestments müssen Sie genau hinschauen, ob der jeweilige Fonds die Kundengelder wirklich so anlegt, wie Sie es sich unter den Begriffen „ethisch", „sozial" und „ökologisch" vorstellen. Denn hier hat jeder Mensch andere Prioritäten. Investiert ein Fonds nach dem sogenannten Best-in-Class-Prinzip, bedeutet das, dass er Aktien der Unternehmen kauft, die in ihrer Branche eine Vorreiterrolle beim Thema Nachhaltigkeit einnehmen. Das kann aber bedeuten, dass Ihr Fonds dann vielleicht auch in Unternehmen der Finanz-, Auto- oder Tabakindustrie anlegt, obwohl Sie persönlich gerade diese Branchen aus Ihrem Depot verbannen wollten.

Fragen Sie sich daher vor dem Kauf von Fonds, die als nachhaltig eingestuft sind, immer:

- In welche Hauptbranchen investiert er?
- Was sind Negativkriterien, das heißt, in welche Branchen investiert der Fonds grundsätzlich nicht (zum Beispiel Waffenproduktion, Atomenergie)?
- Wer bestimmt und überwacht die Zusammensetzung des Fonds?
- Hat das Researchteam, das die Nachhaltigkeit der Aktien bewertet, die entsprechende Erfahrung?
- Gibt es einen unabhängigen Nachhaltigkeitsbeirat?
- Und schließlich: Welche Aktien hat der Fonds tatsächlich im Portfolio?

Wenn Sie sich speziell für nachhaltige Investmentfonds interessieren, finden Sie weitere Informationen und einen Test der Fonds auf unserer Homepage unter www.test.de/thema/oekofonds.

## Ein Fazit für Länder-, Branchen- und Themenfonds

Länder-, Branchen- und Themenfonds können für kurz- und mittelfristige Spekulationen auf kommende Modethemen genutzt werden oder um besonders er-

**INFO** **Hier bekommen Sie Informationen zur Fondszusammensetzung**

Sie möchten wissen, wie ein bestimmter Fonds anlegt? Informationen zur Zusammensetzung findet man bei ETFs z. B. auf der Internetseite der Börse Frankfurt (www.boerse-frankfurt.de unter „ETFs" / „Zusammensetzung"). Gemanagte Fonds veröffentlichen ihre größten Positionen meist in monatlichen Kurzberichten (Factsheets) und in den Halbjahresberichten, die auf den Internetseiten der Fondsgesellschaften oder von Finanzinformationsdiensten wie www.onvista.de oder www.finanzen.net zu finden sind.

folgversprechende Anlagethemen überzugewichten. Sie eignen sich aber nur für Anleger, die die entsprechenden Märkte genau beobachten und damit in der Lage sind, rechtzeitig wieder auszusteigen. Grundsätzlich gilt: Je spezieller die Ausrichtung eines Fonds, umso größer sowohl seine Chancen als auch Risiken, da die Fondsmanager nicht in Aktien anderer Länder und Anlagethemen ausweichen dürfen.

Ist ein besonderes Anlagethema erst einmal out, dauert es häufig viel länger als beim breiten Aktienmarkt, bis sich die Kurse der einstigen In-Titel erholen. Manche Branchen erholen sich so zögerlich, dass sie die alten Höchstkurse wohl nie mehr erreichen werden. Sie sollten exotische Länder-, Branchen- und Themenfonds daher nur als Beimischung in Ihrem Anlagekonzept ansehen. Dies gilt ganz besonders, wenn Sie zu einem bestimmten Zeitpunkt auf die Erträge oder Verkaufserlöse dieser Fonds angewiesen sind, zum Beispiel zur Altersversorgung.

**Klumpen vermeiden**

Außerdem sollten Sie aufpassen, dass Sie durch die Beimischung dieser Fonds nicht übermäßige Klumpenrisiken eingehen. Das ist der Fall, wenn auch breit anlegende Fonds in Ihrem Portfolio stark auf die in den Länder-, Branchen- und Themenfonds enthaltenen Aktien setzen. Hätten Sie dort beispielsweise einen Aktienfonds Welt, der stark in Finanztiteln anlegt, und würden sich noch einen Branchenfonds auf die Finanzindustrie hinzukaufen, würden Sie ein besonderes Klumpenrisiko eingehen, falls aufgrund einer erneuten Finanzkrise Finanztitel besonders stark leiden. Daher sollten Sie auch bei breit anlegenden Fonds darauf achten, was deren größte Positionen und Branchen sind, wenn Sie daneben noch andere Fonds mit speziellen Anlagethemen besitzen.

**Risiko: Fondsschließungen und -fusionen**

Gerade bei Fonds, die auf sehr spezielle Anlagethemen setzen, besteht die Gefahr, dass diese nicht genügend Anlegergeld einsammeln können, um langfristig nach Abzug der Kosten für Fondsmanagement und Fondsverwaltung ausreichend profitabel arbeiten zu können.

Die Mindestgröße eines Fonds sollte bei 20 Millionen Euro liegen. Ist ein Fonds zu klein und somit unrentabel, hat die Fondsgesellschaft letztlich zwei Möglichkeiten: Sie kann den Fonds entweder schließen oder ihn mit anderen Fonds zusammenlegen (fusionieren). So wurden im Jahr 2012 168 Fonds geschlossen und 94 Fonds fusioniert. Die Fondsgesellschaft muss die anstehende Auflösung eines Fonds sechs Monate vorher ankündigen, eine Fusion drei Monate vorher.

Eine Fondsschließung wird bei der Steuererklärung ebenso wie ein Verkauf gewertet, das heißt, wer die Anteile erst nach dem 31. Dezember 2008 gekauft hat, muss 25 Prozent Abgeltungsteuer zuzüglich Solidaritätszuschlag und gegebenenfalls Kirchensteuer auf seine Veräuße-

rungsgewinne zahlen. Eine Fondsfusion ist hingegen ein steuerneutraler Vorgang. Die Anleger erhalten Anteile des neuen Fonds und diese treten steuerlich an die Stelle der alten.

### TIPP: SO KÖNNEN SIE REAGIEREN

Prüfen Sie bei einer Fondsfusion, ob der Anlageschwerpunkt des neuen Fonds vom alten abweicht und ob er weiterhin zu Ihren Anlagezielen passt. Recherchieren Sie außerdem, ob der vorgeschlagene Fonds in der Vergangenheit gute Ergebnisse erzielt hat (zum Beispiel über unseren Produktfinder Fonds unter www.test.de/fonds). Anderenfalls können Sie häufig kostenlos in einen vergleichbaren Fonds bei derselben Fondsgesellschaft wechseln. Bei einer angekündigten Fondsschließung verkaufen Sie Ihre Anteile besser, da am Ende die Fixkosten für Personal und Jahresabschluss zu stark auf die Rendite drücken.

## Dividendenfonds

Dividenden sind der Anteil am Jahresgewinn, den Aktiengesellschaften an ihre Anteilseigner ausschütten. Dividendenfonds investieren gezielt in Aktien von Unternehmen, die konstante und hohe Dividendenzahlungen erwarten lassen. Ein Aspekt ist dabei, dass verlässliche Dividendenzahlungen als Qualitätsausweis für solide Aktiengesellschaften gelten, die bereits über mehrere Jahre profitabel arbeiten. Da Dividendenerträge langfristig 40 bis 50 Prozent der gesamten Erträge einer Aktienanlage ausmachen können, versuchen Dividendenstrategien diese Ertragskomponente zu optimieren.

### Die Dividendenrendite

Die Höhe der Dividende im Verhältnis zum aktuellen Börsenkurs ergibt eine der wichtigsten Kennzahlen bei der Auswahl von Dividendentiteln: die Dividendenrendite. Schüttet ein Unternehmen zum Beispiel 0,90 Euro bei einem Börsenkurs von

30 Euro aus, beträgt die Dividendenrendite 3 Prozent. In Zeiten niedriger Zinsniveaus, in denen festverzinsliche Anlagen nur geringe Einnahmen bringen, können Dividendentitel daher eine Anlagealternative für chancenbewusste Anleger sein. Anders als Zinsen bei festverzinslichen Anlagen ist allerdings die Dividendenzahlung nicht garantiert, da sie ja insbesondere davon abhängt, ob die Aktiengesellschaft einen Gewinn erzielt und, wenn sie diesen erzielt, wie hoch er ausfällt.

Für Anleger, die höhere Inflationsraten fürchten, bieten Dividendentitel gegenüber festverzinslichen Alternativen den Vorteil, dass die Unternehmen bei steigenden Preisen in der Regel auch höhere Gewinne machen, die über die Dividenden an die Anleger ausgeschüttet werden. Sie können insofern einen gewissen Inflationsschutz bieten. Bei Zinspapieren hingegen würde eine hohe Inflation die Zinsen auffressen.

**Weitere Auswahlkriterien**

Dividendenfonds gibt es sowohl als aktiv gemanagte Fonds als auch als ETFs. Die ETFs werden auf verschiedene Indizes angeboten (siehe Tabelle „Dividendenindizes im Vergleich" im Serviceteil Seite 180). Bei den meisten Indizes und aktiv gemanagten Fonds ist die Dividendenrendite nicht das einzige Auswahlkriterium. Wichtig ist auch, dass die im Index vertretenen Unternehmen die Dividenden regelmäßig und möglichst in steigender Höhe über mehrere Jahre zahlen.

Manche Indizes und Fondsmanager berücksichtigen auch, wie eine Dividende finanziert wird, und schließen Unternehmen aus, die die Dividende mangels ausreichender Gewinne aus der Firmensubstanz entnehmen.

Ein zusätzlicher – auf den ersten Blick widersinniger – Filter kann sein, Unternehmen mit besonders hohen Dividendenrenditen nicht in einen Fonds aufzunehmen. Doch der Hintergrund erschließt sich, wenn man sich die Formel für die Berechnung der Dividendenrendite noch einmal klarmacht: „im letzten Jahr gezahlte Dividende geteilt durch den aktuellen Börsenkurs". Daraus folgt, dass Unternehmen, deren Börsenkurs abgestürzt ist, höhere Dividendenrenditen ausweisen. Fällt in unserem Beispiel der Börsenkurs des Unternehmens auf 20 Euro, erhöht sich die Dividendenrendite auf (0,90 Euro : 20 Euro =) 4,5 Prozent, obwohl das Unternehmen zukünftig womöglich eine geringere oder sogar überhaupt keine Dividende mehr zahlen kann.

**Fazit: Langweiler mit Potenzial**

Dividendentitel sind eher solide denn spekulative Aktien. So kommen „langweilige" Firmen, die ihr Geld mit Strom- und Wasserversorgung oder Arzneimitteln verdienen, häufiger in Dividendenindizes vor, Technologie- und Internetwerte hingegen eher selten. Deshalb schneiden Dividendenindizes in den Marktphasen oft besser als der breite Aktienmarkt ab, in denen konservative Werte zählen.

Unsere Untersuchungen zeigten: Indexfonds auf Dividendenindizes brachten in den zehn Jahren von 2000 bis 2010 im Durchschnitt deutlich mehr als der breite Markt. So hätte der DivDax, der die 15 dividendenstärksten Aktien aus dem deutschen Aktienindex Dax vereint, bei Rückrechnung bis ins Jahr 2000 3,4 Prozent pro Jahr erzielt. Der Dax hat im gleichen Zeitraum 1,2 Prozent pro Jahr verloren. In anderen Aktienmärkten waren die Unterschiede zwischen Dividenden- und Basisindizes noch größer. Betrachtet man allerdings spätere Zeiträume, so schrumpft der Vorsprung der Dividendenindizes. Während der Finanzkrise haben Bankentitel in den Dividendenindizes überproportional verloren und mit Beschluss des Atomausstiegs im Juni 2011 hat es die deutschen Versorger in den Indizes hart getroffen. Das verdeutlicht, dass die oftmals defensive Aktienauswahl in Dividendenstrategien nicht zwangsläufig zu geringen Kursschwankungen des Fonds führen muss.

**INFO** **Anlagephilosophien**

Je nachdem, wie ein Fondsmanager einzelne Aktien für sein Portfolio auswählt, unterscheidet man bei Fonds grundsätzlich zwei Anlagestile: den Value- und den Growth-Ansatz.

### Der Value-Ansatz

Beim Value-Ansatz investiert der Fondsmanager in Aktien, deren aktueller Börsenkurs deutlich niedriger ist als der Preis, der nach seiner Bewertung angemessen wäre. Als Bewertungskriterien kommen dabei verschiedene Kennzahlen zur Beurteilung von Aktien zur Anwendung. So zum Beispiel das Kurs-Gewinn-Verhältnis (KGV), bei dem der Kurs der Aktie in Relation zum erzielten oder erwarteten Gewinn gesetzt wird. Oder das Kurs-Buchwert-Verhältnis (KBV), bei dem der Kurs der Aktie ins Verhältnis zum bilanziell ausgewiesenen Buchwert gestellt wird. Eine weitere wichtige Kennzahl für Value-Investoren ist natürlich auch die Dividendenrendite.

### Der Growth-Ansatz

Beim Growth-Ansatz wählt der Fondsmanager Aktien von Unternehmen aus, die ein schnelleres Wachstum erwarten lassen als andere vergleichbare Unternehmen. Bewertungskriterien sind hier vor allem Umsatz- und Gewinnwachstum. Growth-Fonds investieren daher häufig in Wachstumsbranchen wie Internet, Biotechnologie oder Informationstechnik.

### Value versus Growth

Im Allgemeinen gilt der Value-Ansatz als konservativere Anlagestrategie. Ein Growth-Manager würde auch eine für

**Wie den richtigen Fonds finden?**
Achten Sie bei Dividendenfonds darauf, wie diese ihre Werte auswählen: Eine nur auf vergangene Dividendenzahlungen bezogene hohe Dividendenrendite sollte nicht das einzige Kriterium sein. Die Dividendenrendite ist häufig auch bei Fonds, die nach der Value-Strategie arbeiten, ein Bewertungskriterium (siehe Infokasten „Anlagephilosophien" unten). Vergleichen Sie daher kritisch, ob ein Dividendenfonds langfristig bessere Ergebnisse als ein guter Value-Fonds erzielen konnte. Dazu können Sie sich beispielsweise bei vielen Direktbanken den Chart eines Fonds anzeigen lassen, wenn Sie dessen Wertpapierkennnummer oder Isin im Suchfeld eintragen. Bei den Chart-Einstellungen finden Sie ein Optionsfeld, in das Sie einen Vergleichswert wie zum Beispiel einen anderen Fonds eingeben können. Sie bekommen dann einen Chart mit der Wertentwicklung beider Fonds über einen bestimmten Zeitraum angezeigt und sehen auf einen Blick, welcher Fonds sich in welcher Periode besser entwickelt hat.

den Value-Manager schon zu teure Aktie kaufen, wenn er der Meinung ist, dass sie weiterhin Kurssteigerungspotenzial hat. Fonds mit einem Value-Ansatz eignen sich eher für vorsichtigere Anleger, da sich diese in konjunkturellen Schwächephasen häufig besser halten als die spekulativer anlegenden Growth-Fonds. Growth-Fonds erzielen dafür in Aufschwung- und Boomphasen oft bessere Ergebnisse als Value-Fonds.

### Value plus Growth
Von einem Blend- oder Core-Ansatz spricht man, wenn das Fondsmanagement flexibel sowohl den Value- als auch den Growth-Ansatz verfolgt. Das Fondsmanagement versucht, die Börsentrends und die wirtschaftliche Entwicklung vorauszusehen und je nach Marktlage eher Value- oder Growth-betont anzulegen.

### Woran erkenne ich den Anlagestil?
Beim Erkennen des Anlagestils hilft Ihnen die sogenannte Stylebox, die die Fondsratingfirma Morningstar (www.morningstar.de) entwickelt hat. Damit werden Fonds in einer 3-mal-3-Felder-Matrix danach eingeordnet, welchen Stil das Fondsmanagement verfolgt (Value, Growth oder Blend) und in welche Aktiengrößen hauptsächlich investiert wird (große, mittelgroße oder kleine Unternehmen). Wenn Sie auf der Internetseite den Fondsnamen, die Isin oder die WKN eingeben, sehen Sie im angezeigten Fondsprofil, welchen Aktien-Anlagestil der Fonds verfolgt.

## Spezielle Indexfondskonzepte

ETFs ermöglichen es heute, Handelsstrategien nachzubilden, die Anleger bisher nur mit Optionen, Futures oder anderen Derivaten erreichen konnten. Futures sind börsengehandelte Terminkontraktgeschäfte zwischen zwei Vertragsparteien an einer Börse, bei der die Lieferung und Abnahme eines Basiswerts in der Zukunft erfolgt, der Preis aber bereits bei Vertragsschluss festgelegt wird. Mit Optionen erwirbt ein Anleger das Recht, innerhalb einer festgelegten Laufzeit einen Basiswert zu einem vorher definierten Preis zu kaufen oder zu verkaufen. Unter anderem gibt es ETFs, die auf spezielle Dividenden-Futures setzen. Damit spekuliert der Anleger einzig auf steigende oder fallende Dividenden gemessen an der Erwartung der anderen Marktteilnehmer. Solche ausgefallenen ETFs eignen sich nicht als langfristige Basisanlage. Sie sind nur etwas für sehr erfahrene Anleger mit einer klaren Marktmeinung und die auf diese komplexen Anlagestrategien setzen möchten.

### Shortstrategien mit ETFs

Im Gegensatz zu normalen ETFs spiegelt ein Short-ETF die Entwicklungen seines Index in umgekehrter Form. Das bedeutet, dass der Wert des ETF um 10 Prozent steigt, wenn der Index um 10 Prozent fällt. Entsprechend verläuft der ETF negativ, wenn der Index steigt. Diese einfache Berechnung gilt aber nur, wenn es um die tägliche Wertveränderung geht. Sobald die Anlage mehr als einen Tag erfolgt, können sich Unterschiede zwischen der Gesamtentwicklung von Index und ETF ergeben, wie das Beispiel unten zeigt.

### WERTENTWICKLUNG INDEX UND SHORT-ETF IM VERGLEICH

Obwohl der Index jeden Tag 10 Prozent fällt, beträgt die Gesamtentwicklung zum Ausgangsniveau von 100 nur –19 Prozent, da der Index am zweiten Tag von einem niedrigeren Niveau (90) aus um 10 Prozent fällt. Umgekehrt verhält es sich beim Short-ETF.

| | **Wertentwicklung Index** | **Wertentwicklung Index** in Prozent | **Wertentwicklung Short-ETF** | **Wertentwicklung Short-ETF** in Prozent |
|---|---|---|---|---|
| | 100 | | 100 | |
| Tag 1 | 90 | –10 | 110 | +10 |
| Tag 2 | 81 | –10 | 121 | +10 |
| **Wertentwicklung gesamt** | **–19 Prozent** | | **+21 Prozent** | |

Insbesondere bei unstetigen Auf- oder Abwärtstrends, also Phasen größerer Schwankungen im Markt über mehrere Zeitperioden, können auf den ersten Blick unerwartete Ergebnisse eintreten. Steigt beispielsweise der Basisindex zunächst von 100 auf 120 (+ 20 Prozent) und fällt anschließend wieder auf 100 (–16,67 Prozent), hat er in der Summe nichts gewonnen oder verloren. Der ETF verliert hingegen zunächst 20 Prozent auf 80 und steigt dann 16,67 Prozent auf 93,33 Punkte, verliert also per Saldo 6,67 Prozent.

Neben den ETFs, die die tägliche inverse Wertentwicklung eines Basisindex abbilden, werden mittlerweile auch solche angeboten, die die monatliche inverse Wertentwicklung widerspiegeln. Beide Arten gibt es auch in gehebelten Varianten, bei denen die mehrfache inverse Entwicklung nachgebildet wird. Short-ETFs gibt es auf einige große Indizes, wie den Dax und den S&P 500, der die Aktien von 500 der größten börsennotierten US-amerikanischen Unternehmen umfasst.

### SHORT-ETFS ZUM ABSICHERN ODER SPEKULIEREN

Mit Short-ETFs können Sie kurz- und mittelfristig Ihr Depot absichern, wenn Sie mit fallenden Börsenkursen rechnen. Insbesondere wenn Sie vor 2009 gekaufte Wertpapiere besitzen, deren Wertsteigerung nicht der Abgeltungsteuer unterliegt, kann es sinnvoller sein, ihnen einen Short-ETF entgegenzustellen, statt sie zu verkaufen und sich damit der Möglichkeit zu berauben, zukünftige Wertsteigerungen steuerfrei mitnehmen zu können. Dazu kaufen Sie entsprechend der Werte der abzusichernden Papiere Anteile an Short-ETFs. Mit einer solchen Strategie können Sie einen Teil Ihres Portfolios marktneutral stellen. Daneben können Sie natürlich mit Short-ETFs einfach kurzfristig spekulieren, wenn Sie mit fallenden Kursen rechnen.

**Gehebelte (leveraged) Fonds**

Gehebelte (leveraged) ETFs auf Indizes ermöglichen es, vom Kursanstieg eines Index mehrfach zu profitieren. Zum Beispiel erzielt ein Anleger mit einem zweifach gehebelten ETF bei einem einprozentigen Kursanstieg des zugrundeliegenden Index eine Rendite von 2 Prozent. Allerdings hat er auch das doppelte Risiko: Fällt der Index um 1 Prozent, beträgt sein Verlust 2 Prozent.

Leveraged ETFs werden mittlerweile auf viele breite Marktindizes wie den Dax, den Euro Stoxx 50, den MSCI USA, den französischen CAC 40 und den britischen FTSE 100 angeboten. Auch hier gilt wie bei den Short-ETFs, dass sich die Verdopplung immer nur auf einen Tag oder einen Monat bezieht (siehe Seite 52). Darüber hinaus gibt es auch bei leveraged ETFs solche mit mehrfachem Hebel. Gehebelte ETFs können Sie zur kurzfristigen Spekulation einsetzen, wenn Sie einen eindeutigen Aufwärtstrend sehen. Sie müssen Ihren ETF aber dann doppelt aufmerksam beobachten, da auch Verluste gehebelt werden.

# MEHR CHANCEN MEHR RISIKEN

Fleißige Anleger bleiben bei Fonds meist nicht stehen. Sie kümmern sich intensiv um Anlagechancen und stoßen so zwangsläufig auf die Frage, ob sich ein direktes Investment in Aktien lohnt. Oft haben sie eine detaillierte Marktmeinung und möchten diese mithilfe von Zertifikaten auch in ihrem Depot sehen. Zudem überlegen viele, ob es sinnvoll ist, ihr Depot mit Rohstoffanlagen abzurunden. Wichtig ist dabei, dass Sie die jeweiligen Risiken kennen und beachten.

## DIREKTE BÖRSENINVESTMENTS ÜBER AKTIEN

Wenn Sie die Auswahl von Aktien, in die Sie Ihr Geld stecken, nicht einem Fondsmanager überlassen oder nicht nur einfach die Rendite eines Aktienindex erzielen wollen, wie dies über ETFs möglich wäre, können Sie auch selbst in Aktien investieren. Sie werden dann quasi Ihr eigener Fondsmanager und bauen aus lauter Einzeltiteln ein gut gestreutes Depot auf. Mit Einzelaktien lässt sich aber auch ein Fondsdepot aufpeppen, indem Sie zusätzlich zu Ihren Fonds gezielt auf aussichtsreiche Papiere setzen. Je nach Größe und Branche des Unternehmens, in das Sie investieren, gibt es unterschiedliche Chancen und Risiken. Worauf Sie bei der Auswahl von Aktien achten sollten, zeigen wir Ihnen hier. Spezielle Strategien mit Aktien stellen wir ab Seite 151 vor.

### Mindestvoraussetzungen für ein Einzeltiteldepot

Zunächst sollten Sie sich bewusst machen, dass die Zusammenstellung eines eigenen Aktienportfolios einen deutlich größeren zeitlichen Aufwand erfordert als ein Fondsinvestment. Bei aktiv gemanagten Fonds übernimmt ein professionelles Managementteam die Auswahl und Überwachung der vom Fonds gehaltenen Aktien. Dies müssen Sie selbst leisten, wenn Sie in Einzelaktien anlegen.

Um eine relevante Risikostreuung zu erzielen, müssen Sie eine gewisse Anzahl an verschiedenen Aktien kaufen. Als Faustregel gilt hier: Für eine signifikante Risikostreuung sind mindestens zehn bis fünfzehn Titel erforderlich. Doch nicht allein die Anzahl der Aktien entscheidet darüber, wie gut die Risikostreuung ist. Sie müssen zusätzlich beachten, inwieweit sich diese Aktien in verschiedenen Börsenphasen gleich verhalten (der Fachbegriff lautet „korrelieren"). Kaufen Sie zum Beispiel zehn verschiedene Aktien von Autoherstellern oder -zulieferern, so werden diese alle Kursverluste erleiden, wenn es in der Autoindustrie schlecht läuft. Mit einer Streuung der Aktien über verschiedene Branchen hingegen können Sie eine bessere Risikostreuung erreichen.

Um auch nach Kostengesichtspunkten ein vernünftiges Depot aufzubauen, sollten Sie eine Mindestgröße von 2500 Euro pro Aktie anstreben. Damit benötigen Sie 25000 Euro und mehr, um ein gut diversifiziertes Aktienportfolio zusammenzustellen. Anders sieht es natürlich aus, wenn Sie bereits Fonds besitzen. Dann können Sie mit Einzelinvestments Akzente auf Bereiche setzen, die Sie für besonders aussichtsreich halten. Wenn Sie überdies darauf achten, dass Ihr Portfolio Aktien aus verschiedenen Regionen oder Ländern enthält, können Sie Ihr Risiko weiter senken, da Sie dann nicht mehr nur von der Entwicklung eines Aktienmarktes abhängig sind. Allerdings hat die Erfahrung gezeigt, dass sich in der heutigen Zeit der Globalisierung einzelne Börsenländer nicht komplett der weltweiten Börsenentwicklung entziehen können.

## Standardwerte (Blue Chips)

Unter Standardwerten – auch Blue Chips oder Large Caps genannt – versteht man umsatzstarke Aktien eines großen und bekannten international tätigen Unternehmens oder einer Unternehmensgruppe. Standardwerte zeichnen sich durch eine hohe Substanz- und Ertragsstärke sowie eine hohe Bonität aus. Daher lassen sie einen beständig steigenden Wert und regelmäßige Dividendenzahlungen erwarten.

Zu den deutschen Standardwerten zählen die im Dax notierten Werte wie Allianz, BASF, Daimler, Deutsche Bank, Deutsche Telekom, Eon, Siemens und Volkswagen. Zu den bekanntesten US-amerikanischen

**INFO** **Aktien sind Unternehmensbeteiligungen**

Eine Aktie ist eine Beteiligung an einer Aktiengesellschaft (AG). Der Aktionär ist Miteigentümer der AG, im Gegensatz zum Anleiheinhaber, der nur Gläubiger des Anleiheemittenten ist. Ein Aktionär nimmt an der Entwicklung des Unternehmens teil. Er erhält Dividenden, wenn das Unternehmen Gewinne erzielt und einen Teil davon an die Aktionäre ausschüttet. Oftmals ist Anlegern vor allem aber die Aussicht auf Kursgewinne, also die Steigerung des Kurswertes der Aktie wichtig. Der Kurs von börsennotierten Aktien entsteht aus dem Zusammenspiel von Angebot und Nachfrage an der Börse.

**INFO Marktkapitalisierung**

Die Marktkapitalisierung ergibt sich aus der Multiplikation des Kurses mit der Anzahl der an der Börse frei handelbaren Aktien. Hat somit eine Aktiengesellschaft eine Million Aktien ausgegeben, deren aktueller Kurs jetzt bei 20 Euro liegt, beträgt die Marktkapitalisierung 20 Millionen Euro.

Blue Chips gehören Unternehmen wie Microsoft, American Express, Coca-Cola, IBM, McDonald's und Kraft Foods. Sie finden sich im Dow-Jones-Industrial-Index. Gemeinsam ist allen Standardwerten, dass sie nicht nur Aktionären, sondern auch der Bevölkerung als eine starke Marke bekannt sind. Diese Unternehmen haben eine hohe Marktmacht, sie können also durch neuere oder kleinere Konkurrenten kaum vom Markt vertrieben werden.

In einem Einzeltiteldepot eignen sich Standardwerte daher besser als Basisanlage als kleinere Unternehmen. Auch unter dem Gesichtspunkt der Ausrichtung des Depots auf eine gewisse Krisenfestigkeit spricht einiges für Standardwerte: Im Falle einer starken Inflation können Unternehmen mit großer Marktmacht Preissteigerungen an ihre Kunden weitergeben. Auch größere Rezessionen überstehen Standardwerte durch ihre Finanzpolster grundsätzlich eher als kleinere Firmen. Weil sie meist international tätig sind und weltweit Standorte haben, sind große Konzerne zudem bei Katastrophen wie Erdbeben oder einem Reaktorunfall nicht so gefährdet wie kleinere, lokal stark konzentrierte Unternehmen.

Standardwerte sind sehr liquide, denn – so eine Faustregel – je größer ein Unternehmen ist, desto mehr Aktien sind von ihm im Umlauf. Für Anleger bedeutet das, dass viele Standardwerte weltweit über Börsen wie Tokio, New York und Frankfurt gehandelt werden und damit rund um die Uhr ge- und verkauft werden können. Sie können daher jederzeit auf veränderte Nachrichten reagieren.

Aufgrund ihrer hohen Börsenkapitalisierung – man spricht auch vom Börsenwert oder der Marktkapitalisierung – sind Standardwerte oft stark in den Indizes ihres Segments repräsentiert. So waren beispielsweise Siemens und Bayer Ende November 2013 mit jeweils 9,8 Prozent und BASF mit fast 9 Prozent die nach Börsenwert stärksten Unternehmen im Dax und machten somit fast 30 Prozent des Dax aus. Wertveränderungen von diesen Titeln beeinflussen damit die Entwicklung viel stärker als eine Kursänderung bei den Dax-Unternehmen mit einer geringeren Marktkapitalisierung. Zu den am geringsten im Dax gewichteten Unternehmen zählten Ende November 2013 K+S und Lanxess mit 0,5 Prozent sowie Beiersdorf mit 0,9 Prozent.

### TIPP: KLUMPENBILDUNG BEOBACHTEN

Achten Sie auch bei einer Anlage in Standardwerten auf ein mögliches Klumpenrisiko. Haben Sie zum Beispiel als Basisanlage einen ETF auf den Dax und kaufen zusätzlich Siemens-Aktien, hängt die Entwicklung Ihres Depots überproportional von der Wertentwicklung von Siemens ab. Das ist nicht per se schlecht, Sie sollten es aber wissen und im Auge behalten.

## Nebenwerte (Mid-Caps und Small-Caps)

Aktien mit einer geringeren Marktkapitalisierung als die Standardwerte werden als Nebenwerte bezeichnet. Je nach ihrer Kapitalisierung spricht man von „Mid Caps" oder „Small Caps". „Cap" kommt übrigens vom englischen „Capitalization".

Da es viel mehr Neben- als Standardwerte gibt, bieten sich fleißigen Anlegern große Auswahlmöglichkeiten. Häufig sind allerdings die Analysemöglichkeiten be-

### TOPPOSITIONEN AUSGEWÄHLTER INDIZES

Die Unternehmen mit dem größten Gewicht in den Indizes MSCI World, MSCI Euro, MSCI Germany und MSCI Emerging

| MSCI World | | MSCI Europe | | MSCI Germany | |
|---|---|---|---|---|---|
| **Unternehmen** | **Indexgewicht** | **Unternehmen** | **Indexgewicht** | **Unternehmen** | **Indexgewicht** |
| Apple | 1,6 % | Nestlé | 2,7 % | Bayer | 9,0 % |
| Exxon Mobile | 1,3 % | HSBC | 2,4 % | Siemens | 8,6 % |
| Microsoft | 1,0 % | Roche | 2,3 % | BASF | 8,0 % |
| Google | 0,9 % | Novartis | 2,1 % | Daimler | 6,5 % |
| General Electric | 0,9 % | Vodafone | 2,1 % | Allianz | 6,5 % |
| Johnson & Johnson | 0,8 % | BP | 1,7 % | SAP | 6,2 % |
| Chevron | 0,8 % | Total | 1,5 % | Deutsche Bank | 4,0 % |
| Nestlé | 0,7 % | Glaxosmithkline | 1,5 % | Deutsche Telekom | 3,8 % |
| Procter & Gamble | 0,7 % | Royal Dutch Shell | 1,5 % | Münchener Rückversicherung | 3,2 % |
| Wells Fargo | 0,7 % | Sanofi | 1,5 % | VW | 3,1 % |

schränkt, weil bei kleineren Unternehmen die Finanzkommunikation (Investor Relations) zu ihren (potenziellen) Investoren noch nicht so ausgeprägt ist und auch die Medien weniger über diese Unternehmen berichten als über große Standardwerte.

### Mid-Caps

Mid Caps sind meist erfolgreiche ehemalige Small Caps, die nicht mehr so stark wachsen, aber sich in ihrem Segment gut etablieren konnten und daher an günstigere Konditionen Geldmittel bei Banken und am Kapitalmarkt für ihre wirtschaftlichen Aktivitäten beschaffen können als sehr kleine und junge Unternehmen. Sie bieten die Chance auf höheres Wachstum und damit auf deutlichere Kurssteigerungen als Standardwerte, ihr Risiko ist aber geringer als das von Small Caps, die das höchste Wachstumspotenzial aufweisen.

Deutsche Aktien, die zu dem Bereich Mid Cap gehören, also mittlere Marktkapitalisierungen und Börsenumsätze aufweisen, finden sich im MDax, dem kleinen Bruder des Dax. Er umfasst 50 Werte aus vorwiegend klassischen Branchen wie der Immobilien-, Pharma-, Chemie- und Maschinenbaubranche, die hinsichtlich Börsenumsatz und Marktkapitalisierung auf den Dax folgen. Die nach der Marktkapitalisierung größten Werte sind hier EADS, Kabel Deutschland, Brenntag und GEA.

| MSCI Emerging Markets | |
|---|---|
| **Unternehmen** | **Indexgewicht** |
| Samsung | 4,0 % |
| TSMC | 2,3 % |
| China Mobile | 1,7 % |
| Tencent | 1,5 % |
| China Construction | 1,5 % |
| ICBC | 1,4 % |
| Gazprom | 1,3 % |
| America Movil | 1,1 % |
| Naspers | 1,0 % |
| Hyundai | 0,9% |

Quelle: Rimes, Stand: 30. November 2013

### Small Caps

Eine Anlage in Small Caps bietet die Möglichkeit, bereits investiert zu sein, wenn sich das Unternehmen stark weiterentwickelt und von professionellen Investoren und der Anlegermasse erst entdeckt wird. Sie können von der dann erfolgenden starken Kursentwicklung besonders profitieren. Ein Beispiel hierzu ist die Entwicklung der Microsoft-Aktie, deren Kurs von knapp 0,10 Dollar auf über 59 Dollar stieg. Manchmal können Anleger eines Small Caps auch von einem Übernahmeangebot profitieren, wenn ein größeres Unternehmen das kleine kaufen will.

Die Kehrseite der höheren Renditechancen mit Nebenwerten ist das höhere Risiko, dass sich die Firmen nicht in die gewünschte Richtung entwickeln. Dies kann zum Beispiel der Fall sein, wenn deren Branche plötzlich nicht mehr so angesagt ist, die Wirtschaft insgesamt schwächer läuft, finanzielle Mittel für Expansionen fehlen oder das Management falsche strategische Entscheidungen trifft. Nebenwerte schwanken stärker im Kurs, haben also eine höhere Volatilität als Standardwerte. Außerdem sind Aktien kleinerer Unternehmen anfälliger für Spekulationen größerer Investoren.

Aber auch dubiose Finanzdienstleister und Gauner versuchen immer wieder, den Kurs kleiner Nebenwerte zu ihren Gunsten zu manipulieren. Das funktioniert so: Privatpersonen erhalten unaufgefordert „heiße" Aktientipps per Fax oder E-Mail. Die Sender dieser Kaufempfehlungen haben die Aktien kurz zuvor bereits gekauft. Einige Anleger fallen darauf herein und geben Kaufaufträge für die empfohlenen Aktien. Durch deren niedrige Marktkapitalisierung und ihr geringes Handelsvolumens führt schon eine leicht steigende Nachfrage zu stark steigenden Kursen. Die Tippgeber verkaufen dann ihre Aktien mit hohem Gewinn. Nach kurzer Zeit fallen die Aktien in der Regel aber wieder stark und die Anleger machen hohe Verluste.

Kleine Wachstumsunternehmen zahlen oft keine Dividenden, auch weil sie nicht selten noch keine Gewinne erzielen. Anleger setzen dann nur auf Kurssteigerungen. Deutsche Small Caps findet man unter anderem im SDax (abgeleitet von Small Cap Dax). Die wichtigsten Nebenwerte aus dem Bereich Technologie sind in einem anderen Bruder des Dax, dem TecDax, zusammengefasst. Dieser ist der Nachfolger des Nemax50, der mit dem Platzen der Blase am Neuen Markt, Bilanzfälschungen und Insidergeschäften ein unrühmliches Ende fand. Hier finden sich Werte wie United Internet, Qiagen, Software AG, Wirecard, Freenet und Aixtron.

### TIPP: DAS SOLLTEN SIE BEI SMALL CAPS BEACHTEN

Investieren in Small Caps muss nicht bedeuten, dass Sie Ihr Geld in Aktien stecken, bei denen der Anlageerfolg nur vom Prinzip Hoffnung abhängt. Suchen Sie nach wachstumsstarken kleinen Unternehmen mit erfolgversprechenden Zukunftsaussichten, einem etablierten Geschäftsmodell und soliden Finanzen, die aber noch nicht in den Fokus der breiten Masse der Anleger gerückt sind. Aufgrund ihrer höheren Volatilität können Sie öfter auch zu günstigeren Kursen kaufen, wenn Sie bestimmte Aktien eine Weile beobachten. Einzelinvestments in ausländische Small Caps sind besonders riskant, da hier nicht nur spezielle Informationsschwierigkeiten, sondern häufig auch länderspezifische Risiken, wie zum Beispiel politische Unsicherheit und Korruption, bestehen. Für ausländische Small Caps empfiehlt sich daher eher die Investition über spezialisierte Small-Cap-Fonds.

# ZERTIFIKATE: ANLAGEN MIT CHANCEN UND TÜCKEN

Mit Zertifikaten können engagierte Anleger in nahezu jeder Marktphase Geld verdienen, vorausgesetzt sie haben diese richtig eingeschätzt und das passende Produkt ausgewählt. Der Zertifikatemarkt ist jedoch sehr groß und die verwendeten Begriffe oft verwirrend. Sie sollten daher stets einen gründlichen Blick in die Produkterklärungen und Emissionsbedingungen werfen. Derzeit gibt es auf dem deutschen Markt nach Einschätzung der Zertifikatehäuser und des Deutschen Derivate Verbandes mehr als 750 000 Produkte. Um sich hier noch zurechtfinden zu können, ist es notwendig, über die Unterschiede zwischen den wichtigsten Zertifikatearten Bescheid zu wissen.

## Basiswissen Zertifikate

Zertifikate sind rechtlich Schuldverschreibungen und werden von Banken herausgegeben (emittiert). Anders als bei dem Sondervermögen eines Investmentfonds besteht daher das Risiko, dass Sie einen Totalverlust verkraften müssen, wenn die herausgebende Bank Insolvenz anmeldet. Früher hat kaum jemand damit gerechnet, dass eine große Bank pleitegehen könnte. Aber genau das ist bekanntermaßen 2008 eingetreten: Lehman Brothers ging pleite – mit der Folge, dass Anleger, die Zertifikate dieser Bank gekauft hatten, viel Geld verloren haben. Denn Zertifikate sind, anders als Sparanlagen und Girokonten, nicht durch die gesetzliche Einlagensicherung der Banken geschützt. Sie sollten daher nur Papiere von Emittenten guter Bonität kaufen und das Emittentenrisiko stets im Hinterkopf behalten. Und Vorsicht: Ein Geldinstitut, das ein Zertifikat anbietet, ist nicht zwangsläufig dessen Herausgeber. So haben beispielsweise auch viele Sparkassen Zertifikate von Lehman Brothers verkauft.

### So funktionieren sie

Der Kurs der Zertifikate richtet sich nach der Entwicklung eines festgelegten Basiswerts, der ein Index, eine Aktie, ein Rohstoff, eine Währung oder ein Korb von Einzelwerten sein kann. Neben sogenannten Partizipationszertifikaten, die einfach der Wertentwicklung eines Basiswerts folgen, gibt es Zertifikate, die die unterschiedlichsten Anlagestrategien nachbilden und deren Wertentwicklung von vorab festgelegten Bedingungen abhängt. Während einfache Partizipationszertifikate wie zum Beispiel Indexzertifikate oft kein Laufzeitende haben, ist die Laufzeit bei Zertifikaten mit besonders definierten Rückzahlungsbedingungen festgelegt.

Zertifikate besitzen eine Wertpapierkennnummer und können nach der Emission auch vor Laufzeitende über die Börse oder mit dem Emittenten gehandelt werden. Sie werden wie eine Aktie, eine Anleihe oder ein Investmentfonds in das Depot des Anlegers eingebucht.

### Das kosten sie

Beim Kauf eines neu aufgelegten Zertifikats wird meist eine Ankaufgebühr, auch Agio genannt, berechnet. Das Agio beträgt in der Regel zwischen 1 und 3 Prozent der Anlagesumme.

Während der Laufzeit weisen Zertifikate einen Spread aus. Das ist der Unterschied zwischen dem aktuellen Kauf- und Verkaufspreis des Zertifikats. Da der Kaufpreis dabei etwas höher ist als der Verkaufspreis, wirkt der Spread wie eine weitere Ankaufgebühr, wenn Sie ein Zertifikats während dessen Laufzeit kaufen.

Daneben haben Zertifikate auch laufende Kosten. Bei manchen Zertifikatekonstruktionen darf der Emittent eine Art Verwaltungsgebühr entnehmen, sodass der Wert des Zertifikats sich entsprechend mindert. Häufiger werden aber die laufenden Kosten dadurch finanziert, dass Zinsen und Dividenden der Basiswerte nicht in die Kursentwicklung des Zertifikats eingerechnet werden.

## Indexzertifikate

Indexzertifikate sind die Klassiker unter den Zertifikaten und auch am einfachsten zu verstehen. Sie bilden einen Index eins zu eins ab. Meistens haben sie wegen der hohen Indexstände ein Bezugsverhältnis von 1 zu 100. Das bedeutet, dass das Zertifikat den Indexstand im Verhältnis 1 zu 100 abbildet.

**Beispiel:** Kauft also ein Anleger zehn Indexzertifikate auf den Dax bei einem Dax-Stand von 6000 Punkten, muss er dafür (60 Euro x 10 Zertifikate =) 600 Euro bezahlen. Steigt der Dax auf 7500 Punkte, macht der Anleger mit jedem Zertifikat einen Gewinn von ((7500 – 6000) : 100 =) 15 Euro. Bei zehn Zertifikaten sind das also 150 Euro Gewinn (ohne Kauf- und Verkaufskosten). Fällt der Dax auf 4000 Punkte, verliert der Anleger 200 Euro.

Bei Indizes, die nicht in Euro notieren, besteht für Anleger ein Fremdwährungsrisiko, da sich neben der Wertentwicklung des Basiswerts auch die Entwicklung des Währungskurses auf die Performance auswirkt. Wollen Sie dieses Risiko eliminieren, können Sie auf sogenannte Quanto-Zertifikate zurückgreifen, bei denen der Emittent das Währungsrisiko für den Anleger absichert. Das kostet aber Rendite. Wie hoch der Preis der Quanto-Absicherung ist, lässt sich nicht pauschal sagen. Denn für die Berechnung spielen verschiedene Faktoren wie Zinsdifferenzen zwischen der abzusichernden Währung und der eigenen Währung, Devisenkursschwankungen und die gegenseitige Abhängigkeit (Korrelation) zwischen Wechselkurs und Basiswert eine Rolle.

### TIPP: INDEXFONDS VOR INDEXZERTIFIKAT

Wenn es auf einen Index auch Indexfonds (ETFs) gibt, sind diese meist die bessere Alternative, weil Sie bei diesen auch die Dividenden erhalten, während Sie bei Indexzertifikaten auf Dividenden verzichten müssen. Zudem besteht bei Fonds kein Emittentenrisiko, weil die Gelder bei einer Pleite als Sondervermögen geschützt sind. Für manche exotischen Märkte und deren Börsenindizes gibt es aber keine ETFs. Dann können Sie Indexzertifikate für kurz- und mittelfristige Anlageideen nutzen.

## Discountzertifikate

Mit Discountzertifikaten kaufen Sie indirekt den Basiswert – also eine Aktie, einen Index oder einen Rohstoff – mit einem Abschlag (Discount). Der Preis für das Discountzertifikat liegt somit unter dem des Basiswerts. Der Abschlag dient als Risikopuffer: Je höher der Abschlag, umso geringer das Risiko. Im Gegenzug für das geringere Risiko sind die Gewinnchancen von Discountzertifikaten begrenzt. Das Discountzertifikat besitzt einen sogenannten Cap, das ist ein Maximalpreis, der bei Fälligkeit gezahlt wird. Steigt also der Basiswert bis zum Laufzeitende des Zertifikats über den Cap, profitieren Sie von dieser Wertsteigerung nicht mehr. Sie erhalten dann nur den Cap-Preis ausbezahlt. Solange der Kurs des Basiswerts höher ist als der Discountpreis, erzielen Sie einen Gewinn. Erst wenn der Discount aufgezehrt ist und der Basiswert darunter fällt, verlieren Sie Geld, und das Zertifikat macht im gleichen Maß wie der Basiswert Verluste.

**Beispiel:** Eine Aktie steht bei 43,96 Euro. Ein Discountzertifikat auf diese Aktie kostet aber nur 37,62 Euro. Das entspricht einem Discount von 14,4 Prozent. Der Cap, die Gewinnobergrenze, liegt bei 48 Euro. Steigt die Aktie bis zur Fälligkeit des Discountzertifikats in einem Jahr auf 48 Euro oder sogar darüber, erhält der Anleger immer 48 Euro, mehr nicht. Das entspricht einem Gewinn von 27,6 Prozent auf das eingesetzte Geld. Bleibt der Kurs der Aktie unter 48 Euro, erhält der Anleger den entsprechenden Wert. Einen Verlust macht er erst, wenn der Kurs unter 37,62 Euro fällt. Der Discount dient also als Sicherheitspuffer.

Discountzertifikate eignen sich vor allem in Zeiten leicht steigender, leicht fallender oder stagnierender Börsenkurse. Erwarten Sie stärker steigende Kurse, sollten Sie besser den Basiswert direkt kaufen, da dann die Gewinnmöglichkeiten nicht begrenzt sind.

Je größer die Schwankungen (die Volatilität) am Markt sind, desto billiger werden Discountzertifikate in der Regel, denn der Discount ist umso höher, je höher die Volatilität des Basiswerts ist. Ein Einstieg in Discountzertifikate lohnt daher besonders, wenn sich der Kurs des Basiswerts nach größeren Verlusten gerade wieder beruhigt.

## Bonuszertifikate

Bonuszertifikate bieten eine Anlage mit Zuverdienstmöglichkeiten und einen teilweisen Schutz vor Kursverlusten. Als Basiswert kommen Aktien, Indizes, Währungen und Rohstoffe infrage. Bewegt sich der Basiswert in einer vorab festgelegten Bandbreite, erhalten Sie einen Bonus ausgezahlt.

Steigt der Basiswert über die Bonusobergrenze hinaus, steigt auch der Wert des Zertifikats. Einen zusätzlichen Bonus gibt es dann aber nicht mehr. Solange der Basiswert die untere Grenze der Bandbreite während der Laufzeit des Zertifikats nicht berührt oder unterschreitet, sind Sie

**INFO** **Discountzertifikate gezielt einsetzen**

Discountzertifikate, deren Cap weit unter dem aktuellen Kurs des Basiswertes liegt, eignen sich für eine konservative Anlagestrategie: Selbst wenn der Basiswert zum Laufzeitende bis auf den Cap sinkt, erhalten Sie den Cap-Preis ausbezahlt. Sofern es nicht zum Absturz des Basiswertes unter den Cap kommt, steht Ihre Rendite von vornherein fest.

Beispiel:
Aktueller Kurs Basiswert: 80
Cap: 64
Kurs Zertifikat: 61
Restlaufzeit: 1 Jahr

Sofern der Basiswert nicht unter 64 fällt, erzielt der Anleger eine Rendite von 4,9 Prozent ((64 – 61) : 61 x 100 = 4,9). Einen Verlust erleidet er erst, wenn der Kurs unter seinen Kaufpreis von 61 fällt. Der Discount beträgt hier 23,75 Prozent ((1 – (61 : 80)) x 100 = 23,75).

Bei der Abwägung, ob sich die Anlage unter Renditegesichtspunkten gegenüber einem einlagengesicherten Festgeld lohnt, müssen Sie noch die Kosten für Kauf und Verkauf des Zertifikats berücksichtigen. Allein unter Sicherheitsaspekten wäre natürlich das Festgeld vorzuziehen, da Sie dort kein Emittentenrisiko wie beim Zertifikat haben.

vor Verlusten geschützt, weshalb diese Untergrenze auch „Sicherheitsschwelle" genannt wird.

Berührt oder unterschreitet der Basiswert allerdings die Sicherheitsschwelle, wird aus dem Bonuszertifikat ein Papier, das sich genauso entwickelt wie der Basiswert. Bonus und Sicherheitsschwelle sind dann verloren.

Beispiel: Ein Bonuszertifikat auf die Eon-Aktie kostet 17,75 Euro und läuft noch rund ein Jahr. Die Aktie steht auf 16,49 Euro. Wenn die Eon-Aktie während der Laufzeit des Zertifikats nie unter die Sicherheitsschwelle von 11,90 Euro sinkt, bekommt der Anleger auf jeden Fall 21,60 Euro zurück – auch falls die Eon-Aktie nur auf 18,70 Euro steht. Bis zur Fälligkeit kann der Anleger so rund 10,1 Prozent verdienen. Sollte die Aktie bei Fälligkeit über 21,60 Euro stehen, bekommt der Anleger den Gegenwert. Der Gewinn ist nicht wie bei einem Discountzertifikat begrenzt. Verletzt die Aktie allerdings während der Laufzeit die Sicherheitsschwelle, wird aus dem Bonuszertifikat ein Papier, das genauso steigt oder fällt wie die Eon-Aktie. Bonus und Schutz fallen dann weg.

Bonuszertifikate sind daher nur wirklich rentabel, wenn sich der Basiswert in einer Seitwärtsphase befindet, also weder stark steigt noch stark fällt. Denn lediglich dann profitieren Sie vom Bonus. Aber natürlich verlangt die Bank einen Gegenwert dafür, dass sie einen Bonus in Aussicht stellt und eine Sicherheitsschwelle einzieht. Der Preis, den sie fordert, ist die Dividende, die der Basiswert bringt. Diese behält der Emittent.

In volatilen Märkten ist die Wahrscheinlichkeit groß, dass der Basiswert die Sicherheitsschwelle berührt – es genügt schon ein einmaliges kurzes Erreichen der Marke. Sie sollten beim Kauf daher darauf achten, dass die Sicherheitsschwelle noch nicht berührt wurde und somit noch intakt ist. Außerdem sollte der Abstand zur Untergrenze noch komfortabel sein.

### TIPP: VOR DEM ABSTURZ DIE REISSLEINE ZIEHEN

Solange sich ein Bonuszertifikat über der Sicherheitsschwelle befindet, entwickelt sich dessen Preis noch besser als der des Basiswerts, da ihm noch die Chance auf den Bonus Auftrieb verleiht. Nach einem Durchbrechen der Sicherheitsschwelle stürzt der Preis des Zertifikats jedoch überproportional ab und gleicht sich dem Basiswert an. Es kann sich daher lohnen, die Reißleine zu ziehen und das Zertifikat zu verkaufen, wenn sich abzeichnet, dass die Sicherheitsschwelle berührt werden könnte, zum Beispiel in einem starken Abwärtstrend oder bei Ereignissen, die möglicherweise Auswirkungen auf den jeweiligen Basiswert haben, die zunächst aber unkalkulierbar sind. Ein Beispiel dafür sind das Erdbeben und die Reaktorkatastrophe 2011 in Japan. Viele Bonuszertifikate auf den japanischen Index Nikkei haben ihre Sicherheitsschwellen in den Tagen nach dem Erdbeben gerissen.

## Hebelzertifikate

Mit Hebelzertifikaten, die je nach Emittent auch Turbo-, Knock-out-Zertifikat oder Mini-Future heißen, können Sie an der Wertentwicklung eines Basiswerts mehrfach (gehebelt) partizipieren. Es werden im Prinzip zwei Arten dieser Papiere angeboten. Solche, mit denen man an steigenden Kursen partizipiert, bezeichnet man als Long-, Bull-Zertifikat oder Wave-Call. Auf fallende Kurse können Sie entsprechend mit Short-, Bear-Zertifikaten beziehungsweise Wave-Puts setzen. Alle diese Papiere sind mit einer Knock-out-Grenze ausgestattet. Wird dieser Kurs erreicht, verfällt das Zertifikat und ist wertlos oder nur ein kleiner Restbetrag wird ausgezahlt.

**Beispiel:** Ein Hebelzertifikat auf die Goldpreisentwicklung kostet bei einem Goldpreis von 1 721 Dollar 16,43 Euro und hat einen Hebel von 7. Ein Anleger kauft 100 Hebelzertifikate, investiert also 1643 Euro. Steigt der Goldpreis um 10 Prozent, gewinnt der Anleger 70 Prozent. Fällt der Goldpreis um 10 Prozent, verliert er entsprechend 70 Prozent. Sollte der Goldpreis allerdings unter die Stop-Loss-Marke des Mini-Futures von 1 530 Dollar fallen, wird das Zertifikat wertlos.

Die Chancen dieser Zertifikate sind sehr hoch, da Sie um ein Vielfaches profitieren, wenn sich der Basiswert in die gewünschte Richtung bewegt. Läuft der Basiswert aber anders als Sie erwarten in die entgegengesetzte Richtung, müssen Sie eben auch einen gehebelten Verlust verkraften. Hebelzertifikate eignen sich daher nur für sehr risikofreudige Anleger und für kurzfristige Spekulationen.

### TIPP: POTENZIERTES RISIKO MEIDEN

Je höher der Hebel, umso näher liegen die Papiere auch an der Knock-out-Grenze. Auch wenn Sie glauben, die Kursrichtung des Basiswerts genau vorhersagen zu können, sollten Sie es mit dem Hebel nicht übertreiben, da Sie sonst auch bei kurzfristigen Schwankungen des Basiswerts ausgestoppt werden können.

## Expresszertifikate

Expresszertifikate sind eine Wette, bei der Sie Ihr eingesetztes Kapital plus einen hohen Zins erhalten, wenn ein vorher festgelegtes Ereignis in einem bestimmten Zeitraum eintritt. Das kann zum Beispiel sein, dass eine Aktie zu einem Stichtag einen bestimmten Wert erreicht hat. Tritt dies nicht ein, läuft das Zertifikat ein Jahr weiter, und es wird dann wieder geschaut, ob der Wert erreicht wurde. Das Ganze kann sich mehrere Jahre bis zur Fälligkeit des Zertifikats wiederholen. Geht die Wette bis zum Laufzeitende nicht auf, wird eine Sicherheitsschwelle wichtig, die Kursrückschläge bis zu einer bestimmten Marke auffängt. Sofern der Verlust über der Schwelle bleibt, erhalten Sie als Anleger wenigstens Ihr eingesetztes Geld zurück. Erst bei darüber hinausgehenden Verlusten verlieren Sie im gleichen Maß wie bei einer Direktanlage in den Basiswert. Am Markt gibt es Expresszertifikate mit kaum noch verständlichen Bedingungen und auch schwer durchschaubare Kombinationen aus Express- und Bonuszertifikat.

**Beispiel:** Ein Expresszertifikat bezieht sich auf einen Index bestehend aus zehn Dax-Werten mit einem aktuellen Indexstand von 100. Das Zertifikat läuft vier Jahre und es wird einmal jährlich zu einem bestimmten Beobachtungstag geschaut, ob der Index auf oder über seinem Startniveau notiert. Die Sicherheitsschwelle liegt bei 75. Notiert der Index zum ersten Beobachtungstag über dem Startniveau von 100, endet das Zertifikat vorzeitig und der Anleger erhält 106 Euro ausbezahlt. Notiert der Index unter 100, läuft das Zertifikat weiter und beim zweiten und gegebenenfalls dritten und letzten Beobachtungstag wird der Indexstand wieder mit dem Startniveau verglichen. Liegt er dann darüber, endet das Zertifikat und der Anleger erhält 112 Euro beim zweiten Beobachtungstag (oder gegebenenfalls 118 Euro beim dritten und 124 Euro beim vierten Beobachtungstag). Sollte der Index allerdings zu allen Beobachtungstagen unter 100 notieren, erhält der Anleger seine eingesetzten 100 Euro zurück, sofern der Index nicht zum letzten Beobachtungstag auch noch unter der Sicherheitsschwelle von 75 notiert. Liegt der Index dann beispielsweise nur bei 72, bekommt der Anleger auch nur 72 Euro zurück.

**TIPP: HÄNDE WEG**
Sofern Sie kein Hellseher sind, lassen Sie die Finger von diesen Produkten. Diese haben nichts mit Geldanlage zu tun, sondern gehören eher zur Kategorie Glücksspiel.

## Strukturierte Anleihen

Stukturierte Anleihen sind Zertifikate, die sich durch individuelle Zusatzbedingungen auszeichnen, die die Zinszahlung oder die Rückzahlung des eingesetzten Kapitals beeinflussen können. So kann die Höhe der Zinszahlung beispielsweise davon abhängen, dass in den Zertifikatebedingungen festgelegte Unternehmen nicht pleitegehen. Oder die Verzinsung eines Zertifikats hängt davon ab, dass sich alle Papiere eines Aktienkorbs positiv entwickeln. Dem Einfallsreichtum der emittierenden Banken sind hier keine Grenzen gesetzt. Schließlich können sie mit komplizierten Konstruktionen mehr verdienen als mit einfachen Indexzertifikaten. Gemeinsam ist allen Produkten, dass Anleger die Emissionsbedingungen genau lesen und verstehen (!) müssen, da jedes Produkt individuell ausgestattet ist. Nur wenn alle Bedingungen erfüllt werden, erhalten sie attraktive Renditeaufschläge.

### VIEL ZU KOMPLEX

Auch strukturierte Anleihen sind eher Glücksspiel als Geldanlage. Manchmal verstehen nicht einmal die Bankleute, die sie kreiert haben, wie sie funktionieren. Lassen Sie lieber die Finger davon.

## Garantiezertifikate

Der Emittent eines Garantiezertifikats garantiert, dass bei Fälligkeit mindestens das eingezahlte Kapital zurückgezahlt wird, zusätzlich erhalten Anleger manchmal sogar eine Mindestverzinsung. Teilweise beträgt die Garantie nicht 100, sondern beispielsweise 90 Prozent des investierten Kapitals. Die Garantie gilt meist nur für den Nennbetrag, also zum Beispiel nicht für den Ausgabeaufschlag, den Sie beim Kauf zahlen müssen, und sie gilt nur zum Laufzeitende. Bei einem Verkauf während der Laufzeit kann es zu Verlusten kommen. Zusätzlich verhängen einige Anbieter eine Strafgebühr, wenn das Garantiezertifikat vor Fälligkeit veräußert wird. Immer bleibt – wie bei anderen Zertifikatetypen auch – das Emittentenrisiko: Geht der Emittent pleite, ist die Garantie nichts wert.

**Beispiel:** Ein Garantiezertifikat mit Nennwert 100 Euro auf den Dax bietet 100-prozentigen Kapitalschutz zum Laufzeitende in vier Jahren. Es kostet 101 Euro. Anleger nehmen an der Kursentwicklung zum Laufzeitende voll teil. Der Anleger partizipiert also anders als bei vielen anderen Zertifikaten voll an Kursgewinnen. Ist die Kursentwicklung des Dax zum Laufzeitende negativ im Vergleich zum Kaufzeitpunkt des Zertifikats, erhält der Anleger dennoch den Nennwert von 100 Euro – nicht aber 101 Euro – ausbezahlt. Ist die Kursentwicklung des Dax hingegen positiv, erhält der Anleger entsprechend mehr zurückbezahlt. Garantie und vollständige Partizipation kosten aber rund 3 Prozent pro Jahr. So hoch ist nämlich die durchschnittliche Dividendenrendite des Dax, die die Bank behält.

Garantiezertifikate werden oft als Index-, Bonus- und Expresszertifikate, die zusätzlich mit einer Garantie ausgestattet sind, angeboten. Es gilt immer, die Bedingungen des Produktes genau zu lesen und zu verstehen. Meist bieten Garantiezertifikate aufgrund der ausgeschlossenen Risiken und komplizierten Bedingungen nur geringe Renditechancen.

### BESSER EIN EIGENES SICHERHEITSNETZ

Bauen Sie sich lieber Ihr eigenes Garantieprodukt. Mit einlagengesicherten Festgeldern erhalten Sie eine sicherere Kapitalgarantie. Die in diesem Buch vorgestellten Aktien, Fonds und Indexprodukte bringen Ihnen die zusätzlichen Renditechancen – ohne komplizierte Bedingungen.

## CHECKLISTE: Entscheidungshilfen für das richtige Zertifikat

An den folgenden Entscheidungshilfen können Sie sich orientieren, um sich in der Welt der Zertifikate zurechtzufinden. Wenn es auch eine Fondskonstruktion für das gewünschte Anlageziel gibt, sollten Sie diese in der Regel bevorzugen, da die Anlage dann ein Sondervermögen ist und nicht dem Emittentenrisiko unterliegt.

- Geplante Anlagedauer: Viele Zertifikate, wie Bonus- und Discountzertifikate, haben eine feste Laufzeit, während die meisten Indexzertifikate endlos laufen und somit jederzeit verkauft werden können. Überlegen Sie daher zunächst, wie lange Sie auf Ihr Geld verzichten können.
- Eigene Markteinschätzung: Die Wahl des richtigen Papiers hängt von Ihrer Markteinschätzung ab. Je nachdem, ob Sie steigende, fallende oder stagnierende Märkte erwarten, bieten sich unterschiedliche Zertifikatetypen an. Erwarten Sie leicht steigende, leicht fallende oder stagnierende Börsenkurse, kommen Discount- und Bonuszertifikate in Betracht. Wenn Sie von steigenden Märkten ausgehen, können Sie mit Hebelzertifikaten (Long-, Bull-Zertifikat, Wave-Call) zocken. Erwarten Sie fallende Märkte, müssen Sie entsprechende Hebelzertifikate für fallende Märkte wählen (Short-, Bear-Zertifikate, Wave-Puts).
- Risikobereitschaft: Im nächsten Schritt sollten Sie sich fragen, wie hoch Ihre Bereitschaft ist, einen Verlust in einer bestimmten Höhe in Kauf zu nehmen. Grundsätzlich bergen Zertifikate mit höheren Gewinnchancen – wie etwa Hebelzertifikate – auch höhere Risiken. Ein höheres Risiko bedeutet dabei vor allem eine höhere Wahrscheinlichkeit, einen Verlust zu erleiden. Aber auch wenn bei zwei verschiedenen Zertifikaten die gleiche Wahrscheinlichkeit besteht, Verluste zu machen, ist nicht zwangsläufig das Zertifikat mit der höheren Rendite das am besten geeignete. Kommen zum Beispiel ein Bonus- und ein Discountzertifikat in die engere Auswahl, müssen Sie auch bedenken, dass Sie mit dem Bonuszertifikat höhere Verluste machen können als mit dem Discountzertifikat. Denn sobald ein Bonuszertifikat die Sicherheitsschwelle reißt, entwickelt es sich nur noch wie ein Indexpapier. Selbst wenn der Basiswert sich erholt, kann es lange Zeit dauern, bis das Zertifikat den ursprünglichen Preis wieder erreicht. Dafür ist der erzielbare Gewinn beim Bonuszertifikat nicht gedeckelt wie beim Discountzertifikat.
- Aktuelle Marktlage: Auch die aktuelle Marktlage ist ein Kriterium beim Zertifikatekauf. So können Bonus- und Hebelzertifikate in stark schwankenden Märkten schnell ausgeknockt werden. Discountzertifikate hingegen profitieren von hohen Kursschwankungen und sind in solchen Zeiten billiger als sonst, da der Zertifikateemittent sein Risiko mit Optionsgeschäften günstiger absichern kann.
- Konkretes Produkt: Haben Sie sich für eine bestimmte Zertifikateart entschieden, müssen Sie noch das konkrete Produkt finden. Ein gutes Tool zur Produktsuche bietet zum Beispiel die Internetseite http://zertifikate.finanztreff.de.

# GOLD UND ANDERE ROHSTOFFE

Mit Beginn des 21. Jahrhunderts haben auch Privatanleger angefangen, Rohstoffe als Anlagekategorie zu entdecken. Insbesondere der immense Rohstoffbedarf Chinas und anderer Schwellenländer zur Fortsetzung ihrer Industrialisierung und dem Aufbau ihrer Infrastruktur sprechen auch weiterhin für eine Anlagemöglichkeit mit Zukunft. Rohstoffanlagen eignen sich außerdem zur Diversifikation (Risikostreuung) des eigenen Portfolios, da sich die Rohstoffpreise oft anders als andere Anlagen wie beispielsweise Aktien und Anleihen entwickeln. Neuerdings werden Rohstoffe auch als Absicherungsinstrument gegen steigende Inflation angesichts überbordender Staatsschulden in Europa, Japan und den USA angesehen.

Die für Privatanleger infrage kommenden Rohstoffe kann man in folgende Märkte einteilen:

- Getreidemärkte (zum Beispiel Weizen, Soja, Mais, Reis)
- Energiemärkte (zum Beispiel Erdöl, Heizöl, Erdgas)
- Metallmärkte (zum Beispiel Gold, Silber, Platin, Kupfer)
- Softs-Märkte (zum Beispiel Kaffee, Zucker, Kakao, Baumwolle)
- Fleischmärkte (zum Beispiel Mast-Rind, Lebend-Rind, Schweinebäuche)

Früher war der Handel mit Rohstoffen vor allem professionellen Anlegern und Händlern an den internationalen Terminmärkten vorbehalten. Beim Terminhandel

**INFO**

## Eine Gewissensfrage

Um die ethische Vertretbarkeit von Anlagen im Bereich der Agrarrohstoffe wie Weizen, Reis und Mais gibt es lebhafte Diskussionen: Die einen machen vor allem Spekulanten für die steigenden Agrarrohstoffpreise und damit letztlich für wachsenden Hunger bei den Ärmsten der Welt verantwortlich, andere argumentieren, dass der größte Teil der an den Terminbörsen gehandelten Kontrakte auf Agrarrohstoffe die gestiegene Nachfrage nachbildet. Diese Nachfrage werde vor allem vom Bevölkerungswachstum und von der Zunahme von Biokraftstoffen angetrieben. Auch die heftigeren Wetterextreme aufgrund der weltweiten Klimaveränderung hätten weit mehr Auswirkungen auf das Angebot und damit den Preis von Agrarrohstoffen als Spekulationen von Anlegern. Beide Seiten der Diskussion sind nachvollziehbar. Sie müssen letztlich selbst entscheiden, ob Sie es mit Ihrem Gewissen vereinbaren können, auch im Bereich der Agrarrohstoffe anzulegen.

schließen zwei Parteien einen Terminkontrakt (Future-Vertrag), der die Vertragspartner verpflichtet, eine bestimmte Menge eines Rohstoffs zu einem festgelegten Preis an einem vereinbarten Abwicklungsort und zu einem festgelegten Datum zu liefern beziehungsweise zu übernehmen. Der Terminhandel diente ursprünglich dazu, dass Landwirte ihre Ernte im Voraus „auf Termin" verkaufen konnten, um sich auf diese Weise gegen Preisschwankungen abzusichern. Neue Anlagevehikel wie ETFs, Exchange Traded Commodities (ETCs) und Rohstoffzertifikate ermöglichen es jetzt auch Kleinanlegern, in Rohstoffe zu investieren. Rohstoffe sollten aber stets nur als Beimischung im Rahmen eines breit gestreuten Anlagevermögens gesehen werden.

**BEACHTEN SIE DIE RISIKEN**
Rohstoffpreise unterliegen großen Schwankungen und mitunter langen Auf- oder Abwärtstrends. Neben Wetterbedingungen bei Agrarrohstoffen und Förderquoten bei den anderen Rohstoffen wirken sich unter anderem Lagerbestände und politische Entwicklungen in wichtigen Exportländern auf den Preis eines Rohstoffs aus. Investitionen in Einzelrohstoffe sind daher als spekulative Anlagen einzustufen, die – wenn überhaupt – nur einen kleinen Anteil Ihres Portfolios ausmachen sollten. Minimieren Sie Ihre Verlustrisiken durch Stop-Loss-Limits. Damit wird beim Unterschreiten eines im Voraus festgelegten Preises Ihre Rohstoffposition automatisch verkauft.

## Rohstoffinvestments mit Zertifikaten

Anleger können mit Zertifikaten auf einzelne Rohstoffe oder Rohstoffindizes setzen. Statt der bereits beschriebenen Zertifikate mit festen Laufzeiten (zum Beispiel Discount-, Bonus- und Expresszertifikate) bieten sich für Anleger, die einen bestimmten Prozentsatz ihres Anlage-Portfolios in Rohstoffe investieren wollen, eher Zertifikate mit unbegrenzter Laufzeit an.

Da Rohstoffe weltweit grundsätzlich in US-Dollar gehandelt werden, können sich bei den auf Euro lautenden Zertifikaten Währungskursgewinne oder -verluste ergeben. Wollen Sie dies ausschließen, können Sie auch hier sogenannte Quanto-Zertifikate kaufen, bei denen die Währungsrisiken vom Emittenten eliminiert werden. Die Kosten für die Absicherung werden natürlich an die Anleger weitergereicht, weshalb bei Quanto-Varianten die Renditechancen verringert sind.

### Zertifikate auf Einzelrohstoffe

Mit Zertifikaten auf einzelne Rohstoffe investieren Sie nicht in einen physischen Rohstoff, sondern setzen auf den Preis eines in der Zukunft liegenden Fälligkeitstermins. Denn die Kurse der Zertifikate beziehen sich auf die an den Terminmärkten festgestellten Future-Kurse der entsprechenden Rohstoffe. Dies sind in der Regel die nächstfälligen Futures, da diese die höchste Liquidität aufweisen, also am meisten gehandelt werden.

Um die tatsächliche physische Lieferung des Rohstoffs zu vermeiden, muss der Emittent des Zertifikats den Future-Kontrakt, der ihm zugrunde liegt, kurz vor Fälligkeit verkaufen und den nächstfälligen Kontrakt kaufen. Da sich Verkaufserlös des alten und der Kaufpreis des neuen Futures meist unterscheiden, kann es beim Zertifikat zu sogenannten Rollverlusten oder -gewinnen kommen. Wenn der aktuelle Kurs eines Rohstoffes oberhalb des zukünftigen Terminkurses liegt, spricht man von Backwardation und es entsteht ein Rollgewinn. Gibt es im umgekehrten Fall einen Rollverlust, spricht man von Contango.

### Zertifikate auf Rohstoffindizes

Statt in Einzelrohstoffe können Anleger auch in Rohstoffindizes investieren. Neben verschiedenen breit gestreuten Indizes werden auch Subindizes auf einzelne Rohstoffsegmente wie zum Beispiel Agrarrohstoffe, Edelmetalle, Industriemetalle oder Energieträger angeboten.

Vorteil der Indizes ist, dass diese nicht so starken Schwankungen unterliegen wie einzelne Rohstoffe. Auch das Risiko von Rollverlusten ist durch die Verteilung auf mehrere Rohstoffe geringer, da neben Rohstoffen mit Rollverlusten auch häufig solche mit Rollgewinnen im Index vertreten sind. Auch bei Rohstoff-Indexzertifika-

**INFO** **Rollgewinne und Rollverluste bei Rohstoffzertifikaten**

Contango = aktueller Marktpreis eines Rohstoffs < Terminpreis (Liefertermin in der Zukunft) des Rohstoffs

Backwardation = aktueller Marktpreis eines Rohstoffs > Terminpreis (Liefertermin in der Zukunft) des Rohstoffs

ten gibt es das Risiko von Währungsverlusten, das Sie mit Quanto-Papieren ausschließen können.

Es gibt verschiedene Rohstoffindizes, auf die Zertifikate angeboten werden. Sie unterscheiden sich in ihrer Zusammensetzung und ihrer Methode zur Neugewichtung einzelner Rohstoffe:

- Der **S&P Goldman Sachs Commodity Index (S&P GSCI)** ist der weltweit am meisten genutzte Rohstoffindex. Er spiegelt die Entwicklung von 24 Rohstoff-Futures wider. Seine Gewichtung richtet sich nach der durchschnittlichen Weltproduktion der letzten fünf Jahre. Der Anteil der Energierohstoffe, vor allem von Erdöl, ist daher bei diesem Index besonders hoch. Daneben gibt es noch verschiedene Unterindizes des S&P GSCI, bei denen der Anteil der Energieträger reduziert ist (Reduced-, Light- und Ultra-Light-Energy-Index).

## Rohstoffindizes

Die unterschiedliche Gewichtung von Rohstoff-Segmenten in den verschiedenen Rohstoffindizes in Prozent.

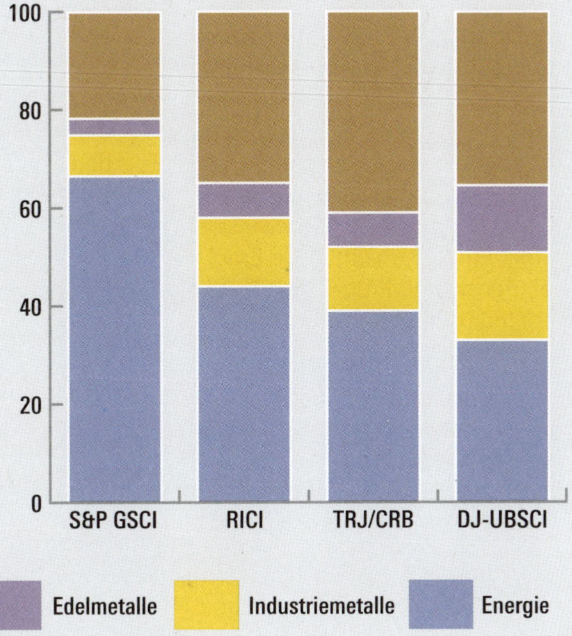

- Der Rogers International Commodity Index (RICI) weist mit 38 Einzelrohstoffen die breiteste Abdeckung von unterschiedlichen Rohstoffen auf. Die Gewichtung der einzelnen Positionen orientiert sich an deren Bedeutung im weltweiten Verbrauch und Handel. Die Zusammensetzung des Index wird jährlich von einem Indexkomitee überprüft.
- Der Thomson Reuters Jefferies CRB (TRJ/CRB) Index geht auf den ältesten Rohstoffindex, den CRB Index, zurück. Er bildet 19 unterschiedlich stark gewichtete Rohstoffe ab, die monatlich so umgeschichtet werden, dass wieder das Ausgangsverhältnis erreicht wird.
- Der Dow Jones-UBS Commodity Index (DJ-UBSCI) beinhaltet ebenfalls 19 Rohstoffe, wobei der Anteil einzelner Rohstoffe mindestens 2 Prozent ausmachen muss und höchstens 15 Prozent betragen darf. Der Anteil eines Rohstoffsektors ist auf maximal 33 Prozent beschränkt. Energierohstoffe wie Erdöl, Heizöl, Benzin und Erdgas sind daher in diesem Index geringer vertreten als in den anderen Indizes.

## Rohstoffinvestments mit ETFs und ETCs

Statt über ein Indexzertifikat können Sie auch über Indexfonds (ETFs) in die Rohstoffindizes investieren. Das bietet gegenüber den Zertifikaten den Vorteil, dass kein Emittentenrisiko besteht, denn das Fondsvermögen bleibt im Insolvenzfall der Fondsgesellschaft unangetastet. Der Einsatz von Rohstoff-ETFs ist nur eingeschränkt möglich: Da nach europäischem Recht Investmentfonds, zu denen die ETFs auch gehören, maximal 10 Prozent des Fondsvermögens in einen bestimmten Vermögenswert anlegen dürfen, können sie manche Indizes nicht nachbilden – und schon gar nicht einzelne Rohstoffe.

Da ETFs nur in Rohstoffindizes, nicht in einzelne Rohstoffe anlegen können, wurden vor einigen Jahren die Exchange Traded Commodities (ETC) eingeführt. Diese sind wie ETFs börsengehandelte Wertpapiere, rechtlich aber sind sie Schuldverschreibungen des ETC-Emittenten und keine Investmentfonds. ETCs erlauben Anlegern den Handel mit Rohstoffen, ohne mit komplexen Futures oder gar physischen Gütern handeln zu müssen.

**INFO** **Wo gibt es ETFs auf Rohstoffindizes?**

ETFs auf Rohstoffindizes finden Sie unter anderem auf der Internetseite der Börse Stuttgart (www.boerse-stuttgart.de). Klicken Sie hier auf „ETF" und dann auf den „Profi-ETF-Finder". Wenn Sie in diesem ETF-Finder unter „abgebildete Anlageklasse" „Rohstoffe" auswählen, bekommen Sie die handelbaren ETFs auf Rohstoffindizes angezeigt.

Um eine vergleichbare Sicherheit wie die Investmentfonds mit ihrem Sondervermögen zu bieten, hinterlegen die Herausgeber der ETCs Sicherheiten bei einem Treuhänder, sodass das Emittentenrisiko stark eingeschränkt wird. Edelmetall-ETCs werden in der Regel mit den entsprechenden Edelmetallen besichert. Das heißt, der Emittent hinterlegt physische Edelmetalle und besichert damit die Schuldverschreibung. Bei anderen Rohstoff-ETCs werden zum Beispiel Wertpapiere hoher Bonität als Sicherheit hinterlegt.

Wie bei Zertifikaten gibt es auch bei den ETCs solche, mit denen Anleger auf fallende Kurse (Short-ETCs) setzen oder mit einem Hebel (Leveraged ETCs) arbeiten können.

### TIPP: ETF VOR ZERTIFIKAT

Wenn Sie sich für ein Rohstoffinvestment interessieren, das Sie entweder über ein Zertifikat oder einen ETF umsetzen könnten – also eine Anlage in mehrere Rohstoffe oder bestimmte Rohstoffsegmente –, sollten Sie sich für den ETF entscheiden. Die Sicherheit ist hier höher, weil Sie anders als beim Zertifikat kein Emittentenrisiko eingehen.

## Rohstoffinvestments mit Aktien und Aktienfonds

Wenn Sie indirekt in Rohstoffe investieren möchten, können Sie natürlich auch Aktien von Unternehmen kaufen, die ihr Geld mit der Erkundung, Förderung oder Produktion, dem Verkauf oder der Weiterverarbeitung von Rohstoffen verdienen.

Im Bereich der Edel- und Industriemetalle sind das insbesondere die Minenbetreiber. Im Agrarbereich könnten das beispielsweise Düngemittel- oder Erntemaschinenhersteller sein. Große Ölkonzerne könnten von steigenden Energiepreisen profitieren.

Sie müssen sich aber dessen bewusst sein, dass sich Aktien von Energie- und Rohstoffunternehmen und Rohstoffpreise nicht unbedingt immer in die gleiche Richtung bewegen. So können sich Aktien von Minengesellschaften allgemeinen Börsentrends meist nicht entziehen. Geht es an der Börse abwärts, fallen in der Regel auch die Kurse dieser Aktien – selbst wenn der Preis des Rohstoffs, den ein Unternehmen fördert, steigt. Man nennt dieses Risiko das Marktrisiko.

Wer die Auswahl von vielversprechenden Rohstoffaktien nicht selbst übernehmen will, kann dies auch Profis überlassen und auf aktiv gemanagte Fonds setzen.

### TIPP: AUF DIE GEWICHTUNG KOMMT ES AN

Achten Sie bei Rohstofffonds auf deren Schwerpunkte. Häufig konzentrieren sich die Fondsmanager auf ein Thema, vor allem Öl (Energy) oder Metall (Metals and Mining). Mit Einzelaktien gehen Sie höhere Risiken ein als mit einem Rohstofffonds, können dafür aber gezielter Ihre Ideen verfolgen.

## Rohstoffinvestments mit physischem Gold

Wer mit seinen Rohstoffanlagen auch einen Krisenschutz für sehr schlechte Zeiten beabsichtigt, kann Edelmetalle in Münz- oder Barrenform erwerben. Hier gilt seit jeher Gold als „das einzig Wahre".

Nicht als Anlage geeignet sind dabei vielfach angebotene Medaillen oder Sammlermünzen, weil sie neben dem Materialwert einen ideellen Wert haben. Ein späterer Verkaufserlös hängt damit nicht nur vom Goldkurs, sondern auch stark von der Nachfrage nach der speziellen Münze ab. Besser sind Goldbarren und standardisierte Goldmünzen, für die tägliche An- und Verkaufskurse ermittelt werden.

Gängige Münzen sind der Krügerrand, der Maple Leaf, der Wiener Philharmoniker, der China Panda und der australische Känguru. Sie werden in unterschiedlichen Größen angeboten. Die übliche Maßeinheit, in der der Goldpreis angegeben wird, ist eine Feinunze (zirka 31,1 Gramm).

### INFO Wichtig beim Goldkauf

Im Internet finden Sie bei seriösen Edelmetallhändlern wie beispielsweise Proaurum oder Westgold Preislisten aller gängigen Münzen und Barren. Auf der Internetseite www.gold.de gibt es auch eine Übersicht von Händlern, die zum Teil dem Berufsverband des deutschen Münzfachhandels angehören. Diese Händler sind oft deutlich günstiger als Hausbanken. Bei einem Kauf im Wert von 10 000 Euro sind über 100 Euro Ersparnis möglich. Vergleichen Sie immer die Preise der angebotenen Münzen und Barren bei mehreren Anbietern.

Sie können bei Käufen unter 15 000 Euro Ihr Gold anonym kaufen. Veräußerungsgewinne, die Sie mit physischem Gold erzielen, unterliegen im Gegensatz zu Goldzertifikaten und Gold-ETCs nicht der Abgeltungsteuer und sind bei einer Haltedauer von mehr als einem Jahr steuerfrei. Dafür können Sie dann aber auch eventuelle Verluste, die Sie damit realisieren, steuerlich nicht geltend machen.

Goldbarren gibt es in Größen von einem Gramm bis 12,5 Kilogramm. Entscheidend für die Echtheit sind Prägestempel und Nummerierung. Der Kauf von Goldbarren oder -münzen in Kleinstgrößen unter einer Unze macht wirtschaftlich keinen Sinn, da hier der Unterschied zwischen An- und Verkaufspreis (Spread) sehr hoch ist. Goldbarren weisen im Verhältnis zu Goldmünzen einen geringeren Spread auf. Im Krisenfall könnte man aber mit Goldmünzen eher bezahlen – von großen Barren kann man schlecht etwas abschneiden. Eine vernünftige Mischung von Münzen und Barren empfiehlt sich daher. Hinsichtlich der Lagerung spricht für ein Bankschließfach die Sicherheit, für eine Lagerung zu Hause hingegen die schnelle Verfügbarkeit im Notfall.

Wie viel Prozent Ihres Vermögens Sie tatsächlich in Gold stecken sollten, hängt davon ab, wie groß Ihre Angst vor einer Krise, einer Hyperinflation oder einer Währungsreform ist. Egal, wie groß diese Angst ist: Gold sollte nie Ihr gesamtes Vermögen ausmachen, sondern nur eine Beimischung sein.

Als reine Geldanlage eignet sich Gold nicht. Ein Investment in physisches Gold sollte vor allem unter dem Gesichtspunkt der Krisenfestigkeit Ihres Vermögens, nicht unter Renditegesichtspunkten erfolgen. So schwankt der Goldpreis stark und das Risiko ist groß, dass Sie, insbesondere in „normalen" Zeiten, mit Goldanlagen hohe Verluste machen. Gold wirft auch keine Zinsen ab, und selbst wenn sein Preis stabil bliebe, würden Sie nach Inflation und Gebühren für Kauf und Lagerung Verluste erleiden.

Beachten Sie auch, dass der Goldpreis in Dollar festgestellt wird. Ob Sie Gewinne oder Verluste machen, hängt somit auch vom Wechselkurs zum Euro ab. Wollen Sie mit Gold spekulieren und auf Wertsteigerungen setzen, greifen Sie lieber zu ETCs oder Zertifikaten. Sie sind günstiger als Barren und Münzen.

8,432•20 +
435•00 +
84,642•00 +
5,497•00 +
5,734•00 +
445•50 +
52,565•00 +
64,644•00 +
6,465•35 +
447•64 +
94,543•54 +
68,276•40 +
564•00 +
982.45

# PREISWERTER ANLEGEN

Wenn Sie mehr Rendite erzielen wollen, sollten Sie die Kosten optimieren. Sie kennen zwar Ihre künftigen Gewinne mit Wertpapieren nicht, die Kosten stehen aber fest, wenn Sie sich nicht darum kümmern. Mit der Wahl der passenden Bank und des richtigen Depots können Sie bis zu mehreren Tausend Euro pro Jahr allein für die Verwahrung sparen. Minimieren Sie dazu noch die Gebühren für An- und Verkauf, steigern Sie Ihre Gesamtrendite automatisch.

## KOSTEN RUND UMS DEPOT KLEIN HALTEN

Als Privatanleger können Sie nicht selbst an der Börse handeln. Für den Kauf und Verkauf von Wertpapieren wie Aktien, Anleihen, Fonds oder Zertifikaten benötigen Sie einen Vermittler. Dies ist meistens die Bank, bei der Sie Ihr Depot haben. Im Depot werden die Wertpapiere verwahrt. Beim Kauf und Verkauf von Wertpapieren entstehen sogenannte Transaktionskosten. Daneben müssen Sie für Ihr Depot noch jährliche Gebühren zahlen.

In unserer Untersuchung vom Juni 2013 haben wir festgestellt, dass Anleger Tausende Euro sparen können, wenn sie mit ihrem Depot vom schlechtesten zum besten Anbieter wechseln. Dabei müssen sie immer beides beachten: die jährlichen Depotgebühren ebenso wie Transaktionskosten. Denn was nützen einem aktiven Anleger niedrige Depotgebühren, wenn er dafür bei jedem Kauf und Verkauf von Wertpapieren zu viel zahlt? Planen Sie hingegen, nur sehr selten mit Wertpapieren zu handeln, nützen Ihnen niedrigere Transaktionskosten wenig, wenn Sie dafür hohe Depotgebühren haben. Die verschiedenen Preismodelle der Banken erschweren einen Preisvergleich sehr, sodass Sie genauer hinschauen müssen.

### Depotgebühren

Depotgebühren unterscheiden sich zunächst einmal danach, wie ein Anleger sein Depot führen will. Möchten Sie es bei einer Bank vor Ort führen, wo Sie auch hingehen und mit einem Bankangestellten persönlich sprechen können, müssen Sie ein Depot bei einer Filialbank eröffnen. Bei den meisten Filialbanken können Sie sich dann noch zwischen einem Beratungs- und einem Direktdepot entscheiden.

Beim Beratungsdepot können Sie sich von einem Bankberater beraten lassen und die Wertpapieraufträge über ihn abwickeln. Allerdings hat diese Bequemlichkeit ihren Preis. Depotgebühren und Transaktionskosten sind wesentlich höher als bei einem Direktdepot. Bei einem Direktdepot wickeln Sie ihre Wertpapiergeschäfte selbst übers Internet ab. Auch telefonische Aufträge nehmen die meisten Banken bei einem Direktdepot entgegen. Das ist zwar teurer als eine Onlineorder, aber deutlich günstiger als in der Filiale.

Kundenfreundlich sind die Filialbanken, die eine Entscheidung zwischen Filial- und Direktdepot nicht verlangen. Hier zahlen Sie nur dann die höheren Transaktionskosten, wenn Sie sich in der Filiale beraten lassen, statt online ihre Wertpapieraufträge allein zu erledigen.

Wer nicht auf einen Bankberater angewiesen ist, fährt am günstigsten, wenn er seine Wertpapiergeschäfte ausschließlich über das Internet bei einer Direktbank oder einem Onlinebroker erledigt. Dies sind Banken, die ihre Dienstleistung und Produkte nur über das Internet anbieten und auf teure Filialen verzichten. Sie unterliegen den gleichen aufsichtsrechtlichen Bestimmungen wie Filialbanken. Hinsichtlich der Einlagensicherung stehen Direktbanken den Filialbanken gleich.

Viele Direktbanken verzichten auf Depotgebühren. Sie müssen aber beachten, welche sonstigen Kosten, insbesondere Kauf- und Verkaufskosten, anfallen. Bei Direktbanken, die Depotgebühren verlangen, gibt es unterschiedliche Preismodelle, die eine Vergleichbarkeit erschweren. Während manche die Depotgebühren nur in Form von Pauschalen oder Prozentsätzen vom Depotvolumen berechnen, verzichten andere zusätzlich auf die Depotgebühren, wenn Sie etwa eine bestimmte Anzahl von Wertpapiergeschäften pro Jahr tätigen oder Ihr Depot ein bestimmtes durchschnittliches Volumen aufweist.

**INFO** **Die richtige Bank für Ihr Depot finden**

Als Faustregel zur Wahl des passenden Depots gilt: Wer viel handelt, sollte vor allem auf die Kosten achten, die die Bank für den Kauf und Verkauf von Wertpapieren berechnet. Wer wenig handelt, sollte darauf achten, dass die Depotgebühren möglichst gering sind. Vergleichen Sie die Konditionen von Direktbanken am besten anhand Ihrer persönlichen Daten zu Depothöhe und Anzahl geplanter Transaktionen pro Jahr. Welche Gesamtkosten kämen bei der jeweiligen Internetbank auf Sie zu? Dabei kann Ihnen auch unser Test helfen. Sie finden ihn unter www.test.de, Suchwort „Depotkosten“.

## Transaktionsgebühren

Je öfter Sie Wertpapiergeschäfte tätigen, umso größer ist das Einsparpotenzial, wenn Sie die passende Bank wählen. Gerade bei den Transaktionskosten sind die Preismodelle der Filial- und Direktbanken mitunter sehr unterschiedlich und verwirrend. Unter anderem folgende Modelle werden angeboten:

- Feste Prozentsätze: Die Transaktionsgebühren berechnen sich als fester Prozentsatz vom Auftragsvolumen.
- Preisstaffel: Je nach Wert eines Wertpapierauftrags wird eine bestimmte Gebühr verlangt.
- Prozentsätze mit Mindest- und Maximalgebühr: Liegt der nach einem Prozentsatz berechnete Preis unter der Mindestgebühr, wird diese fällig. Liegt der prozentuale Preis über der Maximalgebühr, wird nur die Maximalgebühr berechnet.
- Flatrate: Anleger zahlen unabhängig vom Auftragsvolumen immer eine feste Gebühr pro Handel.

Ein Beispiel zeigt die erheblichen Einsparpotenziale: Ein Anleger will nach einer größeren Erbschaft Aktien von vier Unternehmen für je 25000 Euro kaufen. Bei einer festen Gebühr von 0,5 Prozent würden dafür insgesamt 500 Euro Kaufgebühren anfallen. Kauft er bei einer Direktbank mit einer Gebühr von 0,25 Prozent vom Kaufwert und einer Maximalgebühr von 39,90 Euro, zahlt er hingegen für seine vier Kaufaufträge nur jeweils die Maximalgebühr, die sich auf 159,60 Euro addiert, da die prozentualen Kaufgebühren höher als die Maximalgebühren sind. Bei einer Flatrate von 5 Euro je Transaktion würde es ihn sogar nur 20 Euro kosten.

Transaktionskosten können Sie mit speziellen Aktionsangeboten sparen, die insbesondere Direktbanken regelmäßig für Neukunden anbieten. Bei solchen zeitlich begrenzten Angeboten sind beispielsweise eine bestimmte Anzahl von Wertpapierkäufen und -verkäufen für einen gewissen Zeitraum provisionsfrei möglich. Wenn Sie planen, zunächst nur wenige Wertpapierkäufe mit hohen Anlagesummen zu tätigen, können Sie solche Angebote bei Ihrer Suche nach der passenden Bank miteinbeziehen. Natürlich können Sie auch mehrere Banken nutzen und bei einer nur das Aktionsangebot mitnehmen, wenn diese ansonsten nicht mit den Konditionen Ihrer anderen Banken mithalten kann.

# KOSTEN SPAREN BEIM FONDSKAUF

Um Investmentfonds zu kaufen, brauchen Sie als Privatanleger einen Zwischenhändler, der den Zugang zu den Fondsgesellschaften und zu den Börsen öffnet. Dafür entstehen natürlich Kosten, da der Vermittler – die Hausbank, eine Direktbank oder ein freier Fondsvermittler – auch etwas verdienen will. Doch je nach Fonds und Kaufquelle können sich die Kosten erheblich unterscheiden. Fleißige Anleger können hier jede Menge Geld sparen und damit die Rendite ihrer Fondsanlagen deutlich steigern.

## Kauf von aktiv gemanagten Fonds

Besonders viel lässt sich mit etwas Einsatz beim Kauf von aktiv gemanagten Fonds sparen. Denn bei diesen ist ein entscheidender Kostenfaktor der Ausgabeaufschlag. Das ist der Unterschied zwischen dem Ausgabepreis und dem tatsächlichen Wert eines Fondsanteils. Der Ausgabeaufschlag soll vor allem die Vertriebskosten decken. Er beträgt bei Aktienfonds meist um die 5 Prozent, bei Rentenfonds um die 3 Prozent. Bei einem Aktienfondskauf im Wert von 5000 Euro sind das immerhin 250 Euro.

### Bei Filialbanken

Erteilen Sie Ihrer Hausbank den Auftrag, einen bestimmten Fonds zu kaufen, kauft sie ihn für Sie normalerweise über die Fondsgesellschaft, und der volle Ausgabeaufschlag wird fällig. Sie können dem Bankmitarbeiter aber auch den Auftrag erteilen, den Fonds über die Börse statt über die Fondsgesellschaft zu ordern, sofern der Fonds an der Börse gehandelt wird. Das ist oft der Fall, denn inzwischen werden die meisten gängigen Fonds an mindestens einer der Regionalbörsen oder an der Börse Frankfurt gehandelt. Als Regionalbörsen gelten die Börsen Berlin, Düsseldorf, Hamburg und Hannover, München sowie Stuttgart.

Der Kauf über die Börse kann kostengünstiger sein (siehe Seite 84). Allerdings sehen das nicht alle Banken gern und verlangen teilweise höhere Gebühren für den Fonds- als für den Aktienkauf oder verweigern die Orderplatzierung an der Börse.

Grundsätzlich sind bei Ihrer Hausbank Rabatte auf den Ausgabeaufschlag oder die Ordergebühr verhandelbar. Sie müssen aber danach fragen. Wenn die Bank sich stur stellt und Ihnen gar nicht entgegenkommt, sollten Sie über einen Bankwechsel nachdenken.

### Bei Direktbanken

Direktbanken im Internet bieten für viele Fonds Rabatte auf den Ausgabeaufschlag von meist 50 Prozent an. Bei manchen Fonds verzichten sie sogar ganz darauf.

Verzichtet die Direktbank nicht vollständig auf den Ausgabeaufschlag, ist es meist für Sie günstiger, dort als Handelsplatz eine Börse statt der Fondsgesellschaft auszuwählen.

Beispiel: Wenn Sie einen Fonds mit 5 Prozent Ausgabeaufschlag zu 2,5 Prozent erwerben können, bedeutet dies bei einer Anlagesumme von 10 000 Euro einen Ausgabeaufschlag von 250 Euro. Bei einem Kauf über die Börse zahlen Sie je nach Gebührenmodell der Direktbank nur bis zu 70 Euro.

**INFO** **Wie Sie Fonds kaufen können**

An der Börse über eine Filialbank
Vorteil: Persönliche Beratung möglich, verschiedene Papiere im selben Depot.
Nachteil: Meist hohe Kauf- und Depotgebühren.

An der Börse über eine Direktbank
Vorteil: Preiswert, schnell, flexibel, unterschiedliche Papiere im selben Depot.
Nachteil: Keine persönliche Beratung, Auftragserteilung nur per Internet oder Telefon.

Bei der Fondsgesellschaft über eine Filialbank
Vorteil: Persönliche Beratung möglich, unterschiedliche Wertpapiere im selben Depot.
Nachteil: In der Regel voller Ausgabeaufschlag und hohe Depotkosten.

Bei der Fondsgesellschaft über eine Direktbank
Vorteil: Sehr preiswert, oft kein Ausgabeaufschlag, auch für Sparpläne möglich.
Nachteil: Kein persönlicher Kontakt, nur per Internet.

Direkt bei der Fondsgesellschaft
Der Anleger eröffnet ein Depot bei einer Fondsgesellschaft und kauft die Anteile direkt dort.
Vorteil: Einfacher und meist günstiger Wechsel zwischen den Fonds der Gesellschaft.
Nachteil: Meist verlangt die Fondsgesellschaft den vollen Ausgabeaufschlag, keine Verwahrung fremder Fonds oder anderer Wertpapiere möglich.

Der große Vorteil von Direktbanken ist überdies, dass die Depotgebühren wegfallen. Anleger können – anders als bei von Fondsvermittlern genutzten Plattformen (siehe unten) – nicht nur Fonds, sondern auch andere Wertpapiere wie Aktien und Anleihen im Depot verwahren lassen. Dafür bieten Direktbanken keine persönliche Beratung.

**Über die Börse**

Neben den Kaufgebühren, die sich nach den oben beschriebenen Transaktionskosten-Modellen der zwischengeschalteten Bank richten, sind beim Kauf über die Börse noch zwischen 0,03 und 0,08 Prozent der Anlagesumme für den Börsenmakler zu zahlen, der den Auftrag bearbeitet. Dazu berechnen Direktbanken und Onlinebroker oft noch ein Entgelt für den Börsenplatz. Dieses wird entweder in Form einer Pauschale je Order erhoben und beträgt je nach Anbieter um die 0,95 Euro bis 4,50 Euro bei deutschen Börsen und zwischen 15 und 29 Euro bei ausländischen Börsen. Manche Broker leiten die ihnen berechneten Börsengebühren auch einfach an ihre Kunden weiter, was bei kleineren Wertpapieraufträgen vorteilhafter als die Pauschalgebühren sein kann.

**Freie Fondsvermittler**

Ein weiterer Weg für erfahrenere Anleger, den Ausgabeaufschlag meist vollständig zu sparen, ist der Kauf über einen freien Fondsvermittler im Internet. Dieser vermittelt dem Anleger ein Depot bei einer Fondsbank. Die Depotführung bei der Fondsbank kostet meistens Geld, es sei denn, Sie haben mittlere fünfstellige Beträge angelegt. In dem Depot bei der Fondsbank können grundsätzlich nur Investmentfonds, nicht sonstige Wertpapiere wie Aktien, Anleihen oder Zertifikate verwahrt werden. Eine kostenlose Liste mit Adressen von Fondsvermittlern finden Sie auf unserer Homepage unter www.test.de/freie-fondsvermittler.

**Mindestanlagesummen**

Bei allen Kaufwegen gibt es Mindestanlagesummen. Diese liegen in der Regel bei 500 bis 1 000 Euro bei Einmalanlagen und 25 bis 50 Euro bei Sparplänen.

**TIPP: ONLINEZUGANG FÜR KRITISCHE BÖRSENZEITEN**

Grundsätzlich sollten Sie immer (auch) einen Onlinezugang zu Ihrem Depot haben. Gerade in kritischen Börsenzeiten ist der „normale" Bankberater nur schwer persönlich oder telefonisch erreichbar. Über einen Onlinezugang zu Ihrem Depot können Sie hingegen jederzeit reagieren. Die Verwahrung von Fonds in Depots bei Banken und Direktbanken statt bei Fondsgesellschaften oder bei von Fondsvermittlern vermittelten Fondsbanken (umgangssprachlich auch Fondsplattform genannt) ermöglicht es Ihnen, in Notfällen durch einen Verkauf über die Börse schnell auszusteigen. Eine absolute Sicherheit haben Sie aber nicht, denn es kann zu Überlastungen oder Wartungsarbeiten kommen.

## Kauf von ETFs

Börsengehandelte Indexfonds (Exchange Traded Funds, kurz: ETFs) sind hauptsächlich an der Börse erhältlich. Sie müssen dazu eine Filial- oder Direktbank mit dem Kauf beauftragen. Hierfür zahlen Sie je nach Bank unterschiedliche Ordergebühren, aber keinen Ausgabeaufschlag. In der Regel sind Direktbanken günstiger. Da der Handel bei ETFs rege ist, ist der Unterschied zwischen An- und Verkaufspreis an der Börse, der Spread, meist gering.

Anleger, die ETFs bei ihrer Hausbank ordern wollen, müssen manchmal Stehvermögen beweisen, weil Bankangestellte in der Regel viel lieber aktiv gemanagte Fonds mit hohem Ausgabeaufschlag verkaufen wollen als die für Kunden günstigeren ETFs. Grundsätzlich kann die Bank Ihnen den ETF-Kauf aber nicht verwehren, wenn doch, lohnt ein Depotwechsel.

## Sparpläne mit Fonds

Auch wenn Sie monatlich für eine feste Sparsumme Fondsanteile kaufen wollen, können Sie mit etwas Fleiß günstige Angebote finden. Der regelmäßige Kauf von Anteilen gemanagter Fonds über die Börse lohnt sich zwar in der Regel wegen der Mindestgebühren nicht, aber zumindest die vollen Ausgabeaufschläge muss keiner zahlen. Am günstigsten sind Sparpläne bei Direktbanken, da diese oft eine kostenlose Depotführung und hohe Rabatte auf die Ausgabeaufschläge anbieten.

Sparpläne mit ETFs gibt es bisher nur bei Direktbanken und der Fondsplattform ebase. Anleger sollten vor allem bei kleinen Sparbeträgen darauf achten, dass die Kaufgebühren nicht einem Ausgabeaufschlag gleichkommen. Welche Banken neben ebase günstige Konditionen anbieten, sehen Sie in der Tabelle unten.

**WAS SPARPLÄNE AUF INDEXFONDS (ETFS) KOSTEN**

| **Anbieter** | **Kosten** | **Mindestanlage** (Euro) | **Kosten** (Prozent) **bei Einzahlung von … Euro pro Rate** | | | | |
|---|---|---|---|---|---|---|---|
| | | | 25 | 50 | 75 | 100 | 200 |
| comdirect | 1,5 %, max. 4,90 Euro | 25 | 1,5 | 1,5 | 1,5 | 1,5 | 1,5 |
| Cortal Consors | 1,5 % | 25 | 1,5 | 1,5 | 1,5 | 1,5 | 1,5 |
| DAB bank | 2,50 Euro zzgl. 0,25 % | 50 | – | 5,3 | 3,6 | 2,8 | 1,5 |
| ING-Diba | 1,75 % | 50 | – | 1,75 | 1,75 | 1,75 | 1,75 |
| maxblue | 2,50 Euro zzgl. 0,4 % | 50 | – | 5,4 | 3,7 | 2,9 | 1,7 |
| sbroker | 2,50 % | 50 | – | 2,5 | 2,5 | 2,5 | 2,5 |

## KOSTEN MIT DER RICHTIGEN DIREKTBANK OPTIMIEREN

Aktive Anleger kommen meist nicht an einer Direktbank vorbei. Bei der Wahl der richtigen Direktbank gibt es neben möglichen Ersparnissen bei Depotgebühren und Transaktionskosten noch weitere Faktoren zu bedenken.

Sie sollten sich zunächst überlegen, ob Sie komplett, also auch mit Ihrem Girokonto, auf Online-Banking bei einer Direktbank umsteigen wollen oder ob Sie diese nur für Ihre Wertpapiergeschäfte neben der Hausbank nutzen möchten.

Soll eine Komplettumstellung auf eine oder mehrere Direktbanken erfolgen, spielt auch die Möglichkeit des Bargeldbezugs bei der Wahl eine Rolle. Direktbankkunden können bei Automaten ihres Verbundes (zum Beispiel Cash-group) gebührenfrei Bargeld beziehen. Wer regelmäßig Bargeld abheben will, sollte also darauf achten, dass ein entsprechender Geldautomat in seiner Nähe steht. Alternativ bieten Direktbanken aber auch einen kostenlosen Bargeldbezug innerhalb Europas über ihre Kreditkarten an. Eine Übersicht zu den Kosten von Girokonten finden Sie auf unserer Homepage unter www.test.de/girokonten.

**INFO** **Beim Depotwechsel Vorsicht bei ausländischen thesaurierenden Fonds**

Seit Einführung der Abgeltungsteuer sollen Banken bei einem Depotübertrag dem neuen Institut die gesammelten (thesaurierten) Erträge von Fonds mitteilen. Klappt dies nicht richtig, etwa weil Sie bereits mehrmals Ihr Depot gewechselt haben, kann dies dazu führen, dass die neue Bank bei einem späteren Verkauf des Fonds einen pauschalen Steuerabzug auf alle thesaurierten Erträge vornehmen muss. Zu viel abgezogene Steuern müssen Sie sich dann im Rahmen Ihrer Steuererklärung wiederholen. Dazu müssen Sie gegebenenfalls Ihre ursprünglichen Kaufunterlagen vorlegen können und nachweisen, dass Sie die thesaurierten Erträge jedes Jahr ordnungsgemäß angegeben haben. Wollen Sie diesen Aufwand ausschließen, können Sie vor einem Depotübertrag alle ausländischen thesaurierenden Fonds verkaufen oder in ausschüttende Tranchen umschichten. Damit geht aber der steuerliche Bestandsschutz auf Fonds verloren, die vor 2009 gekauft wurden. Das bedeutet, dass Sie nicht mehr das Privileg steuerfreier Kursgewinne haben. Wägen Sie im Einzelfall ab, welches Übel das kleinere ist. Bei Rentenfonds mit hohen jährlichen Erträgen dürfte der Verkauf vorzuziehen sein. Bei erstklassigen Aktienfonds ist dagegen der Bestandsschutz zu wertvoll, um ihn vorzeitig aufzugeben.

## CHECKLISTE: Die Schritte beim Depotwechsel

**1. Das neue Depot eröffnen**

- Bei einer Direktbank wird ein Depot mithilfe des Postident-Verfahrens eröffnet. Das erforderliche Formular, den Postident-Kupon, können Sie von der Homepage der Bank herunterladen. Er befindet sich in der Regel am Ende des Antrags. Mit ihm und den Eröffnungsunterlagen gehen Sie zu einer Postfiliale und legen dort Ihren Personalausweis oder Reisepass vor. Sofern Sie mit Ihrem Ehe- oder Lebenspartner ein gemeinsames Depot eröffnen, müssen Sie sich beide ausweisen. Die Post schickt die Unterlagen dann an die Bank.
- Sobald die Direktbank Ihnen eine Depotnummer mitgeteilt hat, können Sie sich auf deren Homepage das Formular zum Depotübertrag herunterladen und dieses abschicken.

**2. Das alte Depot übertragen**

- Der Depotübertrag dauert zwischen wenigen Tagen und mehreren Wochen. So lange können Sie nicht über Ihre Wertpapiere verfügen.
- Alle für die Abgeltungsteuer relevanten Daten werden beim Depotübertrag an die neue Depotbank übermittelt. Es gibt also keine Schwierigkeiten, nach einem Depotwechsel zu beweisen, welche Wertpapiere steuerlichen Bestandsschutz genießen, weil sie vor Einführung der Abgeltungsteuer gekauft wurden.
- Banken dürfen für den Übertrag einzelner Wertpapiere oder eines ganzen Depots kein Geld verlangen. Der Übertrag kann dennoch etwas kosten. Denn die Banken verwahren die Wertpapiere ihrer Kunden bei einer Verwahrstelle und reichen die Kosten, die ihr die Verwahrstelle in Rechnung stellt, an den Kunden weiter. In der Praxis geschieht dies in der Regel aber nur bei ausländischen Wertpapieren.

**3. Das alte Depot aufräumen**

- Zu den meisten Banken können nur ganze Fondsanteile übertragen werden. Wenn Sie aber zum Beispiel feste Raten in einen Sparplan einzahlen, bekommen Sie je nach Kurs auch nur Bruchstücke eines Fondsanteils. Bei einem Depotübertrag werden solche Bruchstücke nicht berücksichtigt. Sie sollten sich daher vor dem Übertrag informieren, ob Sie sich um den Verkauf der Bruchstücke in Ihrem alten Depot kümmern müssen. Auch müssen Sie das alte Depot löschen, da es auch „leer" Depotgebühren kostet.
- Einige Banken bieten mit dem Depotübertrag gleichzeitig die Abwicklung des alten Depots einschließlich Verkauf von Bruchstücken und Löschung des Depots an. Ob die neue Bank einen solchen Umzugsservice anbietet, steht im Formular zum Übertrag.

Erst danach sollten Sie überlegen, welche Bank sich hinsichtlich Ihrer Wertpapiergeschäfte längerfristig am besten rechnet. Hier vergleichen Sie dann vor allem die Depot- und Transaktionsgebühren.

Für Anleger, die Ihre Wertpapiere regelmäßig mit Stop-Loss-Limits (siehe Seite 156) absichern, kann es sich lohnen, auch die Kosten für solche Limits bei einer Direktbank zu vergleichen. Manche erheben zumindest für Änderungen oder Löschungen von Limits eine Gebühr von bis zu 5 Euro, andere Direktbanken verzichten hingegen darauf.

Ein weiterer Faktor ist die Übersichtlichkeit der Homepage und der dort angebotenen Menüs. Wer überhaupt nicht mit den Onlinefunktionen einer bestimmten Bank zurechtkommt, sollte einen anderen Anbieter wählen, auch wenn dieser vielleicht höhere Kosten aufweist.

Ein Gesichtspunkt, der sich meist erst nach einer gewissen Zeit als Kunde beurteilen lässt, ist die Erreichbarkeit, Freundlichkeit und Kompetenz der Service-Hotline. Hier kann es sich lohnen, vorab im Internet nach Erfahrungsberichten anderer Kunden zu recherchieren.

# NUR DAS BESTE FÜR MEIN GELD

Neben dem Faktor „Kosten sparen" ist es für eine erfolgreiche Geldanlage natürlich wichtig, gute Produkte zu wählen. Bei Wertpapieren geht es vor allem darum, erfolgversprechende Anlagemärkte zu identifizieren und in diesen dann die besten Aktien, Anleihen und Fonds herauszufiltern. Aber auch bei den „langweiligen" Tages- und Festgeldern können Sie durch ein geschicktes Management Mehrrenditen erreichen.

## MEHR ZINSEN BEI TAGES- UND FESTGELD

Eine jederzeit verfügbare Reserve für den Fall, dass das Auto versagt oder andere unerwartete Rechnungen bezahlt werden wollen, sollte jeder haben. Eine solche Liquiditäts- oder Notfallreserve sollte ungefähr drei bis fünf Nettomonatsgehälter betragen, so die Faustregel. Dieses Geld muss ebenso wenig unverzinst auf dem Girokonto schlummern wie größere Summen, die auf eine Neuanlage warten. Hier können Sie mit ein wenig Einsatz ganz einfach mehr aus Ihrem Geld machen, wenn Sie Tagesgeldkonten oder Festgelder mit einer Laufzeit bis zu zwölf Monaten zur Zinsoptimierung nutzen. Hat sich darauf mehr Kapital angesammelt als Sie für den Notfall brauchen, können Sie diesen Betrag dann in Anlagen mit noch besseren Renditechancen umschichten.

### Tagesgeldkonten

Tagesgeldkonten werden häufig von Direktbanken angeboten. Ihr Zinssatz liegt meist deutlich über dem von Sparbüchern. Sie können täglich über Ihr Guthaben verfügen. Ein Zahlungsverkehr über Tagesgeldkonten ist aber in der Regel nicht möglich. Sie brauchen vielmehr ein Referenzkonto (meist das eigene Girokonto), von dem die Anlagesumme für das Tagesgeldkonto abgebucht wird und über das später auch die Auszahlungen vom Tagesgeldkonto erfolgen.

Anders als bei einem Festgeld kann die Bank den Zinssatz des Tagesgeldkontos jederzeit – auch nach unten – ändern. Da Direktbanken Tagesgeldkonten allerdings oftmals dafür nutzen, um neue Kunden zu locken und zu halten und diese leicht zu einem anderen Anbieter wechseln können, versuchen sie schon, deren Verzinsung zumindest stabil zu halten. Bei Änderungen des allgemeinen Zinsniveaus ändern sich aber auch die Tagesgeldzinsen.

Viele Tagesgeldangebote sind mit einer Zinstreppe ausgestattet. Ab bestimmten höheren Anlagebeträgen wird dann ein attraktiverer Zins gezahlt. Hier müssen Sie aber aufpassen: Es gibt auch Angebote am Markt, bei denen der höhere Zins einer Zinstreppe nur für einen bestimmten Teil der Anlage gilt. Sie erhalten beispielsweise bis 10000 Euro 2 Prozent und nur für den 10000 Euro übersteigenden Betrag 2,5 Prozent – oder umgekehrt.

Je nachdem, wie oft die Zinsen bei Tagesgeldkonten gutgeschrieben werden (jährlich, vierteljährlich oder monatlich), wirkt sich dies wegen des Zinseszinseffektes auf den effektiven Zins, also die Rendite pro Jahr, aus. Bei jährlicher Gutschrift sind nominaler und effektiver Zins identisch. Bei häufigerer Gutschrift steigt der effektive Zins. Wenn Sie Angebote vergleichen, sollten Sie auf den effektiven Zins achten.

Vor allem Direktbanken bieten regelmäßig zeitlich befristete Angebote für Neukunden. Bei diesen ist der Zinssatz höher als bei Bestandskunden. Dafür gelten die Angebote aber nur für einen bestimmten Zeitraum und sind oft auf einen Maximalbetrag beschränkt. Hier müssen Sie auf den Folgezins achten, den Sie nach Ende der Zinsfestschrift bekommen. Auch lohnt es sich oft nicht, mehr als den Maximalbetrag anzulegen, da der darüber hinausgehende Betrag sehr gering verzinst wird.

Übrigens haben auch Filialbanken Tagesgeldkonten. Diese bieten sie allerdings erfahrungsgemäß nur auf Nachfrage an, lieber werden immer noch mickrig verzinste Sparbücher an den Kunden gebracht. Auch hinsichtlich der Zinskonditionen kann sich insbesondere bei höheren Anlagebeträgen hartnäckiges Nachfragen und Verhandeln auszahlen.

## Renditeoptimierung mit Zinshopping

Da Tagesgeldkonten keine Kündigungsfristen haben, können Anleger jederzeit den Anbieter wechseln. Wenn Sie hier regelmäßig die Zinssätze vergleichen, kön-

**INFO** **Ein gutes Tagesgeld- oder Festgeldkonto finden**

Wir bieten im Internet unter www.test.de/zinsen regelmäßig aktualisierte Produktfinder für Tagesgeld- sowie für Festgeldkonten, mit denen Sie gegen eine geringe Gebühr schnell und bequem das beste Zinsangebot von Großbanken, bundesweiten und überregionalen Privatbanken sowie in- und ausländischen Direktbanken finden können.

nen Sie durch ein geschicktes Management je nach Anlagesumme eine ansehnliche Mehrrendite erwirtschaften. Eine Strategie kann dabei sein, gleich oder nach und nach Kunde bei verschiedenen Direktbanken zu werden, um dann flexibel Ihr Geld auf das jeweils beste Tagesgeld umzuschichten. Nachteil dieser Strategie ist zum einen der größere Aufwand, alle Konten zu eröffnen und dann auch im Blick zu behalten, zum anderen verschließt man sich damit die Möglichkeit, attraktive Neukundenangebote zu nutzen.

### TIPP: LASSEN SIE KEINE ÜBERZIEHUNGSZINSEN ZU

Vergessen Sie über dem Management Ihrer Tagesgeldkonten nicht Ihr Girokonto. Ein Minus auf dem Girokonto ist durch die hohen Sollzinsen ein absoluter Renditekiller. Sorgen Sie daher dafür, dass das Girokonto immer ein Guthaben aufweist. Bei Bedarf füllen Sie es mit dem Geld Ihres Tagesgeldkontos auf.

## Festgelder

Festgelder sind Einmalanlagen mit einem für die vereinbarte Laufzeit garantierten Zinssatz. Sie werden häufig für Laufzeiten ab 30 Tagen bis zu einem Jahr angeboten. Der Zins wird am Ende der Laufzeit gezahlt. Einige Anbieter haben auch mehrjährige Festgeldanlagen im Programm.

Kurzfristigere Festgelder können eine Alternative zu Tagesgeldkonten sein. Ihr Vorteil gegenüber Letzteren ist die Zinsgarantie. Dafür ist das Geld für die vereinbarte Laufzeit aber nicht verfügbar. Auch gibt es anders als bei den meisten Tagesgeldern einen Mindestanlagebetrag. Häufig liegt er bei 5000 Euro.

Festgelder müssen üblicherweise einige Tage vor Fälligkeit gekündigt werden. Anderenfalls kann es passieren, dass die Bank oder Sparkasse das Geld zu den dann aktuellen und eventuell schlechteren Konditionen für die gleiche Laufzeit wieder anlegt. Beachten Sie daher die genauen Modalitäten Ihres Festgeldes.

## Einlagensicherung von Tages- und Festgeldanlagen

Tagesgeldkonten und Festgelder in der Europäischen Union sind durch die gesetzliche Einlagensicherung geschützt. Die Einlagensicherungsgrenze beträgt seit dem 31. Dezember 2010 100000 Euro, die zu 100 Prozent abgesichert sind. Daneben besteht bei den meisten Privatbanken in Deutschland ein zusätzlicher Schutz über die Einlagensicherungsfonds der verschiedenen Bankenverbände, mit denen die Geldinstitute Einlagen ihrer Kunden über die gesetzlichen Anforderungen hinaus schützen. Derzeit beträgt die Sicherungsgrenze des freiwilligen Sicherungsfonds der privaten Banken 30 Prozent des maßgeblichen haftenden Eigenkapitals der jeweiligen Bank je Anleger. Das bedeutet, dass beispielsweise bei einem haftenden Eigenkapital von 50 Millionen Euro das Vermögen jedes einzelnen Anlegers bis zu 15 Millionen Euro abgesichert ist, vorausgesetzt der Fonds verfügt über die entsprechenden Mittel. Ab 2015 wird die Sicherungsgrenze auf 20 Prozent, ab 2020 auf 15 Prozent und ab 2025 auf 8,75 Prozent des maßgeblichen haftenden Eigenkapitals herabgesetzt. Ein Rechtsanspruch auf Entschädigung besteht nur bei der gesetzlichen Einlagensicherung. Hat eine in Deutschland tätige Bank ihren Sitz außerhalb Deutschlands, müssen Sie sich im Pleitefall an die ausländische gesetzliche Einlagensicherung wenden.

Auch manche ausländische Banken sind Mitglied im Einlagensicherungsfonds des Bundesverbandes deutscher Banken (BdB) und sichern auf diese Weise Beträge über 100 000 Euro ab. Der Einlagensicherungsfonds besteht seit 1976 und wird durch regelmäßige Zahlungen der teilnehmenden Banken gespeist. Hinter ihm steht nahezu die gesamte private Kreditwirtschaft in Deutschland. Diese Sicherung greift nur für Einlagebeträge, die über die der ausländischen gesetzlichen Einlagensicherung hinausgehen.

Die Volks- und Raiffeisenbanken sowie die Sparkassen in Deutschland haben eigene Sicherungssysteme, die die Kundengelder in voller Höhe absichern.

Auf der Homepage des Bankenverbandes (www.bankenverband.de) können Sie eine Liste der am Einlagensicherungsfonds mitwirkenden Banken herunterladen und die Sicherungsgrenzen Ihrer Bank abfragen.

Maximal 100 000 Euro sollten Sie daher grundsätzlich bei Banken in der Europäischen Union anlegen, die nicht zusätzlich dem freiwilligen Sicherungsfonds der privaten Banken angehören. Dazu gehören unter anderem Direktbanken aus dem EU-Ausland wie die DenizBank und die VTB Direktbank (österreichische Einlagensicherung), die NIBC Direct (niederländische Einlagensicherung) sowie die Renault Bank direkt (französische Einlagensicherung). Aber auch einige deutsche Banken wie die akf bank, die C&A Bank oder die Umweltbank sind nicht Mitglied des Sicherungsfonds der privaten Banken und bieten daher nur die gesetzliche deutsche Einlagensicherung von 100 000 Euro.

Einige ausländische Banken in Deutschland sind Mitglied im freiwilligen Sicherungsfonds der privaten Banken. Sie bieten neben der gesetzlichen Einlagensicherung ihres Heimatlandes zusätzlich die Sicherheit des freiwilligen Sicherungsfonds. So erhalten Kunden der Bank of Scotland neben der gesetzlichen Einlagensicherung Großbritanniens von 85 000 Britischen Pfund je Anleger zusätzlich eine Sicherung aus dem Sicherungsfonds. Da die Bank of Scotland erst kurze Zeit Mitglied im Sicherungsfonds des BdB ist, ist die daraus folgende Sicherung auf 250 000 Euro beschränkt. Bei der ICICI Bank erhalten Anleger neben der britischen Einlagensicherung zusätzlich eine Sicherung durch den Einlagensicherungsfonds der deutschen Privatbanken bis zur Haftungsgrenze. Ähnlich ist es bei Cortal Consors, hier erfolgt die gesetzliche Einlagensicherung bis 100 000 Euro aber über die französische Einlagensicherung.

# SONDERANGEBOTE NUTZEN, FALLSTRICKE ERKENNEN

Vor allem für Neukunden bieten Direktbanken des Öfteren interessante Lockangebote. Fleißige Anleger können darunter durchaus Schnäppchen finden, mit denen sie eine Mehrrendite gegenüber den Standardkonditionen der Banken bei Zinseinlagen herausholen können. Wichtig ist dabei immer, dass Sie die Bedingungen für den Extrazins genau beachten und gegebenenfalls nach Auslaufen der guten Konditionen bei einer Bank rechtzeitig zu einer anderen mit besseren Zinsen wechseln.

## Die Sonderangebotsmodelle der Direktbanken

Um Neukunden zu ködern oder Bestandskunden zu halten, sind vor allem folgende Angebote bei Direktbanken üblich:

- Tagesgeld plus Depot: Unter der Bedingung, dass der Anleger sein Wertpapierdepot oder eine Mindestsumme von Wertpapieren überträgt, bietet die Bank einen bestimmten Zinssatz für einen Maximalbetrag. Sofern Sie eine größere Summe zu attraktiven Zinsen anlegen wollen und daneben noch Wertpapiere besitzen, die Sie auch bei der neuen Bank lagern können, ist dieses Modell sehr interessant. Die neue Bank erledigt in der Regel den Depotübertrag für Sie, sodass Sie nur den Aufwand der Eröffnung eines neuen Kontos und Depots haben.
- Kombiangebote: Nicht zu empfehlen sind hingegen solche Kombiangebote, bei denen Sie einen attraktiven Zins für eine bestimmte Zinsanlage erhalten, wenn Sie gleichzeitig den gleichen Betrag in bestimmte Fonds anlegen, die die Bank anbietet. Diese berechnet dann für den Fondskauf den vollen Ausgabeaufschlag, sodass Sie den höheren Zinssatz für Ihr Festgeld quasi über den Ausgabeaufschlag beim Fondskauf selbst finanzieren.
- Höhere Zinsen für einen begrenzten Zeitraum und Anlagebetrag: Bei Angeboten dieser Art bietet die Bank für einen begrenzten Zeitraum von beispielsweise sechs Monaten einen attraktiven Zinssatz für eine begrenzte Anlagesumme. Diese Art Angebote eignen sich dann, wenn Sie nicht mehr als die begrenzte Summe anlegen. Denn für darüber hinausgehende Beträge zahlt die Bank dann oft nur einen unterdurchschnittlichen Zins.
- Höhere Zinsen für „neues Geld": Hierbei bietet eine Bank für neu angelegtes Geld höhere Zinsen. Mit solchen Angeboten richtet sie sich an ihre Bestandskunden. Wenn Sie noch schlecht verzinstes Geld bei einer anderen Bank übrig haben, können Sie solche Angebote ruhig nutzen.

## Sparangebote mit Tücken

Neben diesen Angeboten, von denen viele für Anleger, die sich um ihr Geld kümmern, durchaus interessant sind, bieten fast alle Banken Sparangebote, von denen Sie die Finger lassen sollten. Das sind meist Kombiprodukte, bei denen ein attraktiver Zins an die Wertentwicklung von

Fonds, Aktien und Börsenindizes oder sogar den Erfolg eines Fußballvereins oder des Spritpreises gekoppelt ist. Hier ist der angepriesene hohe Zinssatz schon theoretisch fast nie erzielbar. Dies erschließt sich aber erst durch ein Studium der meist komplizierten Zinsbedingungen. Schließen Sie daher Sparangebote mit besonderen Zinsbedingungen nur ab, wenn Sie diese genau verstanden haben. Schauen Sie dabei auf einen möglichst hohen Basis- oder Garantiezins. Bei einer Zinsspanne hängt der Sparerfolg stark von deren Untergrenze ab. Achten Sie auf Laufzeiten und Kündigungsfristen. Zinsangebote für Neukunden sind meist auf wenige Monate begrenzt.

## RENDITEEXTRAS FÜR FONDSANLAGEN

Fondsinvestments sind langfristige Geldanlagen – insbesondere auch für die Altersvorsorge – und für kurzfristige Spekulationen nicht geeignet. Gerade wer in Aktienfonds investiert, sollte einen Anlagehorizont von fünf oder – noch besser – mehr Jahren haben. Nur so können Sie vermeiden, dass Sie womöglich gerade in Zeiten eines Aktiencrashs oder einer längeren Abwärtsbewegung gezwungen sind, Ihre Fonds zu dann sehr schlechten Kursen verkaufen zu müssen. Umso wichtiger ist es, dass Sie bei der Auswahl systematisch vorgehen und die für Sie besten Fonds aussuchen. Doch damit allein ist es nicht getan. Sie müssen Ihre Fonds regelmäßig prüfen. Das richtige Know-how beim späteren Verkauf bringt noch einmal das gewisse Extra an Rendite.

### Fondsranglisten und Fondsratings

Selbst wenn Sie genau wissen, in welcher Region oder Branche Sie mit Fonds investieren wollen, stehen Sie einem riesigen Angebot der vielen Fondsgesellschaften gegenüber. Um einen ersten Hinweis zu erhalten, welche Investmentfonds hinsichtlich ihrer Leistung überhaupt infrage kommen, können Sie Fondsratings und Fondsrankings nutzen, die Finanztest und verschiedene andere Anbieter in diversen Finanzzeitschriften zur Beurteilung von Fonds zur Verfügung stellen.

Fondsrankings sortieren Fonds hauptsächlich anhand ihrer Vergangenheitsperformance in eine Rangliste ein. Allein aus einem Ranking ist jedoch nicht erkennbar, ob die gute Platzierung eines Fonds das Ergebnis kluger Investmententscheidungen des Fondsmanagements war oder nur Zufall. Das Abschneiden eines Fonds beim Ranking hängt auch immer von dem für die Sortierung gewählten Zeitraum ab.

Beim Fondsrating werden Fonds anhand eines Kriterienkatalogs bewertet. Für jedes Kriterium werden Punkte vergeben. Die teilweise unterschiedlich gewichteten Punkte führen dann zu einer Gesamtpunktzahl und damit einer Gesamtbewertung des Fonds. Kriterien können zum Beispiel die Wertentwicklung eines Fonds über verschiedene Laufzeiten, die Schwankungsbreite (Volatilität), die maximalen Verluste des Fonds in der Vergangenheit oder die subjektive Bewertung des Fondsmanagers durch die Ratingfirma sein. Die Bewertung eines Fonds kann nie eine sichere Prognose über seine zukünftige Performance liefern, sondern lediglich ein erstes Raster bei der Auswahl sein. Denn alle Fondsratings und -rankings können zur Bewertung nur Daten der Vergangenheit nutzen. Nach einer ersten Vorauswahl anhand eines Ratings oder Rankings können Sie sich aber dann darauf konzentrieren, unter guten Fonds den für Sie besten zu finden. Dazu können Sie über das Internet und Fachzeitschriften weitere Informationen und Berichte über die Fonds der engeren Auswahl heranziehen und bewerten, bis Sie den für Ihre persönliche Anlagestrategie passenden gefunden haben.

## Regelmäßiger Fondscheck

Auch nach dem Kauf sollten Sie als renditeorientierter Anleger regelmäßig überprüfen, ob Ihr Fonds die Kriterien, die für Ihren Kauf ausschlaggebend waren, im-

**INFO** **Unser Fondsrating**

Finanztest bietet im Internet unter www.test.de/fonds einen regelmäßig aktualisierten Produktfinder. Er enthält die empfehlenswerten Fonds aus den Gruppen Aktienfonds Welt, Europa, Deutschland und Schwellenländer Global sowie Rentenfonds Euro und Mischfonds. Im Produktfinder Investmentfonds finden Sie alle wichtigen Infos zu jenen Fonds, die wir empfehlen: Angaben zur Qualität der Wertentwicklung sowie zur Anlagestrategie, eine Chance-Risiko-Analyse und dazu aussagekräftige Charts und Diagramme. Der Produktfinder enthält sowohl aktiv gemanagte Fonds als auch ETFs gemeinsam in einer Tabelle. Für jeden Fonds wird in einer übersichtlichen Grafik dargestellt, wo er im Vergleich steht.

Basis für die Auswahl sind die in Deutschland aktiv vertriebenen und steuerlich transparenten Fonds, die mindestens fünf Jahre alt sind. Aus fast 10 000 Fonds filtern wir diejenigen heraus, die in den vergangenen fünf Jahren herausragende Ergebnisse erzielt haben. In jeder Fondsgruppe zeigt Finanztest alle wichtigen Indexfonds und präsentiert zusätzlich für aktive Anleger die wichtigsten gemanagten Fonds. Fondsbesitzer können hier gut beobachten, wie sich ihre Anlage entwickelt.

mer noch einhält. Denn es hat sich oftmals gezeigt, dass Fonds, die über einen gewissen Zeitraum zu den Topperformern gehörten, danach nur noch mittelmäßig bis schlecht liefen. Das kann beispielsweise daran liegen, dass ein Fondsmanager mit seinen Anlagen eine Weile besonderes Glück hatte, oder daran, dass ein neuer Manager einen Fonds übernimmt.

Prüfen Sie daher regelmäßig, zum Beispiel einmal jährlich, anhand von Fondsranglisten und Fondsratings, ob Ihre Fonds noch zu den besten gehören. Ist dies nicht der Fall, versuchen Sie möglichst, den Grund zu ermitteln. Dann können Sie abwägen, ob Sie noch der Strategie des Fondsmanagements vertrauen oder lieber den Fonds wechseln.

Viele Fondsgesellschaften veröffentlichen auf ihren Homepages monatliche oder quartalsweise Einschätzungen und Berichte rund um ihre Fonds. Daneben können Sie auch die Halbjahres- und Jahresberichte der Fonds sowie unabhängige Berichte in der Presse zur Beurteilung heranziehen. Liegt ein Fonds beispielsweise über einen kurzfristigen Zeitraum hinter seinem Vergleichsindex zurück, weil der Fondsmanager die wirtschaftlichen und konjunkturellen Aussichten vorsichtiger einschätzt als andere, können Sie den Fonds zunächst behalten, wenn der Manager in der Vergangenheit gezeigt hat, dass er langfristig ein gutes Gespür für den Markt hat und Sie seine Einschätzungen für plausibel halten.

Wenn Sie allerdings feststellen, dass ein Fonds über einen längeren Zeitraum von eineinhalb bis zwei Jahren hinter dem Marktdurchschnitt herhinkt, sollten Sie ernsthaft einen Wechsel in Erwägung ziehen. Dabei müssen Sie aber wieder berücksichtigen, wann Sie den Fonds gekauft haben. Bei Fonds, die Sie nach 2008 gekauft haben, können Sie sich mit einem Verkauf leichter tun, da Sie hier keinen Steuervorteil (steuerfreie Kursgewinne) aufgeben.

## Fonds richtig verkaufen

Sie können Fondsanteile nicht nur über die Börse kaufen, sondern auch verkaufen. Das ist allerdings nicht immer zu empfehlen. Sie müssen dann nämlich noch einmal Bank- und Börsengebühren zahlen. Diese können Sie vermeiden, wenn Sie den Fonds stattdessen an die Fondsgesellschaft zurückgeben. Dies ist bei vielen Banken kostenlos möglich. Manche Banken erheben für die Rückgabe an die Fondsgesellschaft allerdings Extragebühren. Bei der Rückgabe an die Fondsgesellschaft dauert der Verkauf mitunter einige Tage. Während dieser Zeit wissen Sie nicht, zu welchem Preis der Verkauf stattgefunden hat.

Mit einem Verkauf über die Börse hingegen können Sie schnell auf Marktentwicklungen reagieren und sofort verkaufen. Das kann insbesondere in exotischen Märkten oder bei unvorhersehbaren negativen Ereignissen, die zu einem Preisverfall an den Märkten führen, von Vorteil sein.

Ein weiterer Vorteil des Verkaufs über die Börse ist die Möglichkeit, limitierte Verkaufsaufträge zu erteilen. So können Sie sicherstellen, dass Sie nur zu einem von Ihnen festgelegten Mindestpreis verkaufen. Auch können Sie an der Börse Stop-Loss-Marken setzen, die sicherstellen, dass die Fondsanteile automatisch verkauft werden, sobald der Fondskurs eine festgesetzte Marke unterschreitet (siehe Seite 156).

## Fonds switchen

Wollen Sie einen Ihrer Fonds loswerden, finden aber einen anderen derselben Fondsgesellschaft vielversprechend, können Sie häufig einen Fondstausch bei der Fondsgesellschaft vornehmen. In diesem Fall fällt für den Erwerb des neuen Fonds häufig kein Ausgabeaufschlag an.

Steuerlich gilt bei einem Fondstausch der alte Fonds als verkauft. Es fällt also Abgeltungsteuer an, wenn Sie den alten Fonds nach 2008 angeschafft haben. Für den eingetauschten neuen Fonds gelten die gleichen Regeln wie für einen neu gekauften: Erträge und Kursgewinne unterliegen der Abgeltungsteuer. Haben Sie den alten Fonds bereits vor 2009 gekauft, sollten Sie bei Ihren Verkaufs- beziehungsweise Switch-Überlegungen berücksichtigen, dass Sie dann zukünftige Wertsteigerungen noch abgeltungsteuerfrei vereinnahmen können und es sich deshalb lohnen könnte, den Fonds zu behalten.

Generell gilt: Ein Fondstausch macht nur Sinn, wenn der neue Fonds zu den Topfonds seiner Kategorie zählt. Ansonsten sollten Sie lieber gleich einen besseren Fonds einer anderen Fondsgesellschaft erwerben. Kaufen Sie über die Börse, entfällt auch das Argument des gesparten Ausgabeaufschlages beim Fondstausch innerhalb der Produktpalette der Fondsgesellschaft.

# WO BEKOMME ICH DIE NÖTIGEN INFORMATIONEN?

Wenn Sie mehr aus Ihrem Geld machen wollen, bedeutet das vor allem, dass Sie sich aktiv um Ihr Finanzwissen kümmern müssen, um rentable Anlagemöglichkeiten finden und einordnen zu können. In unserem heutigen Medienzeitalter gibt es da vor allem ein Problem: den „information overload". Irgendwann ist jeder Mensch mit zu vielen Informationen schlicht überlastet. Das gilt auch beim Thema Geld. Wenn Sie aber systematisch und zielgerichtet vorgehen, haben Sie die verfügbaren Finanzinformationen relativ leicht im Griff.

## Ihre Wissensbasis

Ihre Wissensbasis aus diesem Buch sollten Sie ergänzen, indem Sie weitere Bücher zu den Themen lesen, die Sie besonders interessieren. Und das aus folgenden Gründen: Zunächst einmal können Sie sich mit Büchern systematisch weiterbilden. Wenn Sie sich Informationen im Internet zusammensuchen, geht leicht der Gesamtzusammenhang verloren. Weiterhin sind Finanz-Fachbücher und Finanzratgeber werbungsfrei. Die Informationen, die Sie dort finden, dienen ausschließlich Ihrem Wissenszuwachs und nicht dem Verkauf bestimmter Produkte, wie dies häufig bei Internetseiten und Kundenzeitschriften von Banken, Versicherern oder Lobbyverbänden der Fall ist. Besuchen Sie dazu die Wirtschaftsabteilung (diese befindet sich meistens im obersten Stock) einer größeren Buchhandlung und suchen Sie sich die Bücher, die Sie ansprechen.

Haben Sie eine gute Wissensbasis und können Informationen in einen Gesamtzusammenhang einordnen, gibt es verschiedene Möglichkeiten, wie Sie Ihr Wissen auf aktuellem Niveau halten und ausbauen sowie relevante Informationen für konkrete Anlageentscheidungen finden.

## Nachrichten und Hintergrundinformationen

Alle größeren Tageszeitungen wie beispielsweise die Süddeutsche Zeitung, die Frankfurter Allgemeine Zeitung oder Die Welt haben spezielle Finanz- und Wirtschaftsteile, in denen Sie Kurse von wichtigen Indizes, Aktien und Anleihen sowie eine aktuelle und unabhängige Berichterstattung über Unternehmen und Themen finden, die für Anleger relevant sind. Diese und andere überregionale Zeitungen sowie Nachrichtendienste sind heute alle im Internet vertreten. Dort bieten sie unter anderem regelmäßig aktualisierte Kursinformationen. Welche Seiten Sie hier nutzen, ist letztlich eine Geschmacksfrage.

Wichtige Adressen sind zum Beispiel:

- FAZ: www.faz.net
- Handelsblatt: www.handelsblatt.com
- Süddeutsche Zeitung: www.sueddeutsche.de
- Die Welt: www.welt.de
- n-tv: www.n-tv.de
- N24: www.n24.de

Wöchentlich oder monatlich erscheinende Finanzzeitschriften konzentrieren sich eher auf ausführlichere Reportagen über finanzrelevante Themen aus Politik und Wirtschaft sowie auf eingehendere Analysen und Vergleiche von Finanzprodukten der verschiedenen Anlageklassen. Auch finden Sie hier oft Tipps und Anregungen zum Geld- und Steuernsparen. Sie finden diese Zeitschriften in jedem gut sortierten Zeitschriftenladen oder Kiosk.

Aber auch im Netz werden viele Artikel kostenfrei auf den Homepages dieser Zeitschriften veröffentlicht. Daneben bieten diese Internetseiten verschiedenste Tools wie Tages-, Festgeld- und Versicherungsvergleiche, Rechentools für verschiedenste Zwecke (zum Beispiel Sparplan- oder Finanzierungsrechner) an.

Interessant sind zum Beispiel:

- Wirtschaftswoche: www.wiwo.de
- Finanztest: www.test.de
- Capital: www.capital.de
- Börse online: www.boerse-online.de
- Euro: www.finanzen.net

## Konkrete Produktinformationen

Wenn Sie gezielt Informationen zu einzelnen Finanzprodukten haben wollen, dann werden Sie auf speziellen Finanzseiten im Internet fündig. Verschiedene Finanzportale bieten Informationen und Tools rund um die Wertpapieranlage.

Empfehlenswert sind zum Beispiel:

- www.onvista.de
- www.ariva.de

Für einzelne Anlageklassen eignen sich nachfolgende Internetseiten besonders:

**Anleihen:** Einen sehr guten Überblick über Staatsanleihen, Pfandbriefe und sonstige Anleihen mit nützlichen Tools wie Bondfinder und Renditerechner bieten:

- Bondboard: www.bondboard.de
- Die Börse Stuttgart: www.boerse-stuttgart.de

**Fonds und ETFs:** Gute Recherchemöglichkeiten gibt es bei den Börsen Frankfurt und Stuttgart.

- www.boerse-frankfurt.de
- www.boerse-stuttgart.de

Bei den Profilen der einzelnen Fonds und ETFs finden Sie immer die Homepage des Fondsanbieters. Auf dessen Seite können Sie sich dann noch im Detail über das konkrete Produkt informieren.

**Aktienanlagen:** Eine gute Anlaufstelle sind die Internetseiten der Direktbanken. Diese bieten Übersichten, Kennzahlen, Firmenporträts und Charttools zu vielen Einzelaktien. So zum Beispiel

- www.comdirect.de
- www.ing-diba.de
- www.dab-bank.de
- www.cortalconsors.de

**Zertifikate:** Nützliche Tools für die Suche nach dem passenden Zertifikat finden Sie zum Beispiel unter

- http://zertifikate.finanztreff.de
- www.markets.rbs.de

# DIE PASSENDE STRATEGIE

Sie kennen jetzt die Vor- und Nachteile der verschiedenen Anlageformen. Darüber hinaus wissen Sie, wie man durch Kostenoptimierung beim Kauf, Verkauf und der Verwahrung von Wertpapieren sowie durch das gezielte Ausnutzen von speziellen Zinsangeboten die Rendite deutlich steigern kann. Wenn Sie jetzt noch eine auf Sie abgestimmte Strategie und ein systematisches Anlagemanagement verfolgen, steht Ihrem Anlageerfolg eigentlich nichts mehr im Weg.

## ASSET ALLOCATION: DIE RICHTIGE AUFTEILUNG

Wenn Sie ein Haus oder eine neue Wohnung einrichten, berücksichtigen Sie beim Kauf von Möbeln und Einrichtungsgegenständen die Maße der Räume, die Farben der Wände sowie Ihren eigenen Stil. Ähnlich sollten Sie bei der Geldanlage vorgehen. Bevor Sie planlos Finanzprodukte für Ihre Geldanlage kaufen, sollten Sie sich Gedanken darüber machen, aus welchen Anlageklassen (zum Beispiel Aktien, Anleihen, Immobilien und Gold) Ihr Vermögen aufgebaut sein soll, in welchen Ländern und Regionen (zum Beispiel Europa, Asien, USA) Sie investiert sein möchten und in welchem Verhältnis die einzelnen Anlageklassen langfristig zueinander stehen sollen. Der Fachbegriff für diese Anlagenaufteilung ist die strategische Asset Allocation.

Haben Sie die für Sie optimale strategische Asset Allocation ermittelt, können Sie dann kurzfristig bestimmen, in welche Branchen und einzelnen Anlagen und Finanzprodukte Sie investieren. Das nennen Experten dann auch taktische Asset Allocation.

Die wichtigsten Ziele der Asset Allocation sind,

- das Risiko des Anlagevermögens zu minimieren, ohne dabei wesentliche Renditeeinbußen zu erleiden, und
- die Rendite eines Portfolios zu maximieren, ohne dabei das Risiko zu erhöhen.

Eine eigene, auf Sie abgestimmte Asset Allocation gibt Ihnen eine Art Fahrplan für den weiteren Aufbau Ihres Vermögens. Sie kaufen dann eben nicht mehr nur „aus einer Laune heraus" ein bestimmtes Finanzprodukt, sondern überlegen zunächst, ob es zu Ihrer geplanten Vermögensaufteilung passt. Das gibt Ihnen mentale Stärke bei der Geldanlage, da Sie die Sicht auf das große Ganze behalten und sich nicht in Kleinigkeiten verzetteln.

Um das für Sie richtige Verhältnis zwischen Renditechancen und Risiko zu finden, ist es sinnvoll, die Risiken der einzelnen Anlageklassen einschätzen zu können und diese beim Aufbau und der Strukturierung Ihres Vermögens mit Ihrer persönlichen Risikoeinstellung in Einklang zu bringen. Dabei sind neben dem spezifischen Risiko der einzelnen Anlageklassen auch deren gegenseitige Abhängigkeit und Ihr Anlagehorizont wichtig.

## RISIKO BEI DER GELDANLAGE

Risiko und Rendite bedingen sich bei Geldanlagen immer gegenseitig. Höhere Renditechancen müssen Sie sich immer mit einem höheren Risiko erkaufen. Wenn Ihnen jemand hohe Renditen ohne Risiko anbietet, sollten Sie besonders aufpassen.

Abstrakt gesprochen besteht das Risiko einer Geldanlage darin, dass der in der Zukunft erwartete Ertrag oder Gewinn nicht eintritt oder das eingesetzte Kapital zumindest teilweise nicht an Sie zurückfließt. Jede Anlageart hat unterschiedliche Chancen und Risiken. Verschiedene Kennzahlen und Bewertungsmaßstäbe können aber helfen, Risiken von Geldanlagen vergleichbarer zu machen.

### Auch scheinbar risikolose Anlagen haben ein Risiko: Inflation

Eines muss Ihnen immer klar sein: Wenn Sie Ihr Geld so anlegen, dass Sie lediglich Ihr eingesetztes Kapital zurückerhalten, machen Sie einen Verlust. Dafür sorgt die Inflation. Mit Inflation ist der Anstieg des Preisniveaus gemeint: Die Kaufkraft sinkt und was Menschen zum Leben brauchen wird teurer. Erzielen Sie mit Ihrer Geldanlage prozentual eine geringere Rendite als Sie für Ihre Lebenshaltung mehr ausgeben müssen, wird Ihr Kapital langsam weniger. Dies kann so weit gehen, dass Sie Ihr Vermögen im Lauf der Zeit komplett aufbrauchen müssen. Gehören Sie daher zu den sehr sicherheitsbewussten, konservativen Anlegern, reicht es nicht, Ihr Geld nur auf einem niedrig verzinsten Festgeldkonto zu parken oder gar unter das berühmte Kopfkissen zu legen. Sie müssen sich vielmehr Gedanken machen, wie Sie bei möglichst geringem Risiko noch eine Rendite erwirtschaften, die zumindest die Inflation ausgleicht. Da Sie Kapitalerträge aber auch grundsätzlich versteuern müssen, sobald sie den Sparerpauschbetrag überschreiten, muss die Rendite noch nach Steuern und Inflation positiv sein.

## Spezifische Risiken von festverzinslichen Anlagen

Auch Anleihen weisen spezifische Risiken auf. Ein Risiko besteht darin, dass der Herausgeber der Anleihe (Emittent), dem Sie Ihr Geld geliehen haben, das eingesetzte Geld nicht zurückzahlt oder Zinszahlungen ausbleiben. Eine Bewertungshilfe für die Wahrscheinlichkeit der Rück- und Zinszahlungsfähigkeit von Anleiheherausgebern sind die Bewertungen der Ratingagenturen (siehe Seite 35). Triple-A-Ratings (AAA-Rating) kennzeichnen grundsätzlich Emittenten mit höchster Bonität, während Ratings schlechter als BBB– beziehungsweise Baa3 nicht mehr als investmentwürdig gelten. Sie dürfen sich aber nicht nur auf das Rating allein verlassen, da Ratingagenturen des Öfteren erst (zu) spät ihre Einschätzungen ändern. Beispielsweise hatten der US-Energiekonzern Enron und der Versicherungskonzern AIG noch Topratings, als sie eigentlich schon pleite waren.

Bei Bankeinlagen gibt es keine Ratings. Hier sollten Sie auf eine gesetzliche Einlagensicherung und eine darüber hinausgehende Einlagensicherung durch ein Sicherungssystem der Banken oder Sparkassen achten (siehe Seite 92).

Neben dem Bonitätsrisiko besteht das Risiko der Änderung des allgemeinen Zinsniveaus. Steigt das Zinsniveau, fällt der Kurs Ihrer börsengehandelten Anleihen. Das bedeutet, Sie können während deren Laufzeit nur mit einem Abschlag verkaufen. Die Käufer Ihrer Anleihe akzeptieren nämlich nur eine Gesamtrendite der Anlage, die dem entspricht, was der Markt gerade bietet.

Ein Festgeld können Sie zwar grundsätzlich nicht während der Laufzeit verkaufen, Sie ärgern sich aber, wenn Sie Ihr Geld zu lange zu wesentlich niedrigeren Zinsen festgelegt haben, als Sie bei einem mittlerweile gestiegenen Zinsniveau erzielen könnten.

## Spezifische Risiken von aktienbasierten Anlagen

Aktienbasierte Anlagen (Aktien, Aktienfonds) haben ein allgemeines Marktrisiko. Naturkatastrophen, Terroranschläge und politische Unsicherheiten können Kurse stark einbrechen lassen, wenn Anleger in solchen Situationen panisch ihre Aktien verkaufen und ihr Geld in scheinbar sicherere Anlagen wie Anleihen und Gold umschichten.

Vor allem sind die Aktienmärkte aber vorauslaufende Konjunkturbarometer der Wirtschaft. Wenn Anleger mit einer schwächer werdenden Entwicklung der Wirtschaft und sinkenden Gewinnen der Aktiengesellschaften rechnen, verkaufen sie Aktien. Sind diese Pessimisten in der Überzahl gegenüber denjenigen, die noch Aktien kaufen, fallen nach dem Gesetz von Angebot und Nachfrage die Kurse. Da die Wirtschaft und vor allem einzelne Wirtschaftsbranchen aber Zyklen unterliegen und sich schwächere Phasen mit Wachstumsphasen abwechseln, ist es normal, dass Aktien eine gewisse

Schwankung aufweisen. Die Nachfrage kann nicht immer größer als das Angebot sein. Aktienmärkte brauchen deshalb Konsolidierungsphasen, also Phasen, in denen sie nach einer größeren Wertsteigerung eine Pause einlegen. Sie können als Anleger daher nicht erwarten, zu einem bestimmten Zeitpunkt einen bestimmten Betrag mit Ihren Aktien erlösen zu können.

Daneben haben Aktien ein sogenanntes Managementrisiko. Wenn das Management einer Aktiengesellschaft das Unternehmen schlecht führt und schlechte Unternehmenszahlen bekannt werden, strafen Anleger die Unternehmen durch verstärkte Verkäufe ab mit der Folge, dass die Kurse fallen.

## Die Volatilität als Risikomaß bei Wertpapieren

Wollen Sie vor dem Kauf eines Wertpapieres das mögliche Verlustrisiko abschätzen, hilft Ihnen die sogenannte Volatilität, die als wichtigstes Risikomaß zur Einschätzung des Risikos bei Wertpapieren dient. Diese Kennzahl wird auf der Grundlage zurückliegender Kurse berechnet und gibt an, wie stark der Kurs in einem bestimmten Zeitraum nach oben oder unten ausgeschlagen hat. Man spricht deshalb auch von der Schwankungsbreite. Die Volatilität ist somit sowohl im negativen als auch im positiven Sinn ein Maß für das Risiko einer Geldanlage. Nimmt die Volatilität zu, steigen auch die Chancen für hohe Kurs-

**INFO** **So wirkt sich die Volatilität aus: ein Beispiel**

Nehmen wir an, Statistiker haben berechnet, dass der Kurs einer Aktie in den letzten 20 Jahren durchschnittlich 10 Prozent pro Jahr zugelegt hat. Die Schwankungsbreite (Volatilität) bei diesem Trend betrug in diesem Zeitraum 20 Prozent. Ein Anleger kauft sich die Aktie zu einem Preis von 100 Euro.
Da die Aktie im Durchschnitt 10 Prozent pro Jahr steigt, ist der Ausgangswert (A) für den Kursstand der Aktie nach einem Jahr 110 Euro. Weil die Volatilität (V) allerdings 20 Prozent beträgt, kann der Preis der Aktie um 20 Prozent (20 : 100 = 0,2) um den Ausgangswert schwanken.

In einer Formel ausgedrückt, betragen die Gewinnchance A x (1 + V) und das Verlustrisiko A x (1 – V). Das bedeutet, der Anleger kann damit rechnen, dass der Kurs der Aktie nach einem Jahr zwischen (110 x 1,2 =) 132 Euro und (110 : 1,2 =) 92 Euro liegt.
Läge die Volatilität allerdings nur bei 10 Prozent, könnte er lediglich mit (110 x 1,1 =) 121 Euro rechnen, er würde aber auch keinen Verlust machen, da der Kurs im ungünstigen Fall weiter bei (110 : 1,1 =) 100 Euro läge. Bei einer Volatilität von 30 Prozent hingegen beträgt die Gewinnchance 143 Euro und das Verlustrisiko 85 Euro.

gewinne. Allerdings wächst auch die Wahrscheinlichkeit hoher Verluste.

Je höher Ihre Risikobereitschaft ist, umso höher kann auch der Anteil schwankungsanfälliger Wertpapiere in Ihrem Depot sein.

## Spezifische Risiken bei Rohstoffanlagen

Bei Rohstoffinvestments gibt es ebenfalls diverse spezielle Risiken – neben den bereits in Kapitel 3 beschriebenen Risiken der jeweiligen Anlagevehikel (zum Beispiel Emittentenrisiko bei Rohstoffzertifikaten).

So unterliegen Rohstoffpreise häufig sehr großen Schwankungen. Dies hängt unter anderem damit zusammen, dass Rohstoffmärkte eine geringere Liquidität, also Handelbarkeit, aufweisen als Aktien- und Anleihemärkte. Viele Faktoren können sich auf den Preis eines Rohstoffs auswirken, wie zum Beispiel das Wetter bei Agrarrohstoffen, Förderquoten bei Erdöl, die Lagerbestände, Funde größerer Edelmetall- oder Energievorkommen sowie politische Entscheidungen wie beispielsweise Ausfuhrbeschränkungen wichtiger Rohstofflieferanten.

## Auch Immobilien und Lebensversicherungen haben Risiken

Selbst bei scheinbar erzkonservativen Anlagen wie Immobilien und Lebensversicherungen gibt es Risiken, die Sie sich bewusst machen müssen.

Eine Anlegerweisheit sagt, dass es bei Immobilien auf die Lage, die Lage und die Lage ankommt. Handelt es sich um eine Wohnimmobilie, kann eine neue Hauptstraße aus der ruhigen Lage eine weniger ruhige und damit weniger attraktive Lage machen. Daneben haben Sie bei vermieteten Immobilien immer ein Mietausfallrisiko, Sie müssen also auch mit Leerständen und Ärger mit dem Mieter rechnen. Auch Baumängel, unerwartete Reparaturen oder Sanierungen können dazu führen, dass Sie Geld investieren oder eine Wertminderung hinnehmen müssen.

Kapitallebensversicherungen weisen in ihren Berechnungen oft Sparverläufe aus, die mit teilweise unrealistisch hohen Überschussbeteiligungen kalkuliert wurden. Denn auch Lebensversicherungsgesellschaften können keine höheren Zinsen mit der Anlage der Spargelder ihrer Kunden erzielen, als der Markt hergibt. Eine spekulative Anlage verbietet sich, da die Lebensversicherer den Kunden die versprochenen Versicherungssummen am Ende der Laufzeit auszahlen müssen. Die Garantieverzinsung von Lebensversicherungen ist im Lauf der Jahre mehrfach gesenkt worden. Während der Garantiezins bei alten Lebensversicherungen noch bis zu 4 Prozent betrug, ist dieser garantierte Zins mittlerweile auf 1,75 Prozent abgesunken. Diese 1,75 Prozent sind nur auf den Sparanteil garantiert, also auf das, was von Ihren Beiträgen übrig bleibt, nachdem der Versicherer seine Kosten für die Verwaltung abgezogen hat.

Das Risiko bei Kapitallebensversicherungen liegt darin, dass Sie jeweils nur die

garantierte Versicherungssumme ohne wesentliche Überschussbeteiligungen erhalten. Nach Abzug der Inflation wäre das ein schlechtes Geschäft für Sie.

Fondsgebundene Lebensversicherungen haben in der Regel keine garantierte Leistung. Hier hängt das Ergebnis allein von der Entwicklung der Fonds ab. Insofern gelten hier die gleichen Risiken wie sie schon bei den Wertpapieren beschrieben wurden. Weil Kapitallebensversicherungen sehr unflexibel sind und die Kosten oft sehr hoch, sollten Sie Sparen und Absichern grundsätzlich trennen. Ein Fondssparplan und eine günstige Risikolebensversicherung führen in der Regel zu einem besseren Endergebnis als eine fondsgebundene Lebensversicherung.

## Diversifikation senkt das Risiko

Sie sehen, die Risiken der verschiedenen Anlagen unterscheiden sich teilweise deutlich. Jede Anlageklasse hat ihre ganz spezifischen Risiken. Auch wenn sich eine aufgrund eines eingetretenen Risikos schlechter entwickelt, kann sich eine andere im gleichen Zeitraum hervorragend schlagen. Eine grundlegende Anlageregel lautet daher: „Nicht alle Eier in einen Korb legen." Stecken Sie Ihr gesamtes Geld in eine Anlage und erleidet diese einen Totalverlust, sind Sie pleite. Durch eine geschickte Streuung Ihres Vermögens über mehrere Anlageklassen, -regionen und Anlageprodukte verringern Sie das Risiko von Verlusten erheblich. Dies bezeichnet man als Diversifikation.

Eine gute Diversifikation bedeutet dabei mehr, als ein Portfolio aus möglichst vielen Einzelanlagen aufzubauen. Entscheidend ist vielmehr, dass die Anlagen des Portfolios sich in verschiedenen Situationen unterschiedlich verhalten. Finanzexperten sprechen dann von einer geringen Korrelation der einzelnen Anlagen.

Besitzen Sie beispielsweise mehrere Europafonds, die alle marktnah am Index MSCI Europa anlegen, haben Sie keine echte Streuung Ihres Vermögens, weil die Fonds ungefähr gleich schlecht abschneiden werden, wenn sich die wirtschaftliche Lage in Europa abkühlt. Oder besitzen Sie lediglich viele Aktien von Unternehmen der gleichen Branche oder von Branchen, deren wirtschaftliche Entwicklung voneinander abhängt, werden auch diese Aktien sich tendenziell gleich entwickeln.

Durch eine vernünftige Diversifikation nimmt die Schwankungsbreite Ihres Portfolios deutlich ab, denn die Schwankungen einzelner Anlagen gleichen sich bis zu einem gewissen Grad dadurch aus, dass sie sich unterschiedlich verhalten. Das ist auch der Grund, warum selbst ein Portfolio, das nur aus Anleihen besteht, bei gleichen Renditechancen risikoärmer werden kann, wenn Sie einen Anteil aktienbasierter Anlagen dazunehmen. Anleihen unterliegen während ihrer Laufzeit Kursschwankungen und Ausfallrisiken. Anleihen und Aktien entwickeln sich aber häufig gegenläufig. Fallen die Anleiherenditen, steigen meist die Aktienkurse, da Anleger den besseren Renditechancen folgen. Deshalb schwankt im Durchschnitt ein gemischtes Portfolio aus Aktien und Anleihen weniger stark als ein reines Anleihendepot.

## IHR RISIKOPROFIL IST GANZ INDIVIDUELL

Die Asset Allocation Ihres Portfolios muss zu Ihren Zielen und Ihrem persönlichen Risikoprofil passen, denn sonst besteht die große Gefahr, dass Sie Ihre Ziele nicht erreichen können. Haben Sie beispielsweise vor, schon einige Jahre vor Erreichen Ihres Rentenalters in den Ruhestand zu gehen, können Sie sich dies möglicherweise nicht leisten, wenn Ihre Geldanlagen in der Sparphase zu wenig Rendite eingebracht haben, weil Sie weniger Risiko eingegangen sind, als es zu Ihnen gepasst hätte. Benötigen Sie in zwei Jahren einen bestimmten Geldbetrag, um eine Ausbildung, ein Auto oder ein Eigenheim zu finanzieren, darf das Risiko Ihrer Anlagen nicht so hoch sein, dass zum geplanten Zeitpunkt das benötigte Vermögen vielleicht nicht zur Verfügung steht. Müssen Sie von den Erträgen Ihres Vermögens leben, weil Ihre Rente zu niedrig ist, sind risikoreiche Anlagen mit hohem Wertsteigerungspotenzial, aber ohne feste laufende Erträge nicht das Richtige für Sie. Die Beispiele ließen sich endlos fortsetzen, da jeder Mensch andere Ziele hat und andere Lebensumstände, die sein persönliches Risikoprofil beeinflussen.

### Risikofähigkeit und Risikobereitschaft

Grundsätzlich setzt sich Ihr persönliches Risikoprofil aus Ihrer Risikofähigkeit und Ihrer Risikobereitschaft zusammen.

**Die Risikofähigkeit**

Ihre Risikofähigkeit wird unter anderem maßgeblich davon bestimmt, wie hoch Ihr Gesamtvermögen ist und wie lang Ihr Anlagehorizont.

Je mehr Vermögen Sie besitzen, umso größere absolute Verluste können Sie im Allgemeinen wegstecken, ohne Ihre Existenz zu gefährden.

Sind Sie noch jünger und haben noch viele Jahre bis zu Ihrem Ruhestand vor sich, können Sie grundsätzlich größere Schwankungen Ihrer Geldanlagen aussitzen oder Verluste noch durch Arbeitseinkommen zumindest teilweise ausgleichen. Wenn Sie bereits kurz vor dem Ruhestand stehen, ist das kaum noch möglich. Ihr Anlagehorizont bestimmt daher maßgeblich Ihre Risikofähigkeit, also die Fähigkeit, Verluste objektiv ertragen zu können.

**Die Risikobereitschaft**

Ihre Bereitschaft, Risiken bei der Geldanlage einzugehen, wird unter anderem von Ihren Erfahrungen mit der Geldanlage in der Vergangenheit beeinflusst. Haben Sie schon einmal viel Geld mit Aktien verloren, zum Beispiel nach dem Platzen der Internetblase um die Jahrtausendwende, haben Sie vielleicht für sich beschlossen, dass Aktien doch Teufelszeug sind. Oder hatten Sie ein paarmal Glück mit Aktientipps, mit denen Sie innerhalb kurzer Zeit hohe Gewinne eingefahren haben? Dann sind Sie vielleicht auch bei Ihrer Geldanlage für die Altersvorsorge bereit, höhere Risiken einzugehen.

Auch Ihre Erziehung und andere persönliche Erfahrungen beeinflussen Ihre Risikobereitschaft. So sind Anleger, die ihr Vermögen hauptsächlich geerbt haben, in der Regel vorsichtiger als erfolgreiche Unternehmer oder Manager. Letztere haben vermutlich die Gewissheit, es mit ihren Ideen und ihrer Arbeit wieder schaffen zu können, ein Vermögen aufzubauen, während es den Erben häufig darum geht, den neu erworbenen Reichtum zu bewahren.

**Schätzen Sie sich realistisch ein**

Um Ihr persönliches Risikoprofil bei Ihrer Geldanlage zu finden, reicht es daher nicht, zu sagen, ich bin ein konservativer, risikobewusster oder spekulativer Anleger. Machen Sie sich konkrete Gedanken über Ihre Risikofähigkeit und Risikobereitschaft. Die folgenden Fragen können Ihnen bei Ihren Überlegungen helfen:

Wie ist meine Risikofähigkeit?

- Welcher Verlauf meiner Geldanlagen (zum Beispiel mehrjähriger Börsenabschwung um x Prozent, Zahlungsausfall eines Anleiheschuldners) würde meine Existenz gefährden?
- Mit welcher Wahrscheinlichkeit könnte dieses Ereignis eintreten?
- Welcher Verlauf meiner Geldanlagen würde meine persönlichen Ziele (zum Beispiel Hausbau, Ausbildungsfinanzierung, Ruhestand) gefährden?
- Mit welcher Wahrscheinlichkeit könnte dieser Verlauf eintreten?

- Hätte ich im Verlustfall genügend Zeit, den Verlust durch sonstiges Einkommen (zum Beispiel mein Arbeitseinkommen, Mieteinnahmen, Erbschaft) zu verkraften und wieder auszugleichen?

Wie groß ist meine Risikobereitschaft?

- Welche Erfahrungen habe ich in der Vergangenheit mit meinen Anlagen gemacht?
- Habe ich schon einmal größere Verluste erlitten?
- Was war der Grund für diese Verluste (zum Beispiel ein Börsencrash, Aktienverkäufe zum falschen Zeitpunkt, zu hektisches Agieren, unüberlegter Kauf eines Finanzprodukts)?
- Wie habe ich mich dabei gefühlt?
- Auch wenn ich es mir leisten könnte: Ab welchen zwischenzeitlichen Verlusten (zum Beispiel Schwankungen bei Aktienkursen) könnte ich „nachts nicht mehr ruhig schlafen"?
- Ist es mir wichtiger, sicher ans Ziel zu kommen, obwohl ich dabei auf Renditechancen verzichte, als mit höheren Renditechancen nicht ganz so sicher zu sein, es tatsächlich zu erreichen?
- Welchen Aufwand kann und will ich mit der Auswahl und Kontrolle meiner Geldanlagen betreiben?

Ihre ehrlichen Antworten auf diese Fragen geben Ihnen ein Gefühl dafür, wie Ihr Risikoprofil in etwa aussehen könnte. In den folgenden Abschnitten sehen Sie, was das konkret bedeutet.

**Rechnen Sie auch in absoluten Zahlen**

Rechnen Sie beim Einschätzen Ihrer Risikobereitschaft nicht nur in Prozent, sondern auch in absoluten Zahlen.

Beispiel: Sie wollen 50 000 Euro in einem Aktienfonds anlegen und sind der Meinung, dass Sie eine Schwankungsbreite und damit auch zwischenzeitliche Wertminderungen von 30 Prozent gut aushalten können. Überlegen Sie sich dann auch, was das in konkreten Zahlen bedeuten würde. Würde Ihr Aktienfonds nach dem Kauf 30 Prozent verlieren, wäre er nur noch 35 000 Euro wert. Sie hätten also zumindest auf dem Papier 15 000 Euro, und damit den Wert eines Kleinwagens, verloren. Könnten Sie in diesem Fall nachts noch ruhig schlafen und darauf vertrauen, dass eine solche zwischenzeitliche Wertschwankung normal ist und langfristig eine hohe Chance auf eine gute Rendite besteht?

Müssen Sie sich diese Frage ehrlicherweise mit „Nein" beantworten, sollten Sie vielleicht überlegen, einen konservativeren Fonds auszuwählen oder einen geringeren Betrag in den anvisierten Fonds anzulegen und den Rest des Geldes auf risikoärmere Anlagen aufzuteilen.

Mit einer ehrlichen Antwort auf diese Frage beugen Sie neben schlaflosen Nächten auch dem Risiko vor, Ihre Anlage aus Panik genau auf dem Tiefpunkt zu verkaufen. Das wäre die Umkehrung des allgemeinen Anlageziels bei Aktien „Kauf am Tiefpunkt, Verkauf zum Höchstpunkt" und ein echter Renditekiller.

# DIE ASSET ALLOCATION IHREM RISIKOPROFIL ANPASSEN

Wenn Sie eine Asset Allocation Ihrer Geldanlagen finden, die zu Ihrem Risikoprofil passt, fühlen Sie sich mit Ihrer Vermögensaufteilung wohl, verzichten dabei aber auch nicht unnötig auf Renditechancen. Mit etwas Einsatz können Sie Ihre Anlagen selbst strukturieren und optimieren. Am einfachsten geht das natürlich, wenn Sie gerade erst mit der Geldanlage anfangen. Dann können Sie zunächst Ihre optimale Asset Allocation herausfinden und dann dazu passende Anlagen tätigen. Aber die meisten haben im Lauf der Jahre schon einige Anlagen angesammelt. Hier gilt es dann, diese an die gewünschte Gesamtstruktur anzupassen und darin einzubinden.

## Schritt 1
## Die Bestandsaufnahme

Um Chancen und Risiken Ihres vorhandenen Vermögens richtig beurteilen und anschließend optimieren zu können, müssen Sie zunächst eine Bestandsaufnahme machen. Listen Sie dazu alle Bestandteile Ihres Geldanlagevermögens auf. Nicht zu den Geldanlagen zählen dabei (teure) Gegenstände der täglichen Lebensführung, deren Wert beständig sinkt, wie das Auto, der PC und sonstiger Hausrat.

### Das Eigenheim zählt nicht mit

Das Eigenheim brauchen Sie ebenfalls nicht als Kapitalanlage aufführen. Denn Sie besitzen es ja in der Regel nicht, um es mit Gewinn zu veräußern, sondern vor allem, um sich in den eigenen vier Wänden wohlzufühlen. Zwar kann ein Eigenheim – gerade in Zeiten niedriger Zinsen – eine gute Geldanlage sein. Die Rendite besteht in erster Linie aus ersparten Mietkosten, die im Gegensatz zu Kapitalanlagen steuerfrei ist. Allerdings verursacht das Eigenheim auch Kosten. Wenn die Werbung der Banken und Bausparkassen das „mietfrei im Alter wohnen" anpreist, wird dabei leicht vergessen, dass das Eigenheim möglicherweise mit seinem Eigentümer in Rente geht und dann eine große Rundumsanierung erforderlich wird. Und letztlich lässt sich ein Haus oft nicht einfach so verkaufen, zumindest nicht zu dem Preis, den sich der Besitzer vorstellt. Sehen Sie das Eigenheim daher als Puffer bei Ihrem Gesamtvermögen an. Für Ihre Asset Allocation können Sie es aber vernachlässigen.

**So bewerten Sie Ihre Anlagen**
Bewerten Sie Ihre Geldanlagen mit deren aktuellem Wert. Dazu können Sie bei Aktien, Fonds und Anleihen einen aktuellen Depotauszug heranziehen. Für sonstige Bankanlagen nehmen Sie die entsprechenden Kontoauszüge. Bei Kapitallebens- und privaten Rentenversicherungen finden Sie den aktuellen Rückkaufswert in der Regel auf der Jahresmitteilung. Bei Bestandteilen Ihres Vermögens, über deren Wert Ihnen keine aktuelle Übersicht vorliegt, wie beispielsweise bei einer mehrere Jahre alten vermieteten Eigentumswohnung, fragen Sie sich, zu welchem Preis Sie diese derzeit verkaufen könnten. Bei realistischer Schätzung erhalten Sie so den ungefähren Verkehrswert.

Zur besseren Übersicht können Sie Ihre Vermögenswerte wie folgt strukturieren:

1. Liquidität
- Girokonto
- Tagesgeldkonto
- Geldmarktfonds

2. Festverzinsliche Anlagen
- Festgelder/Sparbriefe
- Anleihen (Bundeswertpapiere, Pfandbriefe, Unternehmensanleihen)
- Bausparverträge
- Rentenfonds

3. Aktieninvestments
- Einzelaktien
- Aktienfonds/ETFs
- Zertifikate auf Aktien und Aktienindizes

4. Immobilien
- Vermietete Immobilien
- Offene Immobilienfonds

5. Sonstige Vermögenswerte
- Kapitallebensversicherungen
- Rentenversicherungen

6. Beteiligungen
Zum Beispiel AiF (Alternative Investmentfonds), Schiffsfonds, geschlossene Immobilienfonds. Flugzeugfonds

7. Rohstoffanlagen
- Goldanlagen
- Rohstoffzertifikate/ETCs

Addieren Sie die Werte aller Ihrer Anlagen, erhalten Sie Ihr Brutto-Gesamtvermögen. Ziehen Sie noch Verbindlichkeiten, wie das Darlehen für die vermietete Eigentumswohnung, ab, erhalten Sie Ihr Netto-Gesamtvermögen (Eigenkapital).

Ein Beispiel für eine solche Bilanz finden Sie auf der folgenden Seite. Um einen anschaulichen Überblick über Ihre Vermögensaufteilung zu erhalten, rechnen Sie für jede der sieben Sparten, in denen Sie Geldanlagen getätigt haben, den prozentualen Anteil am Gesamtvermögen aus. Dazu teilen Sie die jeweilige Summe einer Sparte durch das Gesamtvermögen.

## DIE BILANZ: EIN BEISPIEL

Auf der linken Seite unter „Aktiva“ finden Sie die Vermögensverwendung, auf der rechten unter „Passiva“ die Vermögensherkunft.

**Wie ist das Vermögen angelegt? (Aktiva)**

| | in Euro | in % |
|---|---|---|
| **Liquidität** | **8 000** | **4%** |
| Girokonto | 3 000 | |
| Tagesgeldkonto | 4 000 | |
| Geldmarktfonds | 1 000 | |
| **Festverzinsliche Anlagen** | **30 000** | **15%** |
| Rentenfonds | 20 000 | |
| Festgeld | 5 000 | |
| Bundesanleihe | 5 000 | |
| **Aktieninvestments** | **21 000** | **10%** |
| Aktienfonds | 17 000 | |
| Einzelaktien | 4 000 | |
| **Immobilien** | **110 000** | **54%** |
| Vermietete Eigentumswohnung | 110 000 | |
| **Sonstige Vermögenswerte** | **19 000** | **9%** |
| Kapitallebensversicherung | 19 000 | |
| **Beteiligungen** | **0** | **0%** |
| Schiffsfonds | 0 | |
| **Rohstoffanlagen** | **16 000** | **8%** |
| Rohstoffzertifikat | 5 000 | |
| Goldbarren/-münzen | 11 000 | |
| **Summe** | **204 000** | |

**Wo kommt das Vermögen her? (Passiva)**

| | in Euro | in % |
|---|---|---|
| **Verbindlichkeiten** | **30 000** | **15%** |
| Darlehen ETW | 30 000 | |
| **Nettovermögen (Eigenkapital)** | **174 000** | **85%** |
| **Summe** | **204 000** | |

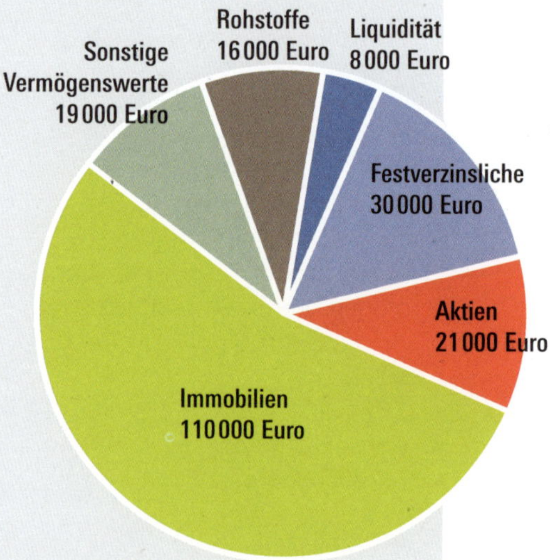

Haben beispielsweise Ihre Aktieninvestments einen Wert von 60 000 Euro bei einem Gesamtvermögen (Summe Aktiva) von 100 000 Euro, beträgt der Aktienanteil Ihrer Anlagen 60 Prozent. So machen Sie es mit jedem Wert und können anschließend ein Tortendiagramm zeichnen oder, wenn Sie am PC fit sind, mit Excel erstellen (siehe Tortendiagramm für die Beispielbilanz links).

Sie haben jetzt einen Überblick, wie Ihre Geldanlagen aufgeteilt sind. Überrascht Sie das Tortendiagramm Ihrer derzeitigen Asset Allocation? Dann passt es möglicherweise nicht zu Ihrem Risikoprofil.

## Schritt 2
## Das derzeitige Risikoprofil Ihrer Anlagen prüfen

Jetzt ist es an der Zeit, das Risiko Ihrer aktuellen Asset Allocation zu bewerten. In unserem Fonds-Produktfinder im Internet (www.test.de/produktfinder-fonds) finden Sie Einstufungen von Fonds und ETFs in Chance-Risiko-Klassen von 0 bis 15. Je größer die Chance-Risiko-Klasse eines Fonds, desto höher ist seine Gewinnchance, umso größer ist allerdings auch sein Verlustrisiko. Anlagen in Klasse 0 haben kein Verlustrisiko, solche der Klasse 15 weisen das höchste Verlustrisiko auf.

In der Tabelle unten sehen Sie, mit welchen Verlustrisiken – aber auch Gewinnchancen – Sie bei jeder Chance-Risiko-Klasse innerhalb eines Jahres rechnen können.

Schauen Sie sich bitte auch die Tabelle „Verluste ausgleichen" auf der folgenden Seite an, um zu verstehen, was ein Verlust von x Prozent bedeutet. Einen Verlust egalisiert man nämlich nicht einfach mit einem gleich hohen Gewinn. Wenn Ihre Anlage beispielsweise 50 Prozent verliert, müssen Sie danach einen Gewinn von 100 Prozent machen, nur damit Sie Ihr eingesetztes Geld zurückerhalten.

### DIE CHANCE-RISIKO-KLASSEN VON FINANZTEST

Finanztest teilt Fonds in Chance-Risiko-Klassen ein. Diese maximale Gewinnchance beziehungsweise dieses maximale Verlustrisiko haben Sie je nach Klasse auf Jahressicht.

| **Chance-Risiko-Klasse** | **1** | **2** | **3** | **4** | **5** | **6** | **7** | **8** | **9** | **10** | **11** | **12** | **13** | **14** | **15** |
|---|---|---|---|---|---|---|---|---|---|---|---|---|---|---|---|
| **Verlustrisiko** in Prozent | 2,5 | 5 | 7,5 | 10 | 15 | 20 | 25 | 30 | 40 | 50 | 60 | 70 | 80 | 90 | >90 |
| **Gewinnchance** in Prozent | 2,6 | 5,3 | 8,1 | 11,1 | 17,6 | 25 | 33,3 | 42,9 | 66,7 | 100 | 150 | 233,3 | 400 | 900 | >900 |

## So bewerten Sie das Risikoprofil Ihres Anlagevermögens

Um das Risiko eines aus mehreren Anlageklassen bestehenden Portfolios genau zu berechnen, braucht man teure und sehr komplizierte Berechnungsprogramme. Das hängt vor allem mit den unterschiedlichen Korrelationen, also den gegenseitigen Abhängigkeiten bei der Wertentwicklung, zusammen.

Mithilfe des Systems der Chance-Risiko-Klassen können Sie Ihr Geldanlagevermögen jedoch auch selbst hinsichtlich des Risikos bewerten. Auf unserer Internetseite können Sie dafür ein Hilfstool unter www.test.de/vermoegensplaner herunterladen, den „Vermögensplaner", den Finanztest entwickelt hat. Wenn Sie die jeweiligen Werte Ihrer Finanzanlagen im Vermögensplaner eintragen, zeigt Ihnen das, welche Chance-Risiko-Klasse Ihr Portfolios insgesamt aufweist und wie hoch das Verlustrisiko ist.

Besitzen Sie Anlagen, die Finanztest hinsichtlich der Risikoklasse bewertet, wie beispielsweise verschiedene aktiv gemanagte Fonds und ETFs, tragen Sie deren aktuelle Werte einfach in die entsprechende Chance-Risiko-Klasse im Vermögensplaner ein.

### VERLUSTAUSGLEICH

Einen Verlust von ... Prozent gleicht ein Gewinn von ... Prozent aus.

| Verlust | So viel Gewinn gleicht einen Verlust aus |
|---|---|
| −10 Prozent | +11 Prozent |
| −20 Prozent | +25 Prozent |
| −30 Prozent | +43 Prozent |
| −40 Prozent | +67 Prozent |
| −50 Prozent | +100 Prozent |
| −60 Prozent | +150 Prozent |
| −70 Prozent | +233 Prozent |
| −80 Prozent | +400 Prozent |
| −90 Prozent | +900 Prozent |
| **−100 Prozent** | **Unmöglich** |

### RISIKOKLASSEN ZUORDNEN

Hier sehen Sie, welche Risikoklassen in den Anlegerinformationen von Fonds den Chance-Risiko-Klassen in unserem Vermögensplaner entsprechen

| Risikoklasse in den wesentlichen Anlegerinformationen | Zuordnung der Risikoklassen bei Finanztest |
|---|---|
| 1 | 1 |
| 2 | 1 bis 3 |
| 3 | 3 bis 5 |
| 4 | 5 bis 7 |
| 5 | 7 bis 9 |
| 6 | 9 bis 11 |
| 7 | 11 bis 15 |

## RICHTSCHNUR FÜR IHRE AUFTEILUNG IN CHANCE-RISIKO-KLASSEN

So können Sie Ihre Anlageformen den Chance-Risiko-Klassen in unserem Vermögensplaner in etwa zuordnen. Wenn Sie eine fondsgebundene Lebensversicherung besitzen, müssen Sie diese anhand der investierten Fonds einordnen.

| Anlageform | Chance-Risiko-Klasse |
|---|---|
| Tagesgeldkonto | 1 |
| Geldmarktfonds | 1 |
| Festgelder | 1 bis 5 |
| Bundesanleihen (Laufzeit 1 bis 2 Jahre) | 1 bis 3 |
| Bundesanleihen (Laufzeit > 2 Jahre) | 3 bis 5 |
| Rentenfonds (Euro) | 4 |
| Rentenfonds (Fremdwährung) | 4 bis 7 |
| Aktien Standardwerte | 9 bis 10 |
| Aktien Nebenwerte | 10 bis 15 |
| Aktienfonds/ETFs | 9 bis 15 |
| Offene Immobilienfonds | 4 bis 6 |
| Kapitallebensversicherungen | 3 |
| Geschlossene Fonds | 10 bis 15 |
| Vermietete Immobilien | 1 bis 6 (je nach Art, Lage und Mieter) |
| Gold | 8 |

**Fonds selbst bewerten**

Andere Anlagen müssen Sie zunächst selbst in eine Chance-Risiko-Klasse einstufen, um den Vermögensplaner nutzen zu können. Bei Fonds können Sie sich an den wesentlichen Anlegerinformationen orientieren, die jede Fondsgesellschaft seit dem 1. Juli 2011 für in Deutschland aufgelegte Fonds erstellen muss. Dort werden Fonds in eine von sieben Risikoklassen eingeteilt. Die Tabelle „Risikoklassen zuordnen" links zeigt, welche Risikoklassen von Finanztest den Klassen in den Anlegerinformationen entsprechen.

Zudem finden Sie in den Fondsporträts der Direktbanken oder Fondsgesellschaften bei Fonds Einstufungen hinsichtlich des Risikoprofils sowie Übersichten der jährlichen Wertentwicklungen und der maximalen Verluste. Auch diese Informationen können Sie nutzen, um einen Fonds dann in das Chance-Risiko-Profil im Vermögensplaner einzuordnen.

**Andere Anlageklassen selbst bewerten**

Bei anderen Anlageklassen kann Ihnen die Tabelle oben als Richtschnur dienen. Sie sollten sich überlegen, welchen Verlust eine Anlage realistischerweise einfahren könnte, und stufen sie entsprechend der Tabelle oben in die Chance-Risiko-Klassen ein. Viele Anlageprodukte haben in ihren Prospekten auch Hinweise wie: „Die Anlage richtet sich an ..." Werden hier konservative Anleger angesprochen, bewegt sich die Anlage eher im Bereich bis Risikoklasse 4. Ausgewogene Anlagen können sich im Bereich bis Risikoklasse 10 bewegen, chancenorientierte Anlagen bis 15.

### Die Werte addieren

Addieren Sie die Beträge aller Vermögenswerte mit derselben Chance-Risiko-Klasse und geben Sie die Summe in die entsprechenden Felder im Vermögensplaner ein.

Beispiel: Ein Anleger schätzt sich als konservativ ein und will maximal einen zwischenzeitlichen Wertverlust seines Anlagevermögens von 15 Prozent innerhalb eines Jahres hinnehmen. Das Chance-Risiko-Profil seiner Asset Allocation dürfte somit maximal einen Wert von 5 haben.

Er besitzt einen Aktienfonds (M&G Global Basics A EUR) im Wert von derzeit 50 000 Euro, einen ETF auf den MSCI Europe im Wert von 30 000 Euro und eine Bundesanleihe mit einer Restlaufzeit von einem Jahr (Nominalwert 20 000 Euro). Auf dem Tagesgeldkonto bei seiner Direktbank liegen 10 000 Euro. Daneben hält er noch einige Aktien aus dem TecDax im Wert von 7 000 und Goldbarren im Wert von 5 000 Euro.

Im Vermögensplaner kann er nun Folgendes eingeben:

- 10 000 Euro in Risikoklasse 1, das ist sein Tagesgeldkonto.
- Die Bundesanleihe bewertet er mit Risikoklasse 2 und gibt dort 20 000 Euro ein.
- Das Gold bewertet er mit Klasse 8.
- Sein Aktienfonds und der ETF haben nach Finanztest eine Risikoklasse von 10, hier gibt der Anleger 80 000 Euro im Vermögensplaner ein.
- Für die TecDax-Aktien trägt er 7 000 Euro in Risikoklasse 14 ein.

Das Ergebnis: Bei einem Gesamtvermögen von 122 000 Euro beträgt das Verlustrisiko des Anlegers auf ein Jahr bis zu 42 Prozent, sein Investment hat eine durchschnittliche Chance-Risiko-Klasse von 10. Dabei handelt es sich um eine rein mathematische Berechnung. Gegenläufige Entwicklungen verschiedener Anlagen, sogenannte negative Korrelationen, werden dabei nicht berücksichtigt. In der Praxis ist das Risiko eines gemischten, diversifizierten Gesamtvermögens meist niedriger, als es die reine Berechnung der Chance-Risiko-Klasse erwarten lässt.

## Entspricht die Risikoklasse Ihres Vermögens Ihrem Risikoprofil?

Unser konservativer Anleger aus dem vorigen Beispiel hat festgestellt, dass seine Asset Allocation bei Weitem nicht seiner persönlichen Risikoeinstellung entspricht. Er müsste sein Vermögen zugunsten weniger riskanter Anlagen umschichten oder diese zukünftig stärker aufbauen.

Wie sieht es bei Ihnen aus? Könnten Sie den möglicherweise eintretenden Verlust Ihrer Anlagen finanziell verkraften? Und wenn ja, würden Sie einen solchen Verlust auch emotional wegstecken? Sind Sie also wirklich bereit, die möglichen Risiken einzugehen, um gleichzeitig höhere Renditechancen zu nutzen?

Wenn Ihre Asset Allocation nicht zu Ihrer Risikofähigkeit und -bereitschaft passt, müssen Sie handeln und Ihr Vermögen umstrukturieren. Auch dazu können Sie den Vermögensplaner nutzen und sich eine Asset Allocation basteln, die zu Ihrer gewünschten Risikoklasse führt. Dabei sollten Sie aber auf eine ausreichende Diversifikation der Anlagen achten und nicht nur das ganze Geld in eine Anlage aus der gewünschten Risikoklasse stecken. Oder Sie orientieren sich an den Depotvorschlägen im nächsten Abschnitt.

**TIPP: NICHT ZU WENIG RISIKO**
Sofern Sie Ihr Geld nicht kurzfristig benötigen, sollten Sie auch als vorsichtiger Anleger ein Depot mit Aktienanteil in Erwägung ziehen. Selbst ein Depot mit der Chance-Risiko-Klasse 4 oder 5 kann einen Aktienanteil zwischen 15 und 40 Prozent haben. Das Verlustrisiko bleibt mit 15 Prozent erträglich, die Renditechance erhöht sich aber auf fast 18 Prozent.

## EIN DEPOT, DAS ZU IHNEN PASST

Möchten Sie Ihre liquiden Anlagen und Ihr Wertpapierdepot so ausrichten, dass sie Ihrem Risikoprofil entsprechen, helfen Ihnen Untersuchungen von Finanztest zu möglichen Renditen bei unterschiedlichen Aktienquoten und Laufzeiten. Wenn Sie sich daran orientieren, können Sie für sich eine passende Mischung aus aktienbasierten und festverzinslichen Anlagen finden.

Finanztest hat in Simulationen untersucht, welche Renditen Anleger je nach Aktienquote erzielen können. Grundlage dafür waren die historischen Renditen internationaler Aktien und deutscher Staatsanleihen von 1970 bis 2013. Auch wenn die Ergebnisse dieser Studie keine Garantie für zukünftige Entwicklungen der untersuchten Anlagen geben, sind sie ein hervorragendes Hilfsmittel für Sie bei der Zusammenstellung Ihres Portfolios. Sie finden diese Ergebnisse in den drei Grafiken auf Seite 118.

Für die verschiedenen Anlagelaufzeiten von fünf, zehn und fünfzehn Jahren sehen Sie an der grünen und roten Linie (ganz oben bzw. unten) der Diagramme, welche Mindestrendite sie mit 1 bzw. 99 Prozent Wahrscheinlichkeit bei welcher Aktienquote erzielen konnten. Beispielsweise wurde bei einer Laufzeit von 10 Jahren und einer Aktienquote von 30 Prozent mit 1 Prozent Wahrscheinlichkeit eine Rendite von 12 Prozent erzielt und mit einer Wahrscheinlichkeit von 99 Prozent haben Sie immerhin noch eine Rendite von 2,7 Prozent erreicht.

An den äußersten Begrenzungen können Sie abschätzen, wie wahrscheinlich

## Rendite nach 5 Jahren Laufzeit

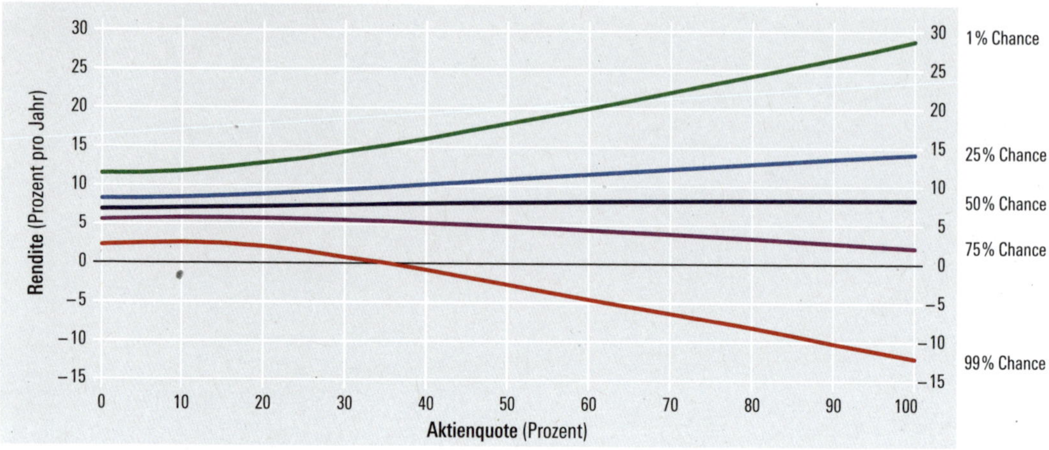


## Rendite nach 10 Jahren Laufzeit

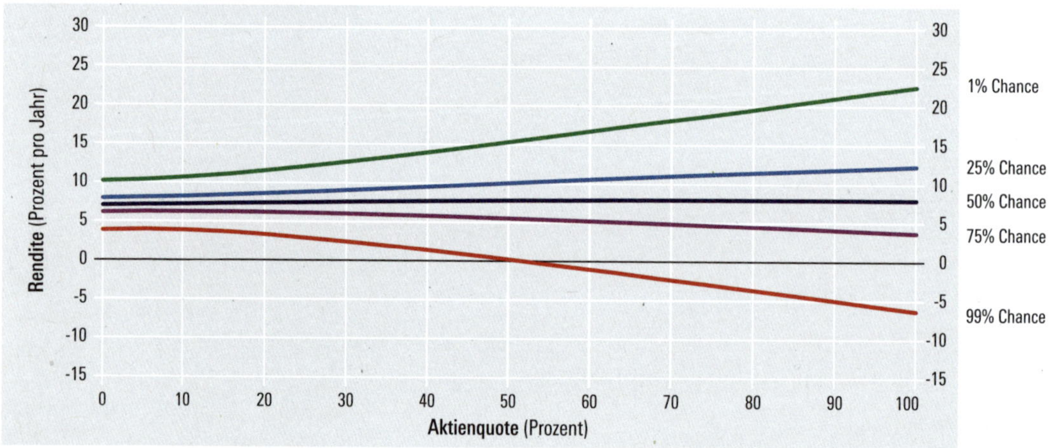


## Rendite nach 15 Jahren Laufzeit

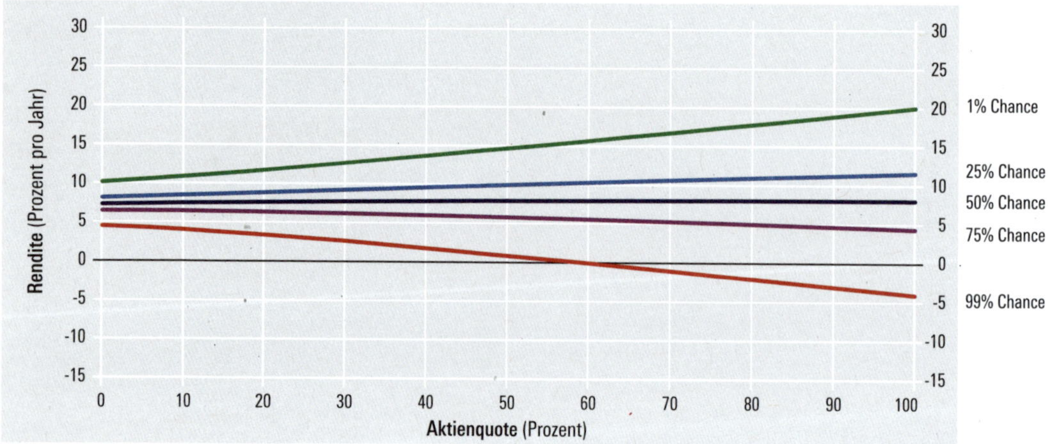

**GRAFIK:** Mindestrenditen, die man mit der jeweiligen Wahrscheinlichkeit erreichen konnte. Beispielsweise bedeutet die 1%-Linie, dass diese Renditen nur mit ein Prozent Wahrscheinlichkeit erreicht oder übertroffen werden konnten.

eine von Ihnen angestrebte Mindestrendite ist. Im vorhergehenden Beispiel (Laufzeit 10 Jahre, Aktienquote 30 Prozent) besteht beispielsweise die 99-prozentige Chance, dass Ihre Rendite über 2,7 Prozent liegen wird, mit einer Wahrscheinlichkeit von 50 Prozent erreichen Sie mehr als 7,5 Prozent. Auf eine ordentliche Rendite von rund 6 Prozent kommen Sie mit einer Wahrscheinlichkeit von 75 Prozent.

Nachfolgend finden Sie drei verschiedene Musterdepots, an denen Sie sich orientieren können.

### Das Sicherheitsdepot

Das geringste Risiko der drei Musterdepots weist das Sicherheitsdepot aus, das zu etwa 15 Prozent aus breit streuenden Aktienfonds und zu 85 Prozent aus einem Rentenfonds mit deutschen Staatsanleihen besteht. Statt des Rentenfonds können Sie auch vergleichbar sichere festverzinsliche Anlagen wählen. Wenn Sie beim Rentenfonds bleiben, haben Sie den Vorteil, dass Sie sich nicht um die Wiederanlage Ihrer Gelder kümmern müssen, wie beispielsweise bei Festgeldern oder Anleihen, die fällig werden. Um Kosten zu sparen, sollten Sie am besten einen Rentenindexfonds wählen, damit gerade bei niedrigen Zinsen die Verwaltungsgebühren der Fonds nicht die erwirtschaftete Rendite aufzehren.

Unser Sicherheitsdepot hätte nach unseren Simulationsrechnungen je nach Anlagedauer eine Rendite zwischen 2,5 und 12,3 Prozent pro Jahr erzielt. Dies ist natürlich keine Garantie für die Zukunft. Es kann auch besser oder schlechter laufen. Mit einer 75-prozentigen Wahrscheinlichkeit können Sie aber über 15 Jahre mit einer Rendite von 6,4 Prozent rechnen. Zu 99 Prozent sind Renditen von 2,5 Prozent (5 Jahre Anlagedauer) bis 4,5 Prozent (15 Jahre) pro Jahr möglich.

Durch die Beimischung von Aktienanlagen sinkt das Gesamtrisiko des Sicherheitsdepots gegenüber einem Depot ohne Aktien sogar. Denn Aktien und Anleihen korrelieren teilweise negativ, das heißt, sie entwickeln sich häufig gegenläufig. Die Aktienanlagen gleichen also Kursschwankungen der Anleihen und Rentenfonds teilweise aus. So lag die Mindestrendite bei einem Depot mit 15 Prozent Aktienanteil nach 5 Jahren Laufzeit höher als bei einem mit 0 Prozent Aktien.

### Das ausgewogene Depot

Wenn Sie mental und finanziell dazu in der Lage sind, im schlimmsten Fall mit Ihrer Anlage eine negative Rendite zu verkraften, können Sie höhere Aktienquoten als beim Sicherheitsdepot vertragen. Das ausgewogene Depot mit einer Aktienquote von 40 Prozent bietet im Gegenzug eine Chance auf höhere Renditen. Überdies ist die Wahrscheinlichkeit eines Verlusts insgesamt gering, wie die Ergebnisse der Simulationen zeigen: Zu 99 Prozent erzielen Sie bei längeren Laufzeiten eine positive Rendite, lediglich über fünf Jahre gibt es ein Risiko von 1 Prozent, unter einer Rendite von –0,8 Prozent zu liegen.

| DAS SICHERHEITSDEPOT (15 % AKTIENFONDS, 85% RENTENFONDS) | | | |
|---|---|---|---|
| Anlagedauer / Renditeerwartung | 5 Jahre | 10 Jahre | 15 Jahre |
| 99 % Chance auf mindestens | 2,5 % | 3,8 % | 4,5 % |
| 75 % Chance auf mindestens | 5,8 % | 6,2 % | 6,4 % |
| 50 % Chance auf mindestens | 7,2 % | 7,2 % | 7,2 % |
| 25 % Chance auf mindestens | 8,6 % | 8,2 % | 8,0 % |
| 1 % Chance auf mindestens | 12,3 % | 10,7 % | 10,0 % |

| DAS AUSGEWOGENE DEPOT (40 % AKTIENFONDS, 60 % RENTENFONDS) | | | |
|---|---|---|---|
| Anlagedauer / Renditeerwartung | 5 Jahre | 10 Jahre | 15 Jahre |
| 99 % Chance auf mindestens | –0,8 % | 1,7 % | 2,7 % |
| 75 % Chance auf mindestens | 5,2 % | 5,6 % | 6,1 % |
| 50 % Chance auf mindestens | 7,7 % | 7,6 % | 7,6 % |
| 25 % Chance auf mindestens | 10,2 % | 9,4 % | 9,1 % |
| 1 % Chance auf mindestens | 16,0 % | 13,5 % | 12,5 % |

| DAS RENDITEDEPOT (70 % AKTIENFONDS, 30% RENTENFONDS) | | | |
|---|---|---|---|
| Anlagedauer / Renditeerwartung | 5 Jahre | 10 Jahre | 15 Jahre |
| 99 % Chance auf mindestens | –6,4 % | –2,2 % | –0,5 % |
| 75 % Chance auf mindestens | 3,8 % | 4,9 % | 5,4 % |
| 50 % Chance auf mindestens | 8,0 % | 7,9 % | 7,9 % |
| 25 % Chance auf mindestens | 12,2 % | 10,9 % | 10,3 % |
| 1 % Chance auf mindestens | 29,7 % | 18,0 % | 16,0 % |

### Das Renditedepot

Noch risikoreicher geht es mit dem Renditedepot, dessen Aktienanteil 70 Prozent beträgt. Hier sind mit einer 50-prozentigen Wahrscheinlichkeit Renditen von um die 8 Prozent pro Jahr möglich. Allerdings bestehen natürlich auch höhere Verlustrisiken. Und bedenken Sie: Je höher der Aktienanteil, umso stärker schwankt der Wert Ihres Depots während der Laufzeit. Solange Sie die Anlagen dann nicht verkaufen müssen, steht Ihr Verlust zwar nur auf dem Papier. Diesen „Papierverlust" müssen Sie aber mental aushalten können, Ihre Risikobereitschaft muss also entsprechend hoch sein.

### Es geht auch individuell

Selbstverständlich können Sie noch individueller als mit den drei Musterdepots Ihre persönliche Depotmischung finden. Dazu können Sie zum Beispiel anhand der Grafiken auf Seite 118 die Aktienquote finden, mit deren Schwankungsbreite Sie sich wohlfühlen, also deren Verlustrisiko nach unten noch im für Sie tragbaren Verhältnis zur möglichen Maximalrendite steht.

Alternativ können Sie auch mittels der unteren Grafik auf Seite 122 die Aktienquote festlegen, die der von Ihnen gewünschten Mindestrendite entspricht. Wenn Sie also keinen Verlust machen wollen, müssen Sie – je nach Anlagehorizont – eine Aktienquote wählen, bei der die Renditekurve nicht die Nulllinie nach unten durchbricht.

### TIPP: EINE ZU HOHE AKTIENQUOTE RENTIERT SICH NICHT

Für die langfristige Geldanlage ist eine Aktienquote von 60 bis 65 Prozent ein guter Referenzpunkt. Die zu erwartende Mindestrendite bei einer Anlagedauer von 15 Jahren ist hier in 99 Prozent aller Fälle positiv. Eine Erhöhung der Aktienquote bis circa 60 Prozent erhöht die Durchschnittsrendite stärker als darüber hinaus. Das zeigt die sich in diesem Bereich abflachende Kurve der durchschnittlichen Renditen bei steigender Aktienquote (siehe die obere Grafik auf Seite 122).

Egal, für welche Variante Sie sich entscheiden: Machen Sie sich immer auch in absoluten Zahlen bewusst, was ein bestimmter prozentualer Verlust bedeuten würde. Denn Verlustangaben in Prozent sind oft sehr abstrakt. Wenn Sie sich aber überlegen, welchen konkreten Geldbetrag Sie verlieren könnten, würden Sie vielleicht ein geringeres Risiko wählen.

Schauen Sie dabei immer auf Ihr Gesamtdepot, nicht auf einzelne Anlagen. Gestehen Sie sich ein, wenn Sie Ihre Risikobereitschaft prozentual überschätzt haben, und korrigieren Sie dann Ihre prozentuale Aktienquote entsprechend.

## Tuning Ihres Depots

Wenn Sie die optimale Aufteilung Ihres Depots gefunden haben, vergleichen Sie sie mit Ihrem derzeitigen Depot. Addieren Sie dazu die Werte Ihrer aktienbasierten Anlagen und teilen Sie die Summe durch

## INFO Chancen und Risiken von gemischten Depots

Die Grafiken zeigen, wie sich die Durchschnitts- und Mindestrenditen bei einem steigenden Aktienanteil entwickeln. Ausgangspunkt am jeweils linken Rand ist ein Depot, das nur deutsche Staatsanleihen enthält.

**Durchschnittliche Rendite (Prozent pro Jahr) bei einer Anlagedauer von ... Jahren**

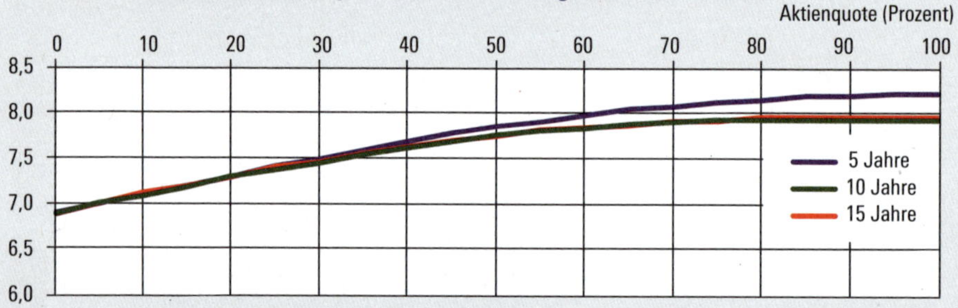


**Mindestrendite (Prozent pro Jahr) bei einer Anlagedauer von ... Jahren**

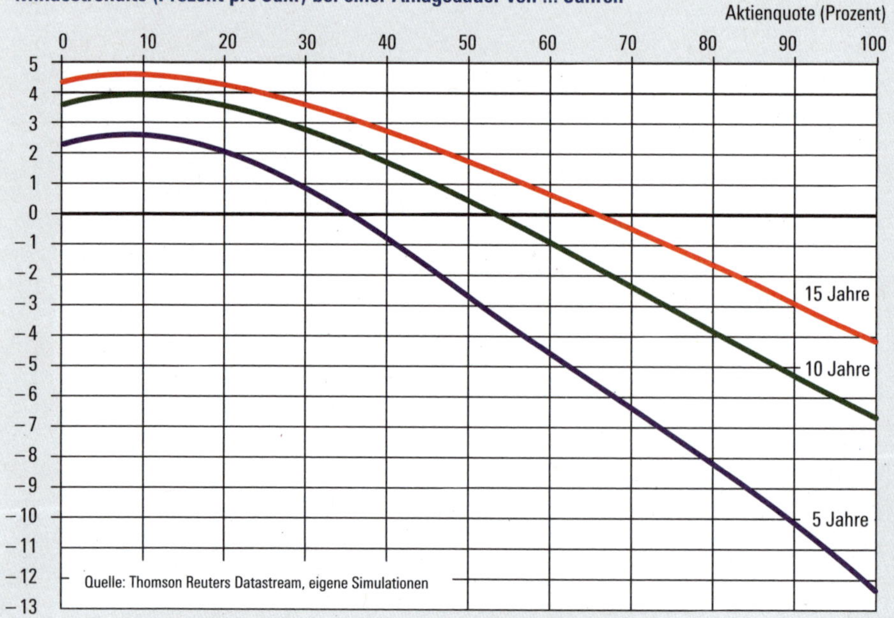


Quelle: Thomson Reuters Datastream, eigene Simulationen

den Gesamtwert Ihres Depots und der Festgelder. Haben Sie Mischfonds, die in Aktien und festverzinsliche Anlagen anlegen, erkundigen Sie sich nach deren Aktienquote. Ist diese nicht ungefähr bestimmbar, weil es sich um sehr flexibel anlegende Mischfonds handelt, müssen Sie Annahmen treffen, da sonst die Depotstruktur, die Finanztest entwickelt hat, nicht anwendbar ist. Der Aktienanteil der Mischfonds rechnet ebenso wie Aktien und Aktienfonds zu den aktienbasierten Anlagen.

Die Formel zur Bestimmung Ihrer Aktienquote lautet:

Aktienquote = Aktienbasierte Anlagen : (Gesamtwert Depot + Festgeldanlagen)

Ist Ihre Aktienquote zu hoch, müssen Sie aktienbasierte Anlagen verkaufen und in festverzinsliche Anlagen oder Rentenfonds umschichten. Bei solchen Umschichtungen können Sie versuchen, die aktuelle Marktsituation zu berücksichtigen. In einer Phase steigender Börsenkurse könnte man die Gewinne laufen lassen und eine entsprechende Absicherung, beispielsweise über Stop-Loss-Limits, einbauen. Sofern Sie noch zusätzliches Anlagegeld haben, können Sie auch festverzinsliche Anlagen oder Rentenfonds neu dazukaufen, bis Sie Ihre optimale Mischung erreichen. Umgekehrt gehen Sie vor, wenn Ihre Rentenquote zu hoch ist.

## Für ganz Fleißige: Feintuning der Asset Allocation

Ganz fleißige Anleger können nach der Depotoptimierung noch prüfen, ob die Asset Allocation ihres Gesamtanlagevermögens zu ihrem Risikoprofil passt. Ordnen Sie dazu Ihr neu strukturiertes Depot und Ihre sonstigen Anlagen wie Immobilien, Lebensversicherungen und Gold in die Chance-Risiko-Klassen im Vermögensplaner-Tool ein und überprüfen Sie, ob Sie der gewünschten Chance-Risiko-Klasse Ihrer Gesamt-Asset-Allocation nähergekommen sind.

Zur Einstufung Ihres Depots in eine Risikoklasse müssen Sie nicht jeden Einzelwert extra berechnen. Sie können sich auch am maximalen zwischenzeitlichen Verlust Ihres Depots orientieren. Bei einem ausgewogenen Depot mit einer Aktienquote von 40 Prozent wäre beispielsweise ein maximaler zwischenzeitlicher Verlust von 20 Prozent möglich, was einer Chance-Risiko-Klasse von 6 entspricht. Bei einer Aktienquote von 70 Prozent würde dies eine Risikoklasse 9 bedeuten.

# ANLAGEMANAGEMENT

Die Zeiten sind für Anleger schwieriger geworden. Strategien, wie die einst von Börsenguru Kostolany propagierte „Aktien kaufen, sich schlafen legen und das Depot erst in vielen Jahren wieder ansehen", können sich in einer globalisierten, vernetzten und sich schnell wandelnden Welt mit wechselhaften Anlagemärkten als suboptimal herausstellen.

Auch ist Ihre Asset Allocation nicht für alle Zeiten in Stein gemeißelt. Wenn sich Ihre persönlichen Lebensumstände ändern, müssen Sie gegebenenfalls auch Ihre Anlagestrategie anpassen. Unvorhersehbare äußere Einflüsse wie Terroranschläge, Finanzkrisen oder Katastrophen können Auswirkungen auf Ihre Anlagen, aber auch beispielsweise auf Ihre persönliche Risikoeinstellung haben. Sie sollten sich daher, auch nachdem Sie Ihre Asset Allocation optimiert haben, regelmäßig mit Ihrem Geld befassen.

Das bedeutet jedoch nicht, hektisch mehrmals täglich die Aktienkurse verfolgen zu müssen. Wenn Sie etwas systematisch vorgehen, können Sie Ihre Anlagen mit einem Minimum an Stress und einem Maximum an Routine im Griff behalten.

## Mit Rebalancing Ihr Depot im Lot halten

Nach einiger Zeit wird die Aufteilung Ihrer Vermögensanlagen von Ihrer zuletzt geplanten und optimierten Aufteilung abweichen. Möglicherweise spiegelt die neue Aufteilung dann auch nicht mehr Ihre persönliche Risikoeinstellung so wider, wie Sie sie mithilfe des letzten Abschnittes dieses Buches festgelegt haben. Die Abweichung kann dadurch entstanden sein, dass Ihre Aktienquote nach einer guten Börsenphase im Gegensatz zur Rentenquote prozentual deutlich zugelegt hat. Hatten Sie beispielsweise eine Aktienquote von 20 Prozent als Ihr Maximum festgelegt und die Aktienwerte sind deutlich stärker als andere Anlagen gestiegen, kann es sein, dass Ihre Aktienquote nun bei 32 Prozent liegt. Das könnten Sie dann so hinnehmen mit der Folge, dass Ihre Asset Allocation vielleicht nicht mehr zu Ihrer Risikoeinstellung passt.

## Rebalancing: Ein Beispiel

Nach einem guten Börsenjahr ist die Aktienquote eines Anlegers viel höher, als es seiner Risikoeinstellung entspricht. Er schichtet seine Anlagen daher so um, dass er wieder seine optimale Asset Allocation erreicht.

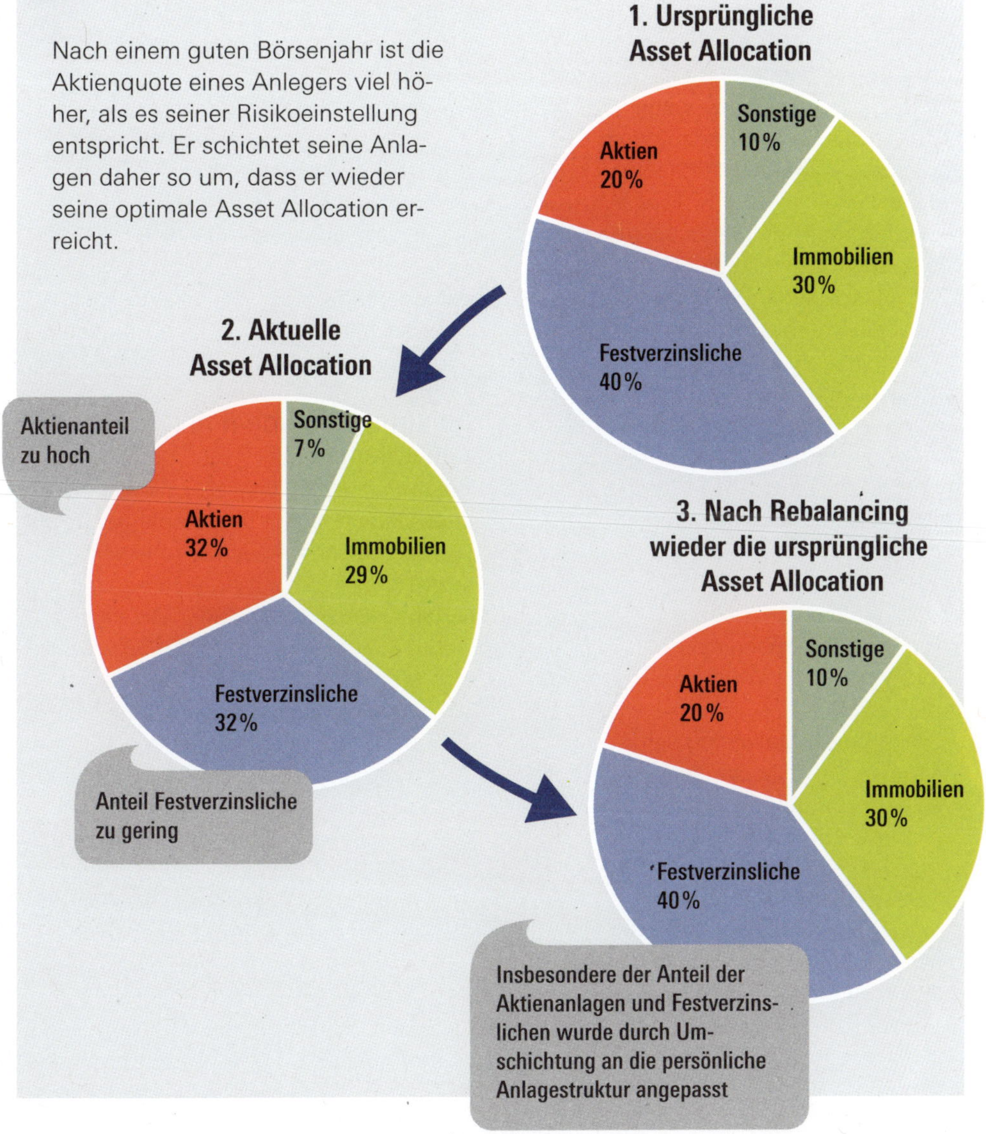

### Besser nachjustieren

Die bessere Alternative aber ist, ein sogenanntes Rebalancing vorzunehmen. Dabei passen Sie die Vermögensklassen an und schichten sie so um, dass die ursprünglich festgelegte Anlagestruktur wieder eingehalten wird. Hierfür könnten im Beispiel Aktien verkauft und dafür andere Vermögenswerte wie festverzinsliche Wertpapiere oder Immobilien gekauft werden (siehe Grafik Seite 125). Haben Sie neue liquide Mittel zum Anlegen, beispielsweise aus einer kleinen Erbschaft, könnten Sie auch gezielt solche Anlagen kaufen, die entsprechend Ihrer ursprünglichen persönlichen Aufteilung derzeit im Gesamtverhältnis unterrepräsentiert sind.

### Zeit- oder Wert-Rebalancing?

Es gibt zwei Möglichkeiten, ein Rebalancing systematisch durchzuführen: Entweder nach einer von Ihnen festgelegten Zeitspanne oder nach einer bestimmten Verschiebung der Wertverhältnisse in Ihrem Portfolio.

Beim Zeit-Rebalancing sehen Sie sich in regelmäßigen Abständen von beispielsweise sechs Monaten oder einem Jahr Ihre aktuelle Asset Allocation an und überprüfen, ob ein Rebalancing erforderlich ist. Der gewählte Zeitraum hängt vor allem davon ab, welchen Aufwand Sie mit Ihren Geldanlagen betreiben wollen.

Beim Wert-Rebalancing richten Sie Ihr Portfolio neu aus, sobald Ihre Asset Allocation um einen bestimmten Prozentsatz von Ihrer Zielaufteilung abweicht. Je nachdem, wie groß diese Abweichung sein darf, kann es sein, dass Sie hierbei öfter nachjustieren müssen, weshalb diese Methode dann auch zu höheren Transaktionskosten führen kann. Überdies müssen Sie bei der Wert-Methode Ihr Portfolio in der Regel häufiger beobachten.

Egal, für welche Methode Sie sich entscheiden: Wichtig ist vor allem, dass Sie dranbleiben und systematisch und regelmäßig Ihre Asset Allocation überwachen. So haben Sie die Gewissheit, dass diese auch nach längerer Zeit noch zu Ihnen und Ihrer Risikoeinstellung passt.

## Ablaufmanagement der Zinsanlagen

Wenn Sie für den festverzinslichen Anteil Ihres Depots nicht nur in Rentenfonds investieren, sondern auch in Anleihen und Festgelder, empfiehlt sich ein Ablaufmanagement der Zinsanlagen. Mit einem Treppendepot werden Sie auf Seite 139 eine Möglichkeit kennenlernen, wie Sie Bundesanleihen zum Ende der Laufzeit einfach wieder neu anlegen können. Aber auch Festgelder werden irgendwann einmal fällig. Damit Sie dann nicht rentable Wiederanlagemöglichkeiten verpassen oder Ihr Geld unverzinst länger auf dem Girokonto liegt, schreiben Sie sich die Fälligkeitstermine auf. Vermerken Sie in Ihrem Kalender einen Termin, der einige Wochen vor der Fälligkeit liegt, und kümmern Sie sich dann um die Wiederanlage. Überprüfen Sie, ob Sie Ihr frei werdendes Geld vielleicht bei einer anderen Bank anlegen. Achten Sie auch darauf, rechtzeitig zu kündigen, falls der ablaufende Vertrag sich sonst automatisch verlängert.

## Ablaufmanagement der Aktienanlagen

Wenn Sie für Ihre Altersvorsorge sparen oder einen festen Anlagehorizont haben, müssen Sie verhindern, dass ein Börsencrash kurz vor dem Ende Ihrer geplanten Sparzeit Ihren Sparerfolg zunichtemacht. Denn auch im letzten Anlagejahr kann noch der maximal mögliche Verlust eintreten, den Sie zur Risikobestimmung Ihrer Asset Allocation herangezogen haben. Deshalb rentiert es sich, in der letzten Phase Ihrer Sparzeit Gewinne mit Aktien nach und nach in sicherere festverzinsliche Anlagen umzuschichten und die Aktienquote Ihrer Asset Allocation zu verringern. Ein solches Ablaufmanagement lohnt sich natürlich nur, wenn Sie wirklich Gewinne erzielt haben. Haben Sie gerade einen Aktiencrash mitgemacht, macht eine Verringerung der Aktienquote keinen Sinn. Im Gegenteil: Dann ist die Wahrscheinlichkeit, dass sich die Aktien zum Ende Ihres Anlagehorizonts noch erholen, vergleichsweise hoch und Sie behalten Ihre Aktienquote besser bei.

Beispiel: Ein 40-jähriger Anleger möchte mit 67 Jahren in den Ruhestand gehen. Er entscheidet sich für ein Renditedepot mit einer Aktienquote von 70 Prozent. Im Alter von 55 Jahren verringert er dann seine Aktienquote auf 30 Prozent und mit 60 auf nur noch 15 Prozent. Im Lauf der nächsten Jahre bis zu seinem Ruhestand kann er entscheiden, ob er den Aktienanteil auf 0 Prozent herunterfährt, weil er dann auf sicher kalkulierbare Zinserträge angewiesen ist, oder ob er weiterhin die geringe Aktienquote eines Sicherheitsdepots beibehält.

# STRATEGIEN MIT ZINSANLAGEN

Zu einer diversifizierten Asset Allocation gehören auch festverzinsliche Anlagen. Eine Anlagemöglichkeit dafür sind Rentenfonds, die wir bereits im zweiten Kapitel vorgestellt haben. Dieses Kapitel zeigt Ihnen nun, wie Sie mit einem überschaubaren Mehraufwand auch beim festverzinslichen Anteil Ihrer Asset Allocation ein Mehr an Rendite herausholen können und welche Faktoren die Rendite von Zinsanlagen entscheidend beeinflussen.

## KURSSCHWANKUNGEN BEI ANLEIHEN

Anders als bei Aktien steht der Rückzahlungsbetrag bei Anleihen fest. Denn der Anleiheschuldner, der Emittent, muss zum Ende der Laufzeit den Nennwert zurückzahlen. Hält der Anleger eine Anleihe bis zum Laufzeitende, ist sein einziges Risiko, dass der Emittent nicht mehr (voll) zahlungsfähig sein könnte. Um abschätzen zu können, wie hoch dieses Risiko ist, können sich Anleger an den Bewertungen von Ratingagenturen orientieren (siehe Seite 35).

Während ihrer Laufzeit unterliegt eine Anleihe aber sehr wohl Kursschwankungen und kann über den Rückzahlungskurs von 100 Prozent steigen oder darunter sinken. Man sagt dann, eine Anleihe notiert über oder unter pari. Für diese Wertschwankungen sind im Wesentlichen zwei Faktoren verantwortlich: Änderungen bei der Bonitätseinschätzung des Emittenten und Veränderungen des Marktzinses.

### Geänderte Bonitätseinschätzungen

Stuft eine Ratingagentur die Bonität eines Unternehmens während der Laufzeit herunter (Down-Rating), hat dies in der Regel einen Kursverlust von dessen Anleihen zur Folge. Denn vorsichtige Anleger, die befürchten, ihr Geld aus der Anleihe nicht mehr vollständig wiederzubekommen, verkaufen ihre Anleihen an risikofreudigere. Letztere sind natürlich nicht bereit, den vollen Nennwert der jetzt schlechter bewerteten Anleihe zu bezahlen und verlangen einen Preisabschlag. Das heißt, sie kaufen die Anleihe nur, wenn sie zu einem geringeren Kurs zu haben ist.

Beispiel: Ein vorsichtiger Anleger hat eine fünfjährige Anleihe von einem Unternehmen gekauft, das die Ratingagentur Standard & Poors mit A– bewertet hat. Nach drei Jahren stuft S&P das Rating auf BBB herab. Da der vorsichtige Anleger einen teilweisen Ausfall der Rückzahlung befürchtet, ist er bereit, seine Anleihe zum Kurs von 98 Prozent an einen risikobereiteren zu verkaufen. Dieser erhält für seine Risikobereitschaft die Chance auf einen Kursgewinn von 2 Prozent, wenn die Anleihe in zwei Jahren zu 100 Prozent zurückgezahlt wird.

Aber nicht nur, wenn Ratingagenturen ihre Einschätzungen von Anleihe-Emittenten ändern, kann es zu Kursschwankungen kommen. Auch bei Anleihen gilt das Prinzip, dass Angebot und Nachfrage den Preis – hier den Kurs – bestimmen. Wollen viele Anleger eine bestimmte Anleihe kaufen, aber nur wenige Inhaber der Anleihe zum aktuellen Kurs verkaufen, steigt der Kurs. Sind Anleger auf der Angebotsseite in der Überzahl, fällt der Kurs.

So suchten Anleger beispielsweise während der Finanzkrise nach der Pleite der Lehman-Bank und den Schuldenproblemen von Staaten wie Irland und Griechenland besonders sichere Anleihen. Das waren nach Einschätzung der Anleger unter anderem Staatsanleihen von Ländern mit einem AAA-Rating wie zum Beispiel Deutschland. Die Folge: Der Kurs von bereits laufenden Anleihen dieser Staaten stieg.

## Veränderungen der Marktzinsen

Ein weiterer Faktor, der sich ganz wesentlich auf den Kurs einer Anleihe auswirkt, ist die Erwartung des Marktes bezüglich der zukünftigen Marktzinsen.

Der Marktzins ist der Zinssatz, der aktuell für eine bestimmte Laufzeit, Währung und Bonität an den Geld- und Kapitalmärkten gezahlt beziehungsweise erhalten wird. Es gibt daher nicht den einen Marktzins, sondern verschiedene Marktzinsen, die sich an der Laufzeit und dem Handelssegment orientieren. So ist beispielsweise der Eonia (Euro OverNight Index Average) der Marktzins für Tagesgeld, der 3-Monats-Libor (London Interbank Offered Rate) der Marktzins für entsprechend kurzfristige Gelder.

Grundsätzlich ist es so, dass der Kurs einer Anleihe steigt, wenn der allgemeine Marktzins fällt. Umgekehrt fällt der Kurs, wenn der Marktzins steigt. Das erklärt sich so: Steigt der Marktzins, kommen neue Anleihen mit höheren Zinsen auf den Markt, denn sonst würden Anleger die neuen Anleihen nicht kaufen. Da der Zins einer alten, bereits begebenen Anleihe fix ist, würden Anleger diese an der Börse gehandelten Anleihen nicht zum vollen Nominalwert kaufen – sie könnten ja entsprechende neue Anleihen mit einem höheren Zins bekommen. Der Kurs der alten Anleihe muss also fallen, damit sie zumindest genauso rentabel für neue Anleger ist wie die neue Anleihe.

Fallen die Marktzinsen hingegen, sind alte, bereits laufende Anleihen mit einem im Vergleich zum Marktzins hohen Zinskupon attraktiver als neu begebene. Die alten Anleihen werden dann mit einem höheren Kurs gehandelt. Die Regel lautet für Anleihen also:

Fallender Marktzins = steigender Kurs
Steigender Marktzins = fallender Kurs

**Beispiel:** Der aktuelle Marktzins liegt bei 4 Prozent. Ein solider Emittent begibt eine fünfjährige Anleihe mit einer jährlichen Verzinsung (in der Fachsprache Zinskupon genannt) von 4,2 Prozent. Nach einem Jahr ist das allgemeine Zinsniveau auf 5 Prozent gestiegen. Neue Anleihen des Emittenten müssen daher jetzt eine Verzinsung von 5,2 Prozent haben, damit sie Käufer finden. Für die lediglich mit 4,2 Prozent verzinste Anleihe würde kein Anleger mehr den vollen Nennwert von 100 Prozent bezahlen, denn er könnte für den gleichen Preis eine höhere Verzinsung seines Geldes erzielen. Da der Kupon der alten Anleihe mit 4,2 Prozent feststeht, muss der Kurs dieser Anleihe fallen, um Anleger zum Kauf zu bewegen. Der Käufer der alten Anleihe profitiert dann zusätzlich von einem Kursgewinn, wenn er sie bis zum Laufzeitende hält.

## DIE RENDITE BEI ZINSANLAGEN

Legen Sie einen bestimmten Betrag für einen festen Zinssatz als Festgeld bei einer Bank an, entspricht die Rendite, die Sie erzielen können, dem Zinssatz des Festgeldes. Bei Anleihen hingegen ist die Renditebestimmung meist etwas komplizierter. Das liegt daran, dass Sie eine Anleihe selten exakt zum Nennwert erwerben werden. Ihre tatsächlich erzielbare Rendite hängt vielmehr vor allem vom Kurswert der Anleihe zum Kaufzeitpunkt ab. Halten Sie eine Anleihe vom ersten bis zum letzten Tag, bekommen Sie meist einen festen Zinssatz, die sogenannte Emissionsrendite. Kaufen Sie später, weicht die tatsächliche Rendite ab. Notiert der Kurs der Anleihe zum Kaufzeitpunkt unter 100 Prozent und halten Sie diese bis zum Laufzeitende, erzielen Sie neben der Verzinsung zusätzlich einen Einlösungsgewinn, der Ihren Gesamtertrag deutlich verbessern kann.

Die Rendite errechnet sich somit bei einem festverzinslichen Wertpapier aus der Verzinsung plus der Differenz zwischen Kauf- und Verkaufskurs.

Wollten Sie die effektive Rendite Ihrer Anleihe ganz genau ermitteln, müssten Sie noch weitere Faktoren berücksichtigen: Kaufen Sie nicht zum Nennwert, ist zum Beispiel auch Ihr Kapitaleinsatz entsprechend höher oder niedriger. Weiterhin

müssten Sie noch Kosten wie Maklercourtage und Kaufprovision berücksichtigen. Legen Sie in einer Fremdwährung an, kann sich die Rendite noch zusätzlich stark verändern, wenn die Fremdwährung gegenüber dem Euro deutlich gestiegen oder gefallen ist.

## Rendite bei Anleihen

Im Internet geben Börsenportale und Direktbanken zu Anleihen (Bonds) in der Regel die Rendite an, die Sie aktuell erzielen würden, wenn Sie die Anleihe kaufen und bis zur Endfälligkeit halten würden. Gute Internetseiten für Anleihekäufer sind beispielsweise www.bondboard.de und www.boerse-stuttgart.de. Hier finden Sie auch sehr nützliche Tools wie Anleihefinder und Renditerechner. Mit dem Anleihefinder können Sie nach Ihren gewünschten Kriterien passende Anleihen für Sie suchen.

Sollten Sie einmal keine Angaben zur Rendite einer Anleihe finden und diese selbst bestimmen wollen, gibt es dafür unterschiedliche, mehr oder weniger komplizierte Berechnungsmethoden. Die einfachste Methode zur Renditebestimmung ist die der laufenden Verzinsung. Die Formel dafür lautet:

Laufende Verzinsung = (Nominalzins x 100) : (Kaufkurs + Stückzinsen)

Die Herausgeber von Anleihen zahlen ihre Zinsen zu bestimmten Terminen. Stückzinsen sind Zinsen, die vom letzten Zinszahlungstermin bis zum Kauftag einer Anleihe anfallen. Der Käufer der Anleihe muss dem Verkäufer diese Zinsen zahlen, da er für den seit der letzten Zinszahlung vergangenen Zeitraum den Zinsanspruch des Verkäufers miterwirbt und beim nächsten Zinstermin die volle Zinszahlung vom Anleihe-Emittenten erhält.

Wie sich Stückzinsen berechnen und komplexere Methoden zur Berechnung von Anleiherenditen, erklärt der Kasten rechts. Die Berechnungsmethoden zu kennen hilft auch beim Verstehen der Zusammenhänge. Wer aber nicht ganz so wissbegierig ist, kann sich auf die Renditerechner im Internet verlassen und den Kasten überspringen.

## Rendite versus Kurs von Anleihen

Neben den schon genannten Kriterien wie Nominalzins, Bonität des Emittenten und Marktzins wirken noch weitere Faktoren auf die Rendite einer Anleihe und können die Renditechancen von Anlegern, die die

## INFO Stückzinsen und Anleiherenditen berechnen

### Stückzinsen berechnen

Stückzinsen berechnen sich nach der Formel

$$\text{Stückzinsen} = \frac{(\text{Nennwert x Zinstage x Nominalzins})}{(100 \times 365)}$$

**Beispiel:** Ein Anleger kauft mit Valuta vom 10. März eine Anleihe im Nennwert von 1000 Euro mit einem Zinskupon von 3,5 Prozent zum Kurs von 98,8 Prozent. Die Zinsen werden jährlich am 1. Dezember gezahlt. Die Anleihe ist in 3 Jahren und 266 Tagen endfällig. Der Käufer muss dem Verkäufer für 99 Tage (30 Tage im Dezember + 31 Tage im Januar + 28 Tage im Februar + 10 Tage im März) Stückzinsen bezahlen.

Damit muss der Anleihekäufer an Stückzinsen zahlen:

$$\frac{(1000 \times 99 \times 3{,}5)}{(100 \times 365)} = 9{,}49 \text{ Euro}$$

Das entspricht 0,95 Prozent (3,5 Prozent x 99 Tage : 365 Tage).

### Die Anleiherendite berechnen

Im Beispiel würde die laufende Verzinsung der Anleihe (3,5 x 100) : (98,8 + 0,95) = 3,51 Prozent betragen. Die laufende Verzinsung zeigt die Höhe der laufenden Zinszahlungen, bezogen auf den Kaufkurs und die aufgewendeten Stückzinsen, an. Da die Stückzinsen den Kapitaleinsatz erhöhen, müssen sie zum Kaufkurs hinzugerechnet werden. Die laufende Verzinsung berücksichtigt nicht, ob eine Anleihe zu einem Kurs unter oder über dem Nennwert gekauft wurde, und eignet sich daher nur zur Renditebestimmung, wenn der aktuelle Kurs nahe 100 Prozent liegt. Eine Weiterentwicklung der laufenden Verzinsung, die sogenannte **Börsenformel**, berücksichtigt auch Kursgewinne und -verluste, die sich aus der Differenz zwischen Nennwert und Kaufkurs ergeben. Sie lautet:

Rendite = [Nominalzins + ((Rückzahlungskurs – Kaufkurs) : Restlaufzeit in Jahren)] x 100 : (Kaufkurs + Stückzinsen in Prozent)

In unserem Beispiel wäre also die Rendite nach der Börsenformel:

$$\frac{[3{,}5 + ((100 - 98{,}8) : 3{,}73)] \times 100}{98{,}8 + 0{,}95} = 3{,}83 \text{ Prozent.}$$

Noch komplexere und professionellere Renditemethoden berücksichtigen unter anderem auch die Barwerte der Zinszahlungen, berechnen also, was diese bezogen auf die Laufzeit der Anleihe wert sind. Wenn Sie beispielsweise den Renditerechner nutzen, den die Börse Stuttgart auf ihrer Homepage anbietet, berechnet dieser eine Rendite von 3,84 Prozent für unser Beispiel. Grundsätzlich liefert die Börsenformel umso genauere Ergebnisse, je näher der Kaufkurs der Anleihe an 100 Prozent liegt und je kürzer die Restlaufzeit ist.

Anleihe nicht bis zur Endfälligkeit halten, verändern. Die Ausstattungsmerkmale einer Anleihe selbst sind jedoch in den Emissionsbedingungen für die gesamte Laufzeit festgelegt, weshalb sich die verschiedenen Einflussfaktoren auf die Rendite der Anleihe nur in deren Kurs widerspiegeln können.

In den Medien hören Sie des Öfteren aber, dass die Renditen von Anleihen gestiegen oder gefallen sind. Dies hängt mit einer grundlegenden Regel bei der Anleiheanlage zusammen.

**Steigt die Rendite einer Anleihe, fällt ihr Kurs. Fällt die Rendite einer Anleihe, steigt ihr Kurs.**

Rendite und Kurs einer Anleihe verhalten sich immer gegenläufig. Das bedeutet für Sie Kursgewinne, wenn die Renditen fallen. Denn wirken sich äußere Einflussfaktoren negativ auf die Rendite neu begebener Anleihen aus, sind alte Anleihen mit höheren Renditeerwartungen gefragter. Fällt also etwa der allgemeine Marktzins und damit die Renditeerwartung neuer Anleihen, steigt der Kurs alter Anleihen.

Umgekehrt gilt natürlich: Wenn Sie Anleihen besitzen und die Renditen steigen, erleiden Sie Kursverluste, wenn Sie vor dem Ende der Laufzeit verkaufen.

Je länger die Restlaufzeit einer Anleihe ist, umso größer fallen in der Regel die Kursveränderungen aus. Denn zum Ende der Laufzeit strebt der Kurs grundsätzlich seinen Rückzahlungskurs von 100 Prozent an. Marktzinsänderungen, die nur wenige Monate vor Fälligkeit einer Anleihe auftreten, beeinflussen den Kurs der Anleihe kaum noch. Anders hingegen, wenn die Anleihe erst in vielen Jahren fällig ist. Dann kann bis zur Rückzahlung noch eine ganze Menge passieren und ihr Kurs reagiert viel stärker auf die Marktzinsänderung. Man spricht dabei auch vom größeren Hebel längerlaufender Anleihen.

### TIPP: AUCH DIE NEBENKOSTEN BERÜCKSICHTIGEN

In der Regel werden bei Renditeangaben die Nebenkosten und Gebühren, die beim Kauf oder Verkauf einer Anleihe anfallen, nicht einbezogen. Da diese Kosten von der Laufzeit der Anleihe unabhängig sind, fallen sie umso stärker ins Gewicht, je kürzer die Restlaufzeit oder die Haltedauer der Anleihe ist. Dies müssen Sie bei Ihrer Anlageentscheidung mitberücksichtigen.

## Die Zinskurve

Die Zinssätze von Festzinsanlagen unterscheiden sich je nach deren Laufzeit voneinander. Dies kann man in Zinsstrukturkurven darstellen, die die Abhängigkeit von Zinsen und Laufzeiten verdeutlichen.

Zinsen im kurzfristigen Bereich sind im Normalfall niedriger als im langfristigen Bereich. Das erklärt sich damit, dass Anleger, die ihr Geld länger einer Bank oder einem Emittenten zur Verfügung stellen, einen Aufschlag für ihr höheres Risiko der längeren Kapitalbindung fordern. Auch wollen sie einen Ausgleich für die erwarte-

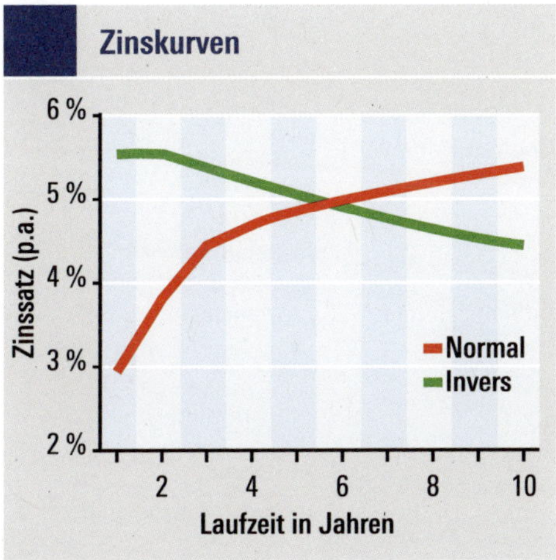


te Inflation, weil diese während der Laufzeit das angelegte Geld entwertet. Wie eine normale Zinskurve verläuft, zeigt die rote Kurve in der Grafik links.

Rechnen die Marktteilnehmer für die Zukunft mit einer Rezession und stark fallenden Zinsen, wollen sie verstärkt in langfristige Anlagen investieren. Durch die steigende Nachfrage am sogenannten langen Ende der Zinskurve sinken die entsprechenden Zinssätze. Werden dann für kurzfristige Zinsanlagen höhere Zinsen als für langlaufende Anlagen gezahlt, spricht man von einer inversen Zinsstruktur (siehe die grüne Kurve in der Grafik). Eine solche Situation kommt selten vor und zeigt eine besondere Verunsicherung auf Seiten der Anleger. Inverse Zinsstrukturen gab es beispielsweise kurz nach der Wiedervereinigung Deutschlands und kurzzeitig im Zuge der Finanzkrise. Aktuelle Zinsstrukturkurven finden Sie unter www.boerse-stuttgart.de (Tools und Services).

## ZINSANLAGEN FÜR JEDE LEBENSLAGE

Je nachdem, ob ein Anleger einen kurz-, mittel- oder langfristigen Anlagehorizont hat, könnte er einfach Zinsanlagen mit entsprechenden Laufzeiten erwerben. Üblicherweise zählt man Laufzeiten bis vier Jahren zu den kurzfristigen Festzinsanlagen, Laufzeiten von vier bis acht Jahren zu den mittelfristigen und bei mehr als acht Jahren spricht man von langfristigen Zinsanlagen. Das wäre aber viel zu kurz gedacht, da dann die unterschiedlichen Eigenschaften von verschiedenen Festzinsanlagen unberücksichtigt blieben.

So sind vor allem der Emittent und seine Bonität, die Art der Verzinsung und die Zinszahlungsperiode, die Laufzeit und die Verfügbarkeit der Anlage wichtige Kriterien, um die passende Zinsanlage zu finden. Auch Bundeswertpapiere, bei denen Emittent und Schuldner der deutsche Staat ist, gibt es in verschiedenen Ausprägungen. Die beiden Tabellen auf der folgenden Seite geben Ihnen eine Übersicht über die wichtigsten Eigenschaften der unterschiedlichen Zinsanlagen und Bundeswertpapiere.

## BUNDESWERTPAPIERE IM VERGLEICH

| | Unverzinsliche Schatzanweisung | Bundesschatzanweisung |
|---|---|---|
| Art der Verzinsung | fest | fest |
| Zinszahlungs-periode | Abzinsung (Ausgabe erfolgt in der Regel zu Preis unter späterem Rückzahlungsbetrag Nennwert) | jährlich |
| Laufzeit | 6 oder 12 Monate | 2 Jahre |
| Verfügbarkeit | Verkauf schwierig, da kein amtlicher Handel | täglich |
| Mindestanlage | nein | kein Mindestauftrag |
| Kursrisiko | sehr gering | ja |

## ZINSANLAGEN IM ÜBERBLICK

| | Tagesgeld-konto | Sparbuch | Festgelder/ Sparbriefe | Pfandbriefe |
|---|---|---|---|---|
| Emittent/ Schuldner | (Direkt-) Banken | Banken | Banken | Hypothekenbanken/ öffentl.-rechtl. Realkredit-institute/Banken |
| Art der Verzinsung | variabel | variabel | fest | fest |
| Übliche Zins-zahlungsperiode | vierteljähr-lich/jährlich | jährlich | jährlich oder am Ende der Laufzeit | jährlich |
| Übliche Laufzeit | unbegrenzt | unbegrenzt | 1 Monat bis 10 Jahre | 3 bis 30 Jahre (Jumbo-Pfandbriefe 2 bis 12 Jahre) |
| Verfügbarkeit | täglich | 2000 Euro pro Monat jederzeit, sonst 3 Monate Kündigungs-frist | nicht vor Ablauf der Laufzeit | täglich |
| Kursrisiko | nein | nein | nein | ja |

| | Bundesobligationen (Bobls) | Bundesanleihen | Inflationsindexierte Anleihen |
|---|---|---|---|
| | fest | fest | variabel |
| | jährlich | jährlich | jährlich nachträglich, auf Basis des indexierten Zinssatzes |
| | 5 Jahre | 10 oder 30 Jahre | 5 bis 10 Jahre |
| | täglich | täglich | täglich |
| | kein Mindestauftrag | kein Mindestauftrag | kein Mindestauftrag |
| | ja | ja | ja |

| | Unternehmens-anleihen | Bankschuld-verschreibungen | Stufenzins-anleihen | Floater | Zerobonds |
|---|---|---|---|---|---|
| | in der Regel namhafte Unternehmen | Banken | Banken | Banken | Banken |
| | fest | fest | steigend oder fallend | variabel | fest |
| | jährlich | jährlich | jährlich | jährlich | am Ende der Laufzeit |
| | 1 bis 10 Jahre | 2 bis 10 Jahre | 6 bis 10 Jahre | 6 bis 10 Jahre | 6 bis 10 Jahre |
| | täglich | täglich | täglich | täglich | täglich |
| | ja | ja | ja | ja | ja |

## STRATEGIEN GEGEN DAS ZINSÄNDERUNGSRISIKO

Sie haben gesehen, wie sich Marktzinserwartungen und -änderungen auf die Rendite einer Anleihe auswirken können. Ein Zinsanstieg führt bei langlaufenden Anleihen zu den stärksten Kursverlusten.

Wenn Sie eine Anleihe sowieso bis zum Laufzeitende halten, können Sie sich entspannt zurücklehnen. Dann stand Ihre Rendite bereits zum Kaufzeitpunkt fest. Wenn Sie aber aktiv das Management Ihrer Anleihen übernehmen wollen und bei einer ansteigenden Zinsstrukturkurve dem Zinsänderungsrisiko entgegenwirken wollen, gibt es selbst für konservative Anleger leicht umsetzbare Strategien. Je nach Ihrer Risikoeinstellung können Sie die folgenden Strategien mit Festgeldern, Pfandbriefen, Bundesobligationen und -anleihen sowie Unternehmensanleihen umsetzen.

### Die Treppendepot-Strategie

Die Treppendepot-Strategie – auch als Leiterstrategie (Bond Laddering) bekannt – eignet sich für Anleger, die keine ausgeprägte Meinung zur zukünftigen Zinsentwicklung haben und deshalb unsicher sind, welche Laufzeiten die Anleihen ihres Portfolios haben sollten.

Der Vorteil dieser Strategie ist, dass durch die Laufzeitenstaffelung des Portfolios die höhere Stabilität von kurzfristigeren Papieren bei Zinsänderungen mit den höheren Zinsaussichten von längerfristigen Anleihen kombiniert wird. Damit lässt sich die Anfälligkeit des Portfolios für Marktzinsänderungen und damit seine Wertschwankung senken. Mit dem Leiterdepot bleiben Sie auch vergleichsweise flexibel. Denn Sie erhalten regelmäßige Rückzahlungen der jeweils fälligen Anleihen. Diese können Sie wieder in länger laufende Anleihen investieren, wenn das Zinsniveau gestiegen ist und damit höhere Renditen möglich sind. Sind die Zinsen vorübergehend gefallen, müssen Sie nicht gleich wieder reinvestieren, sondern können auch einfach abwarten und das Geld auf einem Tagesgeldkonto parken. Die noch im Depot befindlichen Anleihen erzielen dann dennoch höhere Zinsen, als der Markt hergibt.

## Das Treppendepot

So könnte ein Treppendepot mit Laufzeiten bis fünf Jahre aussehen: Sie investieren in fünf Anleihen (oder Festgeld) mit einer Laufzeit von einem bis fünf Jahren. Immer, wenn eine Anlage ausläuft, kaufen Sie eine neue mit fünfjähriger Laufzeit.

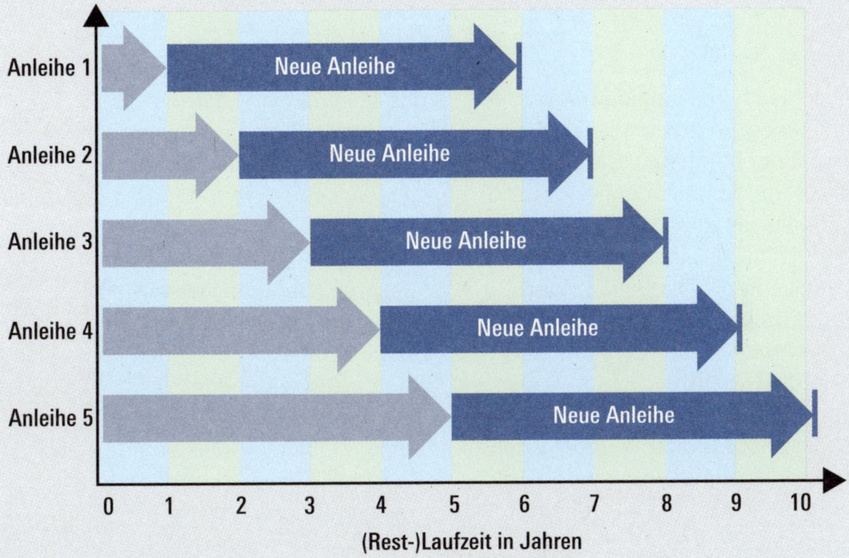


### Einfach, sicher und flexibel

Das Treppendepot ist eine gute Option, wenn Sie einen größeren Betrag sicher und flexibel anlegen möchten. Haben Sie 25 000 Euro und mehr, können Sie es aufbauen, indem Sie zehn Bundesanleihen mit Restlaufzeiten von ein bis zehn Jahren kaufen. Alternativ können Sie das Geld auch in Sparbriefen und Festgeldern mit den entsprechenden Laufzeiten anlegen. Besonders für die Laufzeiten bis fünf Jahre bieten sich Festgelder und Sparbriefe an, da bei diesen Laufzeiten das Zinsniveau oft deutlich höher ist als bei Bundesanleihen. Jedes Jahr, wenn eine Anleihe oder ein Festgeld fällig wird, kaufen Sie eine neue zehnjährige Anlage.

Bei kleineren Anlagebeträgen können Sie das Depot auch mit fünf Anleihen mit Restlaufzeiten von zwei, vier, sechs, acht und zehn Jahren aufbauen. Dann müssen Sie nur alle zwei Jahre nachkaufen.

### TIPP: DAS TREPPENDEPOT ANS ZINSNIVEAU ANPASSEN

In Zeiten mit einem sehr niedrigen Zinsniveau ist es sinnvoller, nur eine Treppe mit Laufzeiten bis vier oder fünf Jahren aufzubauen, denn die Wahrscheinlichkeit, dass das allgemeine Zinsniveau steigt, ist hoch. Anleger mit länger laufenden festverzinslichen Anlagen können auf einen solchen Anstieg nicht reagieren. Fleißige passen also das Treppendepot je nach Marktlage auch in den Laufzeiten an.

### Das Depot aufpeppen

Wenn Sie bei der Treppendepot-Strategie nicht nur Bundesanleihen verschiedener Laufzeiten mischen, sondern auch Anleihen mit schlechterer Bonität, dafür aber höheren Zinsen einstreuen, können Sie das Treppendepot an Ihre persönliche Chance-Risiko-Mentalität anpassen und haben höhere Renditechancen. Sie sollten dafür aber keine Anleihen wählen, deren Rating schlechter ist als Baa3 (Moody´s) beziehungsweise BBB– (S&P und Fitch).

## Die Hantelstrategie

Die Hantelstrategie reduziert den Aufwand der Treppendepot-Strategie und konzentriert den zur Verfügung stehenden Anlagebetrag auf zwei Extremlaufzeiten. Sie investieren dabei nur in Anleihen mit kurzer und mit langer Restlaufzeit. Die Anleihelaufzeiten sind somit wie die Gewichte einer Hantel am linken und rechten Ende des Laufzeitspektrums platziert. Auf diese Weise haben Sie nicht Ihr gesamtes Kapital langfristig gebunden und können mit den kurzfristigen Festzinsanlagen auf eventuelle Marktzinssteigerungen reagieren. Bei fallenden Zinsen können Sie das Geld aus den fällig gewordenen kurzfristigen Anleihen in andere Anlageklassen wie zum Beispiel Aktien oder Immobilien investieren. Ohne den gesamten Teil Ihrer festverzinslichen Anlagen mittelfristig gebunden zu haben, erzielen Sie mit dieser Strategie eine Rendite, die im Schnitt der einer mittelfristigen Anleihe entspricht. Die kurzfristigen Anleihen reduzieren so die Anfälligkeit des Anleihendepots für Zinsänderungen.

**Beispiel:** Ein Anleger investiert einen Betrag von 20 000 Euro zu je 5 000 Euro in zwei Anleihen mit zweijähriger Restlaufzeit und zwei Anleihen mit zehnjähriger Restlaufzeit. Werden die zweijährigen Anleihen fällig, ersetzt er diese durch zwei neue mit zweijähriger Restlaufzeit.

**INFO** **Vorsicht bei Stufenzinsanleihen**

Ein scheinbar gutes Mittel gegen das Zinsänderungsrisiko sind Stufenzinsanleihen, die Banken und vor allem Landesbanken gern anbieten. Bei ihnen fängt der Zins klein an und steigt dann jährlich. Über die volle Laufzeit bieten Stufenzinsanleihen häufig höhere Effektivzinsen als Festgeld. Der Haken bei diesen Produkten ist, dass zahlreiche Banken sich ein einseitiges vorzeitiges Kündigungsrecht vorbehalten, das sie auch nutzen, wenn ihnen der Zins der Anleihe im Vergleich zum Marktzins zu hoch wird. Die Anleger haben dann Probleme, ähnlich lukrative Angebote zur Wiederanlage zu finden. Hätten sie beim Kauf gewusst, dass die Bank die Stufenzinsanleihe vorzeitig kündigt und sie vom hohen Zinssatz zum Laufzeitende gar nicht mehr profitieren, hätten sie gleich ein Festgeld für die geplante Laufzeit abschließen können und die Zinsen für die ganze Zeit bekommen.

### Die Kugelstrategie

Die Kugelstrategie (auch Bullet- oder Punktstrategie) eignet sich für Anleger, die unsicher sind, ob das Zinsumfeld zukünftig besser wird, die ihr Geld aber zu einem festen Zeitpunkt zurückhaben wollen. Bei dieser Strategie werden die Fälligkeiten der Anleihen im Portfolio daher auf einen Zeitpunkt konzentriert. Das funktioniert, indem man sie über mehrere Jahre nach und nach kauft und dabei ihre Restlaufzeiten so wählt, dass sie nahezu zur gleichen Zeit fällig werden.

Beispiel: Ein Anleger möchte in acht Jahren in den Ruhestand gehen und dann eine Weltreise machen. Daher will er Teile seines Aktiendepots im Wert von rund 16 000 Euro in festverzinsliche Papiere umschichten. Damit er aber auf zukünftige Marktzinssteigerungen reagieren kann, verkauft er zunächst nur Aktien im Wert von 4 000 Euro und kauft dafür eine Anleihe mit acht Jahren Restlaufzeit. Nach weiteren drei Jahren schichtet er Aktien im Wert von 6 000 Euro in eine fünfjährige Anleihe um. Da nach weiteren zwei Jahren die Marktzinsen relativ hoch sind, schichtet er jetzt den Restbetrag von 6 000 Euro in eine Anleihe mit einer Restlaufzeit von drei Jahren. Zum Rentenbeginn werden alle drei Anleihen fällig. Mit dem Erlös kann er die Reise finanzieren.

## ZINSSTRATEGIEN FÜR BESONDERE ANLEGERBEDÜRFNISSE

Jeder Anleger hat andere Ziele, die er mit seinen festverzinslichen Anlagen erreichen will. Der eine möchte zum Beispiel laufende Erträge zur Aufbesserung seiner Rente erzielen, andere möchten Kapital für den Ruhestand oder die eigenen vier Wände bilden. Vielleicht planen Sie, in zwei Jahren umzuziehen oder sich ein neues Auto zu kaufen, und sparen dafür. Oder Sie wollen bei hohen Aktienkursen auf bessere Einstiegsgelegenheiten warten und dafür Ihr Geld rentabel, aber schnell verfügbar parken. Wir zeigen Ihnen, welche Zinsanlagen für verschiedene typische Anlageziele geeignet oder auch unpassend sind.

### Ziel: Laufende Erträge

Sind Ihnen laufende Erträge wichtig, weil Sie damit zum Beispiel Ihre Rente aufbessern müssen, kommt es zunächst darauf an, dass Sie eine Anlage wählen, bei der die Zinsen auch tatsächlich ausgeschüttet werden. Abgezinste Papiere, wie zum Beispiel Null-Kupon-Anleihen (Zerobonds), bei denen die Zinsen während der Anlagedauer angesammelt und erst zum Laufzeitende zusammen mit dem Nennwert zurückgezahlt werden, scheiden dann für Sie aus. Auch variabel verzinste Papiere sind für Sie ungeeignet, weil Sie mit diesen nicht planen können. Zu solchen variabel verzinsten Anleihen gehören auch die sogenannten Floater. Das sind Wertpapiere, deren Zinszahlungen regelmäßig an sich ändernde Kapitalmarktzinsen angepasst werden.

Wenn die regelmäßigen Zahlungen existenziell für Ihre laufenden Lebenshaltungskosten sind, müssen Sie streng auf eine gute Bonität des Schuldners achten. Sollen die Zahlungen lediglich ein nettes Zubrot sein, müssen Sie bei der Bonität nicht ganz so penibel sein.

Fremdwährungsanleihen sind allerdings ungeeignet, weil hier die Höhe der Zinszahlungen aufgrund der Währungsrisiken nicht sicher ist. Da Kursgewinne nicht im Vordergrund stehen, wenn Sie laufende, sichere Erträge erwirtschaften möchten, könnten Sie gegebenenfalls auch Wertpapiere von Emittenten höchster Bonität kaufen, die über dem Nennwert, also über pari, notieren. Die bei Fälligkeit entstehenden Kursverluste müssen Sie dann aber in Kauf nehmen.

Geeignet für dieses Anlageziel sind vor allem Festgelder und Sparbriefe, Anleihen von sehr sicheren Schuldnern mit einem Rating bis schlechtestenfalls Aa3 beziehungsweise AA– sowie Bundesobligationen und -anleihen. Die Zinszahlungen erfolgen bei diesen Anlagen in der Regel jährlich. Benötigen Sie monatliche Raten, können Sie die Zinsen auf einem Tagesgeldkonto parken und das Geld daraus monatlich entnehmen.

### TIPP: BEI STEIGENDEN ZINSEN KURZLAUFEND ANFANGEN

In Zeiten steigender Zinsen empfiehlt es sich, zunächst kurzlaufende Zinsanlagen zu kaufen und den vorübergehenden Ren-

### INFO Bankauszahlpläne

Wenn Sie auf monatliche Zahlungen angewiesen sind, gibt es eine weitere Alternative: sogenannte Entnahmedepots oder Bankauszahlpläne, die einige Banken, Versicherer und Bausparkassen anbieten. Hier legen Sie eine feste Summe über eine feste Laufzeit an. Sie erhalten während der Laufzeit monatlich einen Teil Ihres Geldes plus einer festen Verzinsung zurück. Am Ende der Laufzeit ist Ihr Geld dann aufgebraucht, das heißt, es erfolgt keine Rückzahlung des Anlagebetrags.

**Beispiel:** Bei einem Anlagebetrag von 50 000 Euro und einer Anlagedauer von sieben Jahren erhält der Anleger monatlich 658,15 Euro ausbezahlt. Das bedeutet, dass er seinen Anlagebetrag plus 3 Prozent Zinsen über sieben Jahre verteilt zurückbekommt.
Vorsicht: An das einbezahlte Geld kommen Sie nicht heran. Daher sollten Sie immer nur einen kleinen Teil Ihres Vermögens in einem Entnahmeplan binden und in Niedrigzinsphasen keine Laufzeit von über sechs Jahren wählen.

ditenachteil gegenüber längerlaufenden Zinspapieren in Kauf zu nehmen. Erst wenn sich abzeichnet, dass ein Zinsgipfel erreicht ist, sollten Sie in langlaufende Zinsanlagen umschichten.

## Ziel: Vermögensbildung

Geht es Ihnen vor allem darum, über einen längeren Zeitraum für die Ausbildung der Kinder, ein Eigenheim oder den Ruhestand zu sparen oder auch ohne konkretes Ziel für später Vermögen aufzubauen, kommen zunächst alle Formen von Festzinsanlagen in Betracht. Achten Sie bei allen Anlagen darauf, dass Sie eine Rendite erzielen, die möglichst über der Inflation liegt. Sonst ist Ihre Realrendite, also Ihre Vermögensbildung abzüglich der gestiegenen Lebenshaltungskosten, negativ und Sie haben Kapital vernichtet.

Wichtig ist bei diesem Anlageziel, die Laufzeit der Festzinsanlagen dem Marktzins anzupassen. Das bedeutet, dass Sie sich unter Umständen auch bei einem zehnjährigen Anlagehorizont zunächst nur kurzfristiger festlegen, wenn Sie steigende Zinsen in den nächsten Jahren erwarten. Erfahrungsgemäß fällt dies Anlegern schwer, weil sie den Mehraufwand der regelmäßigen Neuanlage fürchten.

Vor allem Ihre Risikoeinstellung stellt bei der Wahl der passenden Zinsanlagen zur Vermögensbildung wichtige Weichen.

### Für risikoscheue Anleger

Für risikoscheue Anleger kommen Bundeswertpapiere, Festgelder mit EU-Einlagensicherung sowie Pfandbriefe in Betracht.

Pfandbriefe sind Schuldverschreibungen von Hypotheken- und Pfandbriefbanken, die neben der Bonität der emittierenden Bank noch eine zusätzliche Sicherheit bieten. Denn sie sind – wie der Name schon sagt – durch spezielle Pfandrechte gesichert. Dazu gehören vor allem erstrangige Hypotheken auf Grundstücke und Staatskredite beziehungsweise Kredite an

Länder und Kommunen. Pfandbriefe bieten in der Regel höhere Zinsen als Bundesanleihen – je nach Laufzeit sind bis zu 0,5 Prozentpunkte mehr drin –, gelten jedoch als ähnlich sicher. In den vergangenen hundert Jahren sind bei keinem Pfandbrief Zins oder Tilgung ausgefallen.

Da am Markt viele Pfandbriefe angeboten werden, kann es sein, dass Anleger ihren „normalen" Pfandbrief während der Laufzeit nicht zu einem marktgerechten Kurs verkaufen können. Anders sieht es hingegen bei den sogenannten Jumbo-Pfandbriefen aus. Bei diesen beträgt das Mindestemissionsvolumen eine Milliarde Euro und der Emittent muss für ein Market-Making sorgen. Market-Making bedeutet dabei, dass sich zumindest drei Banken gegenüber dem Emittenten verpflichtet haben, sich um einen fortlaufenden Handel der Papiere zu marktgerechten Kursen zu kümmern. Weil solche Großemissionen an der Börse gut verkäuflich sind, bieten sie oft aber nur noch geringe Renditevorteile gegenüber Bundeswertpapieren. Wenn Sie also Zinsvorteile bei Pfandbriefen suchen, müssen Sie sich auf Pfandbriefemissionen mit kleinerem Volumen konzentrieren und bereit sein, diese Papiere gegebenenfalls bis zur Fälligkeit zu halten.

Wollen Sie höhere Renditechancen, können Sie auch Pfandbriefe aus anderen Ländern ins Visier nehmen. Grundsätzlich sind auch ausländische Pfandbriefe hinreichend besichert. Da es aber sehr schwierig ist, die Werthaltigkeit ausländischer Hypotheken zu beurteilen, dürfte eine Anlage über einen ETF auf ausländische Pfandbriefe die bessere Wahl sein. Dadurch sichern Sie sich eine Streuung über verschiedene Pfandbriefe und Länder.

### TIPP: BEI PFANDBRIEFEN AUF KOSTEN ACHTEN

Pfandbriefe bietet Ihnen Ihre Bank häufig als Festpreisgeschäft an. Dabei sind die Gebühren im Preis enthalten. Wollen Sie Einzelpapiere über die Börse kaufen, werden die Gebühren extra abgerechnet. Sie sollten bei der Order ein Preislimit setzen, damit Sie nicht zu viel bezahlen.

#### Für risikobereitere Anleger

Mögen Sie es riskanter, aber auch chancenreicher, können Sie bei Unternehmensanleihen fündig werden. Diese bieten höhere Renditen als Bundeswertpapiere oder Pfandbriefe. Je nach Bonität und Rating des Unternehmens, das die Anleihe begibt, variieren die Renditen stark. Wollen Sie gar in Unternehmensanleihen mit einem Rating unterhalb von Investment-Grade investieren (siehe Tabelle Seite 35), empfiehlt sich wiederum die Anlage über einen entsprechenden ETF, um das Ausfallrisiko zu streuen.

Setzen Sie grundsätzlich ein Limit, wenn Sie Unternehmensanleihen kaufen oder verkaufen. Wenn die Liquidität Ihrer Unternehmensanleihe gering ist, riskieren Sie sonst, die Papiere zu überzogenen Kursen zu kaufen beziehungsweise zu billig zu verkaufen.

## Ziel: Liquide sein

Verschiedene Gründe können dafür sprechen, bei der Zinsanlage vor allem darauf zu achten, sie schnell wieder in Bargeld umwandeln zu können:

- Sie wollen sich aufgrund der niedrigen Marktzinsen nicht längerfristig binden und glauben, bei bald steigenden Zinssätzen wieder deutlich höhere Erträge auf Ihre mittel- bis langfristigen Anlagen zu erhalten.
- Sie wollen sich in naher Zukunft besondere Konsumwünsche erfüllen.
- Sie warten auf besondere Anlage- und Spekulationsgelegenheiten und wollen dann schnell reagieren können.

Zwar können Sie grundsätzlich alle börsennotierten festverzinslichen Anlagen jederzeit verkaufen und sich so flüssige Mittel schaffen. Können Sie allerdings aufgrund der Marktsituation nur unter Ihrem Einkaufspreis verkaufen, weil Kursschwankungen während der Laufzeit gegen Sie laufen, realisieren Sie Verluste.

Auch müssen Sie wieder die Kosten sogenannter liquiditätsnaher Anlagen berücksichtigen. Haben Sie beispielsweise einen Rentenfonds mit 3 Prozent Ausgabeaufschlag gekauft, machen Sie einen entsprechenden Verlust, wenn Sie ihn kurze Zeit später wieder verkaufen.

Um ohne größere Kursrisiken liquide zu sein, kommen somit letztlich nur folgende Anlagen für Sie in Betracht:

- Tagesgelder
- Festgelder und Anleihen mit kurzen Restlaufzeiten
- Finanzierungsschätze
- Floater

# AN DER MARKTSITUATION AUSGERICHTETE STRATEGIEN

Vielleicht geht es Ihnen gar nicht darum, Ihre Asset Allocation mit Zinsanlagen zu optimieren, sondern Sie wollen besondere Renditechancen nutzen, die sich in bestimmten Marktsituationen ergeben? Auch dafür haben wir einige Ideen.

## So schätzen Sie selbst die Zinsentwicklung ein

Eine Grundregel der Zinsanlage ist, sich bei Erwartung steigender Zinsen nur mit kurzfristigen Anlagen zu binden, um dann in die steigenden Zinsen einsteigen zu können. Erwarten Sie hingegen fallende Marktzinsen, sollten Sie sich Anlagen mit möglichst langen Restlaufzeiten zulegen, um lange von den hohen Zinsen profitieren zu können. Wie aber können Sie wissen, wohin sich die Marktzinsen zukünftig bewegen werden?

Die Zinsentwicklung hängt von vielen Faktoren ab. Die wichtigsten sind:

- die Konjunktur
- die Inflation

- die Geldpolitik der Notenbanken
- die finanzielle Lage eines Staates
- Zinsentwicklungen im Ausland

Wenn Sie diese Faktoren analysieren, können Sie sich eine eigene Meinung über die kommende Zinsentwicklung bilden und sich rechtzeitig entsprechend positionieren.

### Die Konjunktur

Die Nachfrage nach Kapital in einer Volkswirtschaft wird vor allem von der Entwicklung der Wirtschaft bestimmt. Brauchen immer mehr Unternehmen frisches Geld, weil sie investieren und ihre Geschäfte ausweiten wollen, treibt das in der Regel die Zinsen nach oben. Auch sorgt eine brummende Wirtschaft für wachsendes Vertrauen bei den Verbrauchern und diese konsumieren mehr über Kredite. Wird das Kapital somit knapper, steigt der Preis für dieses Wirtschaftsgut, was sich in steigenden Zinsen ausdrückt. In einer wirtschaftlichen Abschwungphase ist es umgekehrt. Unternehmen stellen Investitionen zurück, Verbraucher sparen lieber. Die Folge ist ein steigendes Angebot an Kapital und damit fallende Zinsen.

Die Konjunktur verläuft gewöhnlich in mehrjährigen Zyklen. Allerdings kann man nie genau vorhersagen, wie lange ein Zyklus dauert. Anhaltspunkte können eine Reihe von Indikatoren geben wie beispielsweise die Arbeitslosenzahlen, die Auftragseingänge in der Industrie oder Stimmungsumfragen unter Verbrauchern und Managern.

### Die Inflation

Erwarten Anleger anziehende Preissteigerungsraten, verlangen sie für längerfristige Anlagen auch höhere Risikoprämien, um einen positiven Realzins (Nominalverzinsung minus Inflation) erzielen zu können. Das führt häufig zu steigenden Zinsen für langfristige Anlagen.

### Die Geldpolitik der Notenbanken

Die Notenbanken bestimmen vereinfacht gesagt mit den Leitzinsen, die sie festlegen, zu welchen Zinssätzen die Geschäftsbanken bei ihnen Kredite aufnehmen können. Erhöhen sie die Sätze, geben die Banken dies an ihre Kunden weiter, zum Beispiel in Form höherer Zinsen bei Baufinanzierungen oder Dispokrediten. In wirtschaftlichen Schwächephasen können die Notenbanken die Leitzinsen senken, um die Geldbeschaffung für Unternehmen und Verbraucher bei den Banken billiger zu machen und auf diese Weise die Wirtschaft anzukurbeln. Droht die Wirtschaft heißzulaufen und die Inflation stark anzuziehen, können die Notenbanken die Zinsen anheben, um damit Investitionen unrentabler zu machen und die Konjunktur zu bremsen.

Ein weiteres Mittel der Notenbanken zur Marktzinssteuerung ist die Geldmenge. Versorgen sie die Wirtschaft und die Kapitalmärkte mit genügend frischem Geld, führt das zu sinkenden oder stabilen Zinsen, da das Angebot nicht knapp ist. Eine Verknappung der Geldmenge durch die Notenbanken hingegen führt nach dem Gesetz von Angebot und Nachfrage zu einer Verteuerung der Geldbeschaffung, also zu höheren Zinsen.

#### Die finanzielle Lage eines Staates

Eine hohe Staatsverschuldung und ein maroder Staatshaushalt verschlechtern die Bonität eines Staates. Für die Ausgabe neuer Staatsanleihen zu seiner Finanzierung muss der Staat dann höhere Zinsen bezahlen.

#### Die Zinsentwicklung im Ausland

Aufgrund der Globalisierung können sich die Renditen in einem Land nicht völlig unabhängig von den Marktzinsen im Rest der Welt entwickeln. Sind die Zinsen zum Beispiel in Deutschland niedriger als im Ausland, werden Anleger ihr Geld verstärkt im Ausland investieren, weil ihnen heimische Banken oder Unternehmen, die Anleihen begeben, zu geringe Zinsen dafür anbieten.

### Timingstrategie: Auf steigende Zinsen setzen

Wenn Sie nach der Analyse der Faktoren, die die Zinsen beeinflussen, zu dem Schluss gekommen sind, dass diese bald steigen werden, verbieten sich langlaufende Anlagen. Vielmehr sollten Sie dann in Anleihen mit kurzen Restlaufzeiten, Finanzierungsschätzen des Bundes oder in kurzfristigen Festgeldern und Tagesgeldern anlegen. Achten Sie dabei besonders darauf, dass Sie beim Renditevergleich der einzelnen Anlagen anfallende Gebühren und Spesen berücksichtigen. Denn gerade bei kurzen Laufzeiten wirken sich diese Nebenkosten stark aus. Ein Festgeld ohne Nebenkosten kann dann rentabler sein als eine höherverzinsliche Anleihe mit hohen Kaufgebühren.

### Timingstrategie: Auf fallende Zinsen setzen

Kommen Sie hingegen zu dem Ergebnis, dass die Zinsen voraussichtlich fallen werden, sollten Sie langlaufende Anleihen bevorzugen. Damit sichern Sie sich zum einen die derzeit noch höheren Zinsen. Zum anderen haben Sie die Chance auf ordentliche Kursgewinne, weil längerlaufende Anleihen auf fallende Zinsen stärker reagieren als kurzfristigere Anleihen. Auch Zerobonds empfehlen sich, da diese die

Wiederanlage der Zinsen zu den hohen Ausgangsbedingungen sichern.

## Mit Extremsituationen spekulieren

Bei Aktien kommt es immer wieder vor, dass der Markt Unternehmen abstraft. Gelegentlich passiert das auch bei Anleihen. Beispielsweise können Gerüchte über Bilanzmanipulationen oder Bonitätsverschlechterungen eines Unternehmens dazu führen, dass Anleger verstärkt Anleihen der in die Schlagzeilen geratenen Firma loswerden wollen, mit der Folge, dass deren Kurs deutlich unter 100 Prozent sinken kann. Haben Sie hingegen Grund zu der Annahme, dass die Kursabschläge übertrieben hoch sind und das Unternehmen sicher noch länger als die Restlaufzeit seiner Anleihe liquide bleiben wird, weil es zum Beispiel am Markt gegenüber seinen Konkurrenten eine Vormachtstellung einnimmt, könnten Sie die Anleihe mit dem Vorsatz erwerben, diese bis zur Endfälligkeit zu behalten. Je nach Höhe der Kursabschläge sind mit dieser spekulativen Strategie Renditen im hohen zweistelligen Bereich möglich.

Auch Kursausschläge in die andere Richtung über 100 Prozent können Ihnen zu hohen Renditen verhelfen, wenn Sie Inhaber einer plötzlich besonders gefragten Anleihe sind. So konnte ein vorausschauender Anleger im Zuge der Finanz- und Schuldenkrise im Euroraum ahnen, dass Anleihen von als besonders solide geltenden Staaten wie beispielsweise Norwegen, der Schweiz oder Deutschland als sicherer Anlagehafen gesucht werden würden. Als vorausschauender spekulativer Anleger hätte man Anleihen dieser Staaten ungefähr zum Nennwert kaufen und auf dem Hochpunkt der Krisenpanik zu einem Kurs weit über 100 Prozent verkaufen können.

### TIPP: GANZ NÜCHTERN ABWÄGEN

Wenn solche besonderen Extremsituationen an den Anleihemärkten auftreten, heißt es für Sie, kühl abzuwägen, ob die Kursausschläge in ihrer Höhe gerechtfertigt sind oder etwa höher als das damit in Zusammenhang stehende Risiko. Liegen Sie mit Ihrer Einschätzung richtig, sind beachtliche Renditen möglich.

## Eine Strategie für Immobilienkäufer

Wollen Sie eine Immobilie als Geldanlage kaufen, zum Beispiel eine vermietete Eigentumswohnung, und könnten Sie diese nahezu vollständig mit Eigenkapital bezahlen, lohnt sich folgende Überlegung: Besitzen Sie gegenüber der Bank eine gute Bonität und würden Sie auch ein Darlehen erhalten, dessen Zinssatz unter dem aktuellen Marktzins für sichere längerfristige Anlagen wie Festgelder, Bundeswertpapiere oder Pfandbriefe liegt oder diesen nicht übersteigt, rechnet es sich unter Renditegesichtspunkten in der Regel nicht, die Immobilie vollständig mit Eigenkapital zu finanzieren. Denn Sie erzielen mit der Zinsanlage höhere Zinsen,

**INFO** **Einen Immobilienkauf sorgfältig planen**

Egal ob Eigenheim oder vermietete Immobilie: Einen Immobilienkauf sollten Sie nie übers Knie brechen, sondern immer sorgfältig planen. Vertiefende Informationen zur Immobilienfinanzierung finden Sie im Ratgeber der Stiftung Warentest „Immobilienfinanzierung", den Sie für 19,90 Euro im Buchhandel bekommen oder über www.test.de/shop bestellen können.

als Sie an Darlehenszinsen an die Bank zahlen müssen.

Hinzu kommt noch, dass die Erträge aus der Zinsanlage nur mit der Abgeltungsteuer, also mit 25 Prozent zu versteuern sind. Im Gegenzug können Sie aber die Darlehenszinsen steuerlich geltend machen, und zwar mit Ihrem persönlichen Steuersatz, der bei manchem Anleger deutlich über 25 Prozent liegt.

Natürlich macht die Strategie nur Sinn, wenn Sie die Immobilie sorgfältig auswählen und ihre Finanzierung gut planen und prüfen.

Bei einer Eigenheimfinanzierung funktioniert dieses Modell nicht. Denn hier können Sie die Darlehenszinsen nicht steuerlich geltend machen, müssen aber die Zinserträge mit dem Abgeltungsteuersatz versteuern.

# STRATEGIEN MIT AKTIEN

Wenn Sie den Aktienanteil Ihrer Asset Allocation aufpeppen wollen, können Sie neben Aktienfonds und ETFs auch auf Einzelwerte setzen. Doch nicht einmal risikofreudige Anleger sollten ihr ganzes Geld in Einzelaktien stecken. Das Verlustrisiko ist viel zu hoch. Auch sollten Sie nicht planlos vorgehen. In diesem Kapitel zeigen wir Ihnen Strategien mit Einzelaktien, die sich unter anderem nach Ertragschancen und Risiken sowie dem Aufwand unterscheiden.

## WARUM SIE EINE STRATEGIE BRAUCHEN

Wenn Sie in einzelne Aktien investieren wollen, haben Sie die Auswahl unter Tausenden Werten. Die Aktien von Unternehmen, die Sie vielleicht schon vom Namen her und aus den Medien kennen, müssen nicht unbedingt die besten für Ihre Geldanlagen sein. Auch wenn es in Statistiken heißt, dass Anleger in den vergangenen x Jahren mit Aktien durchschnittlich soundso viel Prozent Rendite erwirtschaftet haben, gab es erfolgreiche Unternehmen, aber auch solche, deren Aktien deutlich an Wert verloren haben. Um aber die potenziell erfolgreichen Aktien zu finden, ist es hilfreich, die riesige Zahl an Werten, die der Markt bietet, mithilfe einer Strategie vorzufiltern und zu sortieren.

Doch damit allein ist es nicht getan. Sie brauchen auch noch eine Strategie, um zu wissen, wann Sie eine Aktie kaufen, welche Verluste Sie bereit sind zu tragen und wann Sie wieder verkaufen. Wichtig bei einer Strategie ist, sich dann tatsächlich an diese zu halten und nicht spontan und unsystematisch davon abzuweichen. Andererseits sollten Sie ihr auch nicht blind folgen. Nehmen Sie die mit einer Strategie herausgefilterten Aktien genau unter die Lupe und kaufen Sie nur die, von denen Sie wirklich überzeugt sind.

Grundsätzlich gilt: Eine Strategie mit Erfolgsgarantie und eine systemgestützte Lösung für alle Börsenzeiten gibt es leider nicht. Dann würde jeder danach handeln. Eine Strategie, die in einem Jahr hervorragend lief, kann sich im nächsten als Flop erweisen. Die Entwicklung in der Vergangenheit ist eben keine Garantie für die Zu-

kunft. Das Risiko ist hoch. Einzelstrategien mit Aktien sollten daher nur ein Baustein Ihrer Aktienanlagen sein, wenn Sie noch kein besonders erfahrener Anleger sind.

## Den Durchblick behalten

Sie haben bereits gesehen, dass Diversifikation äußerst wichtig ist, um das Risiko Ihres Portfolios zu streuen und zu minimieren. Achten Sie aber auch darauf, dass Ihre Aktienanlagen noch übersichtlich und für Sie handhabbar bleiben. Ab einer Anzahl von ungefähr 15 Aktien und mehr verringert sich das Risiko eines Depots statistisch nicht mehr signifikant. Haben Sie mehr Aktien in Ihrem Depot, wird es Ihnen sehr schwerfallen, jeder noch die erforderliche Aufmerksamkeit widmen zu können.

Beschränken Sie sich daher – egal welche Strategie Sie verfolgen – am besten auf nicht mehr als 15 Aktien. Jede Aktienposition sollte eine Mindestgröße von 2500 Euro haben. Sonst schlagen die Nebenkosten beim Kauf und Verkauf prozentual zu stark zu Buche. Wenn Sie nur eine Anlagesumme von beispielsweise 10000 Euro zur Verfügung haben, kaufen Sie zunächst nur vier verschiedene Werte. Bauen Sie lieber nach und nach ein größeres Depot auf, statt mit vielen Kleinstpositionen anzufangen. Mit zunehmender Erfahrung und Routine mit Ihrer Strategie wird es Ihnen immer leichter fallen, erfolgversprechende Aktien zu finden und Ihre Anlagen zu überwachen.

Suchen Sie sich eine Strategie, die nicht nur zu Ihren Zielen und Ihrer Risikoeinstellung, sondern auch zu Ihren zeitlichen Ressourcen passt. Die schönste Strategie nützt nichts, wenn Sie nicht die Zeit haben, sie korrekt umzusetzen. Komplexe Strategien, die einen hohen Zeitaufwand erfordern, sind dann einfach nicht für Sie geeignet.

## Eine Strategie schützt Sie vor sich selbst

Bei der Aktienanlage haben Sie immer auch mit Ihrem Ego zu kämpfen. Viele Anleger nehmen die Aktienanlage zu persönlich. Wenn sich ein Investment nicht wie erhofft entwickelt, werten sie dies als einen persönlichen Angriff gegen sich selbst. Sie wollen keine Aktie mit Verlust verkaufen und halten selbst an aussichtslosen Papieren fest, nur um sich nicht eingestehen zu müssen, dass sie die Ertragsaussichten beim Kauf falsch eingeschätzt haben. Vielleicht schätzt aber auch nur die breite Masse ein Aktienunternehmen völlig falsch ein. Wer recht hat, ist jedoch irrelevant. Es geht darum, dass Sie Ihre Anlageziele erreichen, nicht darum, sich etwas zu beweisen. Eine Strategie hilft Ihnen, sich vor Ihrem Ego zu schützen, indem Sie vorab klare Regeln für Ihr Handeln festlegen.

Emotionen wie Angst und Gier führen meist ebenfalls zu schlechteren Anlageergebnissen. Sind Sie zu ängstlich, trauen Sie sich vielleicht nicht, eine erfolgversprechende Aktie zu kaufen oder verpassen den richtigen Einstiegszeitpunkt. Werden Sie hingegen zu gierig, gehen Sie womöglich zu hohe Risiken bei Ihren Aktien ein. Eine Strategie hilft Ihnen auch, Ihre Emotionen besser zu kontrollieren, weil Sie schematischer und nicht gefühlsgetrieben investieren.

Eine erprobte Strategie gibt Ihnen überdies eine Verhaltensrichtschnur, wann und mit welchen Aktien Sie an der Börse tätig werden sollen und wann Sie diese gegebenenfalls wieder verkaufen. Das entlastet Sie von dem Stress, mit der Unsicherheit der weiteren Börsenentwicklung umgehen zu müssen.

## Zu einer Strategie gehört auch der Ausstieg

Warren Buffet, einem berühmten Investor und einem der reichsten Männer der Welt, werden folgende goldene Anlageregeln zugeschrieben:

1. Verliere niemals Geld!
2. Vergiss niemals die erste Regel!

Sie haben in der Tabelle „Verlustausgleich" auf Seite 114 gesehen, welche Gewinne Sie erzielen müssen, um bestimmte Verluste wieder auszugleichen. Zu einer Aktienstrategie muss daher gehören, sich Gedanken zu machen, ab welchen Verlusten Sie wieder aus einer Position aussteigen. Nun ist zwar eine gewisse Schwankungsbreite bei Aktien normal – die Kurse können nicht nur steigen –, Sie sollten aber für sich festlegen, wo Ihre persönliche Grenze ist. In der Regel finden sich wieder günstigere Einstiegszeitpunkte. So könnten Sie sich beispielsweise sagen, dass Sie bei einem Verlust von 20 Prozent, gerechnet vom Kaufkurs oder dem jeweiligen Höchstkurs, aus einer Position aussteigen. Dies können Sie automatisch mit einem Stop-Loss-Limit tun (siehe Kasten Seite 156) oder Sie überwachen Ihre Anlagen täglich und verkaufen bei einem bestimmten Verlust.

### TIPP: MUSTERDEPOTS NUTZEN

Bei Direktbanken und Börsenplattformen im Internet haben Sie die Möglichkeit, Musterdepots anzulegen. Sie können damit virtuell Ihr Portfolio nachbauen oder Ihre Anlageideen erst einmal auf dem Papier testen. Bei Musterdepots können Sie ohne echten Geldeinsatz Aktien und andere börsengehandelte Anlagen kaufen und verkaufen. Weiter haben Sie die Möglichkeit, Limits einzustellen und sich Warnungen per E-Mail oder SMS zuschicken zu lassen, wenn die Limits durchbrochen werden. So könnten Sie beispielsweise auch Ihr echtes Depot als Musterdepot anlegen und sich per E-Mail warnen lassen, wenn einzelne Werte 5, 10 oder 15 Prozent gefallen sind.

# DIE DIVIDENDENSTRATEGIE

Eine eher konservative Aktienstrategie ist die sogenannte Dividendenstrategie. Die Idee dabei ist, gezielt in Aktien mit einer hohen Dividendenrendite (siehe Seite 48) zu investieren. Die Dividendenrendite lässt sich mit dem Zins eines festverzinslichen Wertpapiers vergleichen. Bei einem niedrigen Zinsniveau kann eine Aktie mit hoher Dividendenrendite mehr abwerfen als beispielsweise eine Bundesanleihe mit zehnjähriger Laufzeit und der Anleger hat zusätzlich noch die Chance auf Wertsteigerungen. Die reine Kursentwicklung steht bei diesen Aktien aufgrund der Dividenden, die sie erzielen können, nicht im Vordergrund. Es wird angenommen, dass Firmen, die über viele Jahre gleichbleibend hohe oder steigende Dividenden ausschütten, ein solides Fundament haben.

## Grundlagen der Dividendenstrategie

Als geistiger Vater der Dividendenstrategie gilt Benjamin Graham. Er konzentrierte sich auf die großen Substanzwerte, also auf Unternehmen, bei denen nicht die Ertragsaussichten im Vordergrund stehen, sondern vor allem die Substanz in Form von funktionierenden Geschäftsmodellen, Vermögen, Grundstücken, Anlagen, Maschinen und so weiter. Er riet bei seiner Dividendenstrategie aus den 1930er-Jahren, die sechs bis zehn Aktien aus dem Dow-Jones-Index zu kaufen, die am unpopulärsten seien. Als Maß für die Unpopularität empfahl er das Kurs-Gewinn-Verhältnis (KGV) beziehungsweise die Dividendenrendite. Je niedriger das KGV, desto unbeliebter sei eine Aktie.

Das Kurs-Gewinn-Verhältnis und die Dividendenrendite entwickeln sich immer gegenläufig, denn ein niedriges KGV (Verhältnis von Kurs zu Gewinn) führt aufgrund der Berechnungsweise beider Kennzahlen zu einer hohen Dividendenrendite ((Dividende pro Aktie / Aktienkurs) x 100). Deshalb lässt sich auch eine hohe Dividendenrendite als Maßstab heranziehen. Die ausgewählten Aktien solle der Anleger ein bis fünf Jahre halten, damit der Aktienmarkt deren Unterbewertung abbauen könne.

Michael O'Higgins verfeinerte später die Dividendenstrategie von Graham. Nach seiner Methode suchen Anleger die zehn Dow-Jones-Aktien mit der höchsten Dividendenrendite und wählen von diesen die fünf Aktien mit dem niedrigsten Kurs aus. Diese fünf Aktien kaufen sie dann im gleichen Verhältnis und halten sie ein Jahr unverändert im Depot. Nach einem Jahr stellen sie das Depot anhand dieser Kriterien neu zusammen.

## Die Schritte zu ihrer Umsetzung

- Je nachdem, welchen Betrag Sie anlegen möchten, kaufen Sie mindestens drei und höchstens zehn Aktien. Die Mindestanlagesumme je Unternehmen sollte 2500 Euro betragen.

- Sie wählen die Aktien mit der höchsten Dividendenrendite aus dem Dax oder dem Dow-Jones-Index. Um die Dividendenrendite zu ermitteln, teilen Sie die erwartete Dividende durch den aktuellen Kurs. Sonderdividenden und Einmalausschüttungen werden nicht berücksichtigt. Internetseiten wie zum Beispiel www.onvista.de oder www.dividendenchecker.de helfen Ihnen bei der Auswahl der Unternehmen mit den höchsten Dividendenrenditen.
- Sobald bekannt wird, dass ein Unternehmen die nächste Dividendenzahlung streichen oder stark kürzen will, kommt es nicht mehr in Ihr Portfolio.
- Besondere Vorsicht ist geboten, wenn erst ein Kursverfall der Aktie die hohe Dividendenrendite herbeiführt. Denn bei der Kennzahl der Dividendenrendite handelt es sich um einen mathematischen Bruch: Wird der Nenner in dem Bruch „Dividende durch Kurs" kleiner, wird das Ergebnis, die Dividendenrendite, größer. Hat ein starker Kursverfall die Erhöhung der Dividendenrendite herbeigeführt, lauern oft wirtschaftliche Probleme. Dann könnte auch die Dividende gekürzt werden oder gar ausfallen. Aktien, deren Kurs im Vergleich zum Vormonat 20 Prozent oder mehr verloren haben, kommen daher ebenfalls nicht in die Auswahl.
- Kaufen Sie nur Aktien von Firmen, deren Geschäftsmodell und Zukunftsaussichten Sie überzeugen.
- Grundsätzlich ist es ausreichend, die Aktien einmal jährlich zu überprüfen, das Dividendenstrategie-Depot neu auszurichten und die dann besten Aktien zu kaufen. Sie müssen aber nicht streng nach Schema F handeln und sich zwangsläufig von den im letzten Jahr gekauften Aktien trennen. Erfolgreiche Aktien können Sie auch so lange behalten und die Gewinne laufen lassen, bis andere Gründe für einen Verkauf sprechen. Dazu könnten Sie beispielsweise Stop-Loss-Limits 10 Prozent unter dem jeweiligen Höchstkurs setzen und diese Limits regelmäßig anpassen, wenn Ihre Aktien weiter gestiegen sind. Einige Direktbanken bieten dazu auch eine automatische Funktion an, die sogenannten Trailing-Stops (siehe Seite 156).

## Vor- und Nachteile der Dividendenstrategie

Die Dividendenstrategie eignet sich für Anleger, die eine mechanische Anlagestrategie suchen, die nur wenig Recher-

## INFO Stop-Loss-Order und Trailing-Stop

Stop-Loss-Order

Stop-Loss-Orders sollen Sie vor hohen Verlusten schützen. Dafür müssen Sie einen Tiefstkurs für Ihre Aktie festlegen. Berührt sie diese Schwelle, wird automatisch ein Verkaufsauftrag ausgelöst und die Aktie zum nächsten Kurs verkauft. Stop-Loss-Orders schützen allerdings nur bedingt vor einem plötzlichen Crash. Denn bei einer Stop-Loss-Order wird der Verkauf zum nächstmöglichen Kurs durchgeführt. Fällt der Preis bei einem Crash aber steil nach unten, kann der nächste festgestellte Kurs weit unter der persönlichen Stopmarke sein.

Beispiel: Der aktuelle Wert einer Aktie beträgt 100 Euro. Der Anleger hat sein Stop-Loss-Limit bei 90 Euro gesetzt. Es soll also ein Verkauf stattfinden, wenn der Preis unter 90 Euro fällt. Stürzt die Aktie während eines Crashs aber direkt von 100 auf 80 Euro, würde der Stop-Loss-Auftrag bei 80 Euro ausgeführt.

Manche Direktbanken bieten daher die Möglichkeit, eine Stop-Loss-Order mit Limit einzugeben. Damit können Sie bei einem Crash vermeiden, dass der Stopp automatisch zum nächstmöglichen Preis eintritt. Er wird dann nur ausgeführt, wenn ein bestimmter Mindestpreis, den Sie festgelegt haben, nicht unterschritten wird. Allerdings kann dies auch dazu führen, dass Ihre Order nach Erreichen der Stopp-Schwelle gar nicht ausgeführt wird, weil die nachfolgenden Kurse schlechter als Ihr gewähltes Preislimit sind. Im obigen Beispiel könnten Sie den Stopp bei 90 Euro und das Limit bei 85 Euro setzen. Wäre der nächste festgestellte Kurs 80 Euro, würde das Limit nicht ausgeführt. Läge der nächste festgestellte Kurs hingegen zwischen 85 Euro und 90 Euro, würde der Verkaufsauftrag ausgeführt.

Trailing-Stop

Bei einem Trailing-Stop handelt es sich um eine automatisch nachgezogene Stop-Loss-Order. Sie können Trailing-Stops gut dazu nutzen, Gewinne laufen zu lassen und gleichzeitig Verluste zu begrenzen. Es gibt Trailing-Stops mit prozentualem oder absolutem Abstand von einem festgestellten Kurs.
Sichern Sie beispielsweise eine Aktienposition mit einem Trailing-Stop von 10 Prozent ab, wird automatisch mit jedem neuen Höchstkurs der Aktie ein neues Stop-Loss-Limit 10 Prozent unter dem jeweiligen neuen Höchstkurs platziert. Sie werden also von dem Aufwand befreit, täglich neue Stop-Loss-Limits einzugeben.

cheaufwand und Hintergrundwissen erfordert. Bei dieser Strategie müssen Sie sich nicht ständig mit der Börse beschäftigen, aber einen langfristigen Anlagehorizont haben. Sie kommt auch für sicherheitsbetonte Aktienanleger infrage, da die Dividendenzahlungen eine Art Versicherung gegen extremen Kursverfall ist. Denn hohe Ausschüttungen sind meist ein Zeichen für Substanzstärke. Dividendenstarke Aktien bieten sich in Zeiten niedriger Zinsen sogar als Alternative zu Anleihen an. Anleger kommen aber nicht umhin, die schematische Auswahl der Aktien zu hinterfragen. Denn es ist nicht gewiss, dass die zuletzt gezahlte Dividende in gleicher Höhe auch in Zukunft gezahlt wird. Manchmal wirkt eine Dividendenrendite nur deshalb so hoch, weil der Aktienkurs stark gefallen ist.

# DIE VALUE-INVESTING-STRATEGIE

Der Grundsatz dieser Strategie lautet kurz gesagt: „Kaufe Aktien, wenn ihr Kurs unter dem wahren Wert liegt, und verkaufe sie, wenn er darüber liegt." Value-Investoren versuchen also, Aktien von unterbewerteten Unternehmen zu finden. Denn, so die dahinterstehende Logik, irgendwann wird auch die breite Anlegermasse erkennen, dass diese Aktien unterbewertet sind und ihr Preis wird mindestens bis zu ihrem wahren Wert, meist aber darüber hinaus steigen. Dann können die Value-Investoren ihre Aktien mit einem hohen Profit verkaufen.

## Auf der Suche nach den Rosinen

Value-Investoren sind daher sogenannte Stock-Picker, also Anleger, die versuchen, aus dem Kuchen des gesamten Aktienuniversums die Rosinen herauszupicken. Value- (zu deutsch Wert-)Investoren kaufen ausschließlich Aktien von Unternehmen mit einer herausragenden Marktstellung wie zum Beispiel Coca-Cola, McDonald's, Microsoft oder Nestlé. Auch wenn Value-Investoren teilweise unterschiedliche Kriterien anlegen und sie bei der Suche nach unterbewerteten Value-Aktien nicht alle gleich vorgehen, teilen sie doch ähnliche Grundprinzipien. Sie untersuchen vor allem Unternehmen, die zu den Marktführern ihrer Branche gehören, die also einen starken Markennamen besitzen und deren Geschäftsmodell nicht leicht zu kopieren ist. Viele Value-Investoren legen darüber hinaus Wert darauf, dass die Unternehmen verständliche Massenprodukte oder Dienstleistungen anbieten, die jeder Mensch benötigt, wie zum Beispiel Lebensmittel oder Energieversorgung. Auch ein fähiges, ehrliches und aktionärsfreundliches Management sind Entscheidungskriterien für Value-Investoren.

Value-Investoren ziehen aber auch vor allem Fundamentaldaten der Unternehmen für ihre Analysen heran. Das sind diverse Kennzahlen, die man aus den Bilanzen und Quartals-, Halbjahres- und Jahresberichten der Unternehmen ableitet. Einige davon kennen Sie bereits, wie zum Beispiel das Kurs-Gewinn-Verhältnis (KGV) oder die Dividendenrendite. Weitere wichtige Kennzahlen sind unter anderem:

- hohe Kapitalrendite
- hohe Ertragsaussichten
- hohe Wachstumsraten von Umsatz, Eigenkapital und Liquidität
- niedrige Schuldenentwicklung und niedriger Verschuldungsgrad (Verhältnis Fremd- zu Eigenkapital)
- hohe Gewinnmargen

Es würde den Rahmen dieses Ratgebers sprengen, zu erläutern, wie man diese und weitere Kennzahlen ermittelt und wo man die nötigen Daten im Einzelnen finden kann. Für interessierte und motivierte Anleger gibt es dazu aber eine große Auswahl an Spezialliteratur: Fündig werden Sie in einer gut sortierten Buchhandlung oder wenn Sie im Internet in einer Suchmaschine die Stichworte „value investing" und „Buch" eingeben. Einen guten Einstieg bietet unter anderem „Regel Nummer 1" von Phil Town.

### Aufwendig, aber vielversprechend

Value-Investing-Strategien eignen sich für Anleger, die Grundkenntnisse von Bilanzzahlen haben und bereit sind, den hohen Rechercheaufwand bei der Suche nach günstigen Topunternehmen auf sich zu nehmen. Weil es mitunter lange dauern kann, bis der breite Markt unterbewertete Unternehmen entdeckt, brauchen Value-Anleger Geduld und einen langen Anlagehorizont. Wer eine Value-Strategie konsequent umsetzt, hat aber mit hoher Wahrscheinlichkeit ein Depot mit Topaktien und langfristig sehr guten Renditeaussichten. Die Finanz- und Schuldenkrisen haben gezeigt, dass sich eine Rückbesinnung auf echte Werthaltigkeit statt ungezügelter Wachstums- und Renditehoffnungen lohnt. Diese Strategie empfiehlt sich daher vor allem, wenn Sie für einen Teil Ihrer Altersvorsorge auf Einzelaktien setzen möchten.

## STRATEGIEN ANHAND VON KURSVERLÄUFEN

Die Dividenden- und die Value-Strategie orientieren sich maßgeblich an betriebswirtschaftlichen Daten und dem ökonomischen Umfeld der untersuchten Aktienunternehmen. Es ist bisweilen allerdings schwierig, eine zuverlässige Datenbasis zu erhalten, sprich die aktuellen Wirtschafts- und Unternehmenskennzahlen herauszufinden. Denn die Zahlen in Geschäftsberichten und Bilanzen beziehen sich immer auf die Vergangenheit. Privatanleger müssen dann für zukunftsgerichtete Zahlen auf Schätzungen von Analysten und Fachleuten vertrauen, die häufig danebenliegen können. Daher sprechen auch gute Gründe dafür, sich auf Strategien zu stützen, die nicht auf wirtschaftliche Daten, sondern allein auf der Kursentwicklung fußen. Kursverläufe haben den Vorteil, dass sie objektiv und nicht angreifbar sind. Wie sich eine Aktie in der Vergangenheit entwickelt hat, lässt sich jederzeit beweisen.

### Eine einfache Trendfolgestrategie

Aktienmärkte bewegen sich in Trends. Dabei sind grundsätzlich drei Trends, also Richtungen, in denen sich die Märkte bewegen können, möglich: aufwärts, abwärts oder seitwärts.

Die Börsenerfahrung lehrt, dass Trends oft über mehrere Monate stabil bleiben. Sicher kennen auch Sie die alte Börsenweisheit: „The trend is your friend." Dies bedeutet letztlich, dass man gute Renditen erzielt, solange man den vorherrschenden Trend richtig einschätzt und sich mit seinen Aktienanlagen entsprechend positioniert.

Es gibt sehr viele trendfolgende Aktienstrategien von ganz unterschiedlicher Komplexität. Diese einfache Trendfolgestrategie, die wir hier vorstellen, ist sehr leicht nachvollziehbar. Hinter ihr steckt die Idee, dass die Gewinner von gestern auch die Sieger von morgen sind, weil Trends eben häufig über mehrere Monate stabil bleiben. Sie picken sich daher die Aktien heraus, die in der jüngsten Vergangenheit am besten gelaufen sind, also die größten Kurssteigerungen erzielt haben, und halten diese bis zu Ihrer nächsten Depotumschichtung. Oder Sie verkaufen sie, sobald die Aktie die Gewinn- oder Verlusthöhe, die Sie vorher festgelegt haben, erreicht.

Diese Strategie kann in Börsenphasen mit einer positiven Grundtendenz gut funktionieren, weil gut laufende Aktien auch von anderen Anlegern leichter identifiziert und gekauft werden. Dreht sich allerdings der allgemeine Börsentrend in eine Abwärtsphase, stürzen die ehemaligen Favoriten in vielen Fällen deutlich stärker ab als der Marktdurchschnitt, weil viele Anleger durch einen schnellen Verkauf der Papiere ihre Gewinne sichern wollen. Daher ist es bei dieser Strategie notwendig, dass Sie Ihr Depot laufend zum Beispiel mithilfe eines Musterdepots mit Warnfunktion überwachen und rechtzeitig aussteigen, bevor die breite Anlegermasse dies tut.

## Trendfolgestrategien mithilfe von Chartanalyse

Die Chartanalyse (oft auch „Technische Analyse" genannt) versucht, anhand historischer Kursentwicklungen eine Vorhersage über zukünftige Börsenkurse zu treffen. Grundannahme ist dabei, dass alle Faktoren, die Einfluss auf die Kursentwicklung haben (zum Beispiel Fundamentalfaktoren wie das ökonomische Marktumfeld und betriebswirtschaftliche Daten, Naturkatastrophen, politische Ereignisse), sich unmittelbar im Kursgeschehen widerspiegeln. Ein Chartanalyst reagiert also auf positive oder negative Kursbewegungen, ohne wissen zu müssen, was sie ausgelöst hat. Kurscharts können danach auch Auskunft über vorherrschende Trends geben. Die Charttechnik versucht, so früh wie möglich Trends und Richtungswechsel von Trends zu erkennen.

### Mit Trendlinien den vorherrschenden Trend bestimmen

Anhand der Kursausschläge einer Aktie oder eines Index lässt sich der vorherrschende Trend bestimmen:

- Gibt es bei den Kursbewegungen eine Serie sukzessiv höherer Hoch- und Tiefpunkte, geht der Trend aufwärts.
- Gibt es eine Serie sukzessiv niedrigerer Hoch- und Tiefpunkte, geht der Trend abwärts.
- Bleiben Hoch- und Tiefpunkte der Kursausschläge annähernd gleich, liegt ein Seitwärtstrend vor.

Die Richtung eines Kurses lässt sich visuell mithilfe von „Trendlinien" darstellen.

Eine Aufwärtstrendlinie

- verbindet aufeinanderfolgende ansteigende Tiefs.
- zeichnet man so, dass die gesamte Kurstätigkeit oberhalb der Trendlinie verläuft. Berührt die Aufwärtstrendlinie drei Zwischentiefs, erkennt man einen gültigen Aufwärtstrend (Chart 1).

Eine Abwärtstrendlinie

- verbindet aufeinanderfolgende absteigende Hochs.
- zeichnet man so, dass die gesamte Kurstätigkeit unterhalb der Trendlinie verläuft. Berührt die Linie drei Zwischenhochs, spricht dies für einen gültigen Abwärtstrend.

Trendlinien wurden früher mit Lineal und Bleistift in Aktiencharts gezeichnet. Heute können Sie mit professioneller und kostenloser Software im Internet Chartanalyse betreiben. Anbieter sind viele Direktbanken und zum Beispiel www.tradesignalonline.com.

Haben Sie anhand der Trendlinien den vorherrschenden Trend einer Aktie bestimmt, sollten Sie diese grundsätzlich so lange in Ihrem Portfolio halten, bis ihr Kurs die Trendlinie durchbricht. Ist beispielsweise ein Abwärtstrend zu Ende, schneidet der Kurs die Abwärtstrendlinie von unten nach oben (siehe Chart 2).

### Ein- und Ausstiegspunkte mit gleitenden Durchschnitten finden

Bei Direktbanken und Börsenplattformen im Internet haben Sie die Möglichkeit, sich neben dem Kurschart einer Aktie diverse Indikatoren anzeigen zu lassen. Dabei handelt es sich um die grafische Darstellung mathematischer Formeln im

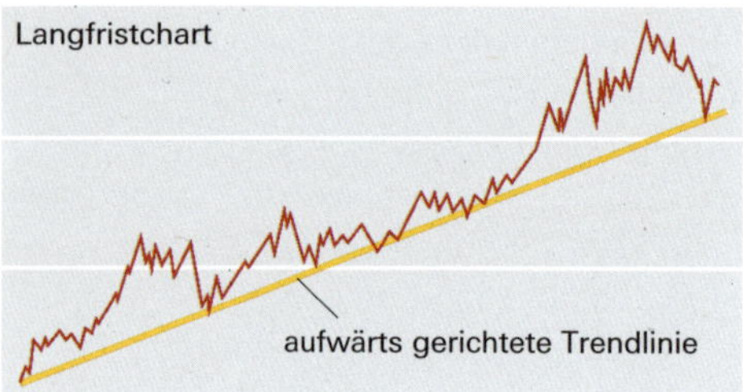


**Chart 1:** Die Tiefpunkte einer Kursbewegung lassen sich mit einer aufwärts gerichteten Linie verbinden. Man erkennt dann deutlich den Aufwärtstrend.

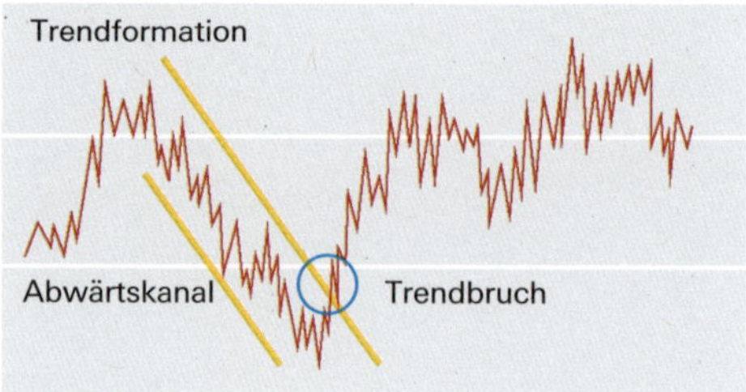


**Chart 2:** Ein Ausbruch des Kurses nach oben durch eine Abwärtstrendlinie deutet einen Trendwechsel an und gilt als Kaufsignal. Ein Ausbruch durch eine Aufwärtstrendlinie (Chart 1) wäre umgekehrt ein Verkaufssignal.

Chart. Die unter Anlegern am häufigsten benutzten Indikatoren sind die gleitenden Durchschnitte (Moving Averages). Dabei handelt es sich um den preislichen Durchschnitt der Kurse über eine frei wählbare Zeitperiode.

**Beispiel:** Sie schauen sich den einfachen 50-Tage-Durchschnitt einer Aktie an, der oft zur Bestimmung des mittelfristigen Trends herangezogen wird. Dafür werden üblicherweise jeweils die Schlusskurse der letzten 50 Tage addiert und die Summe durch 50 geteilt. Im Chart wird dann die entsprechende Linie angezeigt.

Gleitende Durchschnitte werden vor allem genutzt, um die allgemeine Trendrichtung einer Aktie anhand der Neigung der Durchschnittslinie aufzuzeigen (auf-, ab-, seitwärts) und Ein- und Ausstiegssignale anzuzeigen.

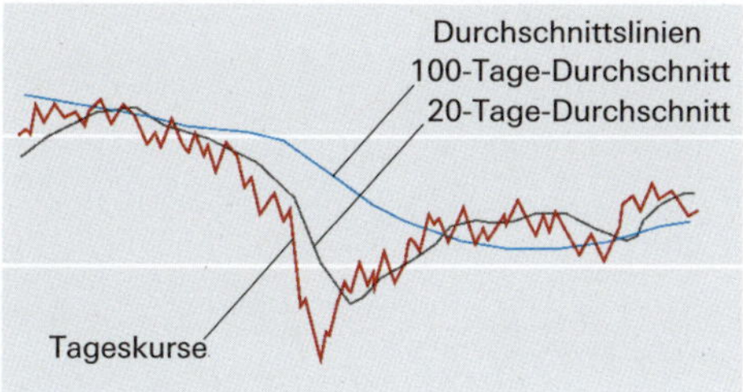


**Chart 3:** Ein gleitender Durchschnitt zeigt den Durchschnittskurs eines Wertpapiers über einem bestimmten Zeitraum. Je länger die Berechnungsperiode ist, umso langsamer, aber auch eindeutiger, reagiert die Durchschnittslinie auf Trendwechsel.

Beliebte Zeitrahmen für die Darstellung sind der 200-Tage-Durchschnitt, um langfristige Kursrichtungen darzustellen, der 50-Tage-Durchschnitt für mittelfristige und der 20-Tage-Durchschnitt für kurzfristige Trends. Je kürzer die gewählte Periode ist, umso enger schmiegt sich der gleitende Durchschnitt an die Kursbewegung einer Aktie. So verläuft eine 20-Tage-Linie deutlich näher um den tatsächlichen Kurs einer Aktie als ihre 100-Tage-Linie (Chart 3).

Die einfachste Möglichkeit, mit gleitenden Durchschnitten einen Kauf- oder Verkaufszeitpunkt zu ermitteln, ist, zu schauen, wann der Kurs den gleitenden Durchschnitt durchbricht. Schneidet der Kurs einer Aktie ihren gleitenden Durchschnitt von unten nach oben, wird dies als Kaufsignal gewertet. Ein Durchbrechen von oben nach unten ist entsprechend ein Verkaufssignal. Diese simple Vorgehensweise produziert aber viele Fehlsignale.

Moderner und aussichtsreicher ist die Methode der doppelten Überkreuzung. Danach wird ein Kaufsignal angezeigt, wenn ein kürzerer einen längeren gleitenden Durchschnitt von unten nach oben schneidet. Schneidet ein kurzfristiger einen langfristigen gleitenden Durchschnitt von oben nach unten, handelt es sich hingegen um ein Verkaufssignal.

Eine Trendfolgestrategie mit gleitenden Durchschnitten hat den Vorteil, dass sie heute in Zeiten des Internets einfach umzusetzen ist, weil Sie die Durchschnitte nicht mühsam selbst berechnen müssen, sondern die entsprechenden Tools benut-

zen können. Wenn Sie in Trendrichtung handeln, folgen Sie grundsätzlich der Regel, Gewinne laufen zu lassen und Verluste zu begrenzen. Allerdings liefern Strategien mit gleitenden Durchschnitten wie auch andere Trendfolgesysteme meist schlechte Ergebnisse, wenn sich die Börsenmärkte nicht in Trendphasen, sondern in Seitwärtsphasen bewegen. Dann werden häufig Fehlsignale erzeugt.

## Die Momentumstrategie

Die Momentumstrategie, auch Relative-Stärke-Strategie genannt, ist eine weitere Trendfolgestrategie. Die Philosophie hinter dieser Strategie steht quasi im Gegensatz zu einer Value-Investing-Strategie. Denn während Value-Investoren darauf achten, welche Unternehmen gerade wenig beachtet und daher unterbewertet sind, suchen Anhänger der Momentumstrategie vor allem nach Aktien, die gerade an der Börse besonders in sind. Die Logik dahinter: Aktien, die gerade Fahrt aufgenommen haben, behalten ihren Aufwärtstrend zunächst bei. In der einfachsten Strategie-Variante kaufen Sie daher jeweils die Siegeraktien des Vorjahres oder auch einer kürzeren Periode wie etwa des Vormonats.

### Die Momentumstrategie tunen

Mithilfe der Charttechnik können Sie allerdings weitaus bessere Ergebnisse als mit einer Momentumstrategie erzielen. Das Momentum misst die Beschleunigung eines Trends. Dieser Chartindikator zeigt an, wann ein Trend an Geschwindigkeit zunimmt oder sich verlangsamt. Der Momentumindikator wird berechnet, indem der heutige Schlusskurs mit dem Kurs vor einem festgelegten Zeitrahmen in der Vergangenheit verglichen wird. Das Momentum ist positiv, wenn der heutige Kurs höher liegt, es liegt bei null, wenn beide Kurse identisch sind, und es ist negativ, wenn der heutige Kurs unter dem Kurs vor x Tagen liegt. Sie müssen aber nicht selbst rechnen: Zum Beispiel auf den Internetseiten der Direktbanken oder unter www.tradesignalonline.com können Sie sich zu jeder Aktie neben dem Chart den Momentumindikator anzeigen lassen.

Das Momentum erreicht in der Regel einen Gipfel und wendet sich nach unten, bevor der Kurs sein Hoch erreicht. Ebenso zeigt es Tiefpunkte früher an als der Kurs.

- Ist das Momentum negativ und fallend, zeigt dies, dass ein Abwärtstrend sich beschleunigt.

- Ist das Momentum negativ und steigt wieder, zeigt dies, dass ein bestehender Abwärtstrend gebremst wird.
- Ist es positiv und steigend, zeigt dies, dass ein Aufwärtstrend an Fahrt gewinnt.
- Ist das Momentum positiv und fallend, zeigt dies, dass ein Aufwärtstrend gebremst wird und möglicherweise ein Trendwechsel bevorsteht.

Eine einfache Strategie kann so aussehen, dass das Kreuzen der Nulllinie, also vom negativen in den positiven Bereich des Momentumindikators, als Kaufsignal verstanden wird und im umgekehrten Fall verkauft wird. Doch Vorsicht: Die Momentumstrategie funktioniert nur, wenn tatsächlich ein Trend vorliegt. Sie sollten sie daher nur dann einsetzen, um Aktien zu kaufen, wenn der Markttrend aufwärts gerichtet ist. Dies können Sie mithilfe von Trendlinien und der Neigung von gleitenden Durchschnitten überprüfen.

## DIE UMKEHRSTRATEGIE

Eine „Anti-Trendfolgestrategie" ist die Umkehrstrategie. Immer wieder geraten Unternehmen vorübergehend unter Druck, weil zum Beispiel negative Schlagzeilen die Zukunftsaussichten trüben. Beispielsweise kann bei einem Pharmaunternehmen der Aktienkurs einbrechen, wenn die Gesundheitsbehörden einem neuen Medikament die Zulassung verweigert haben oder weil es zu ungeklärten Todesfällen kam, die zunächst auf ein Medikament zurückgeführt werden. Sollte sich der Kursrückgang als ungerechtfertigt oder zumindest übertrieben herausstellen, können Sie mit der Umkehrstrategie darauf setzen, dass er bald wieder wettgemacht wird und die niedrigen Kurse für einen günstigen Einstieg nutzen.

In der einfachsten Variante dieser Strategie könnten Sie einfach die Aktien kaufen, die im letzten Jahr die schlechtesten Wertentwicklungen hingelegt haben. Die Wertentwicklung einer solchen Strategie war jedoch in der Vergangenheit relativ schlecht. Gegen eine solch statische Strategie spricht auch die folgende Überlegung: Nur weil eine Aktie sich in einem Jahr besonders schlecht entwickelt hat, heißt das noch nicht, dass es im nächsten Jahr besser läuft. In ein Unternehmen mit düsteren Zukunftsperspektiven sollten Sie selbst dann nicht investieren, wenn die Aktie scheinbar spottbillig ist.

Die einfache Umkehrstrategie könnten Sie aber mit Erfolg verfeinern, wenn Sie sich (ähnlich wie ein Value-Investor) vor einem Kauf gründlich über das Unternehmen informieren. Ein Kurssturz kann eine Kaufgelegenheit sein, wenn das Unternehmen genügend Substanz hat, den

Umschwung zu schaffen. Für einen solchen Umschwung müssen aber nachvollziehbare Gründe sprechen. Dies können zum Beispiel ein erfahrener neuer Manager, ein neues Geschäftsmodell, ein treuer Kundenstamm sowie am Unternehmen festhaltende Geschäftspartner sein. Um dies beurteilen zu können, benötigen Sie aber spezielle Kenntnisse. Kennen Sie sich vielleicht in der Branche des Unternehmens aus oder können aufgrund Ihrer Ausbildung oder beruflichen Erfahrung die Chancen auf einen Turnaround einschätzen? Wenn nicht, lassen Sie lieber die Finger von der Aktie. Sie können sie ja auf eine Beobachtungsliste nehmen und einsteigen, wenn sich abzeichnet, dass die Sanierung gelingen kann. Dann kaufen Sie zwar nicht zum allergünstigsten Kurs, reduzieren aber Ihr Ausfallrisiko.

## FEHLER, DIE SIE VERMEIDEN SOLLTEN

Bei der Anlage in Einzelaktien sind Sie auf sich gestellt. Sie haben sich bewusst für den Versuch entschieden, eine Mehr-Rendite gegenüber einer Anlage in einen Aktienfonds, ETF oder ein Indexzertifikat zu erzielen. Sie haben sich eine Strategie überlegt, nach der Sie handeln wollen, und auch genügend Kapital, um eine ausreichende Streuung der Einzelaktien in Ihrem Depot zu gewährleisten. Wenn Sie jetzt noch die nachfolgenden Fehler vermeiden, die sicherlich zu den häufigsten zählen – und zwar nicht nur von Anfängern –, dann haben Sie das Grundrüstzeug eines erfolgreichen Aktieninvestors.

- Keine Verlustbegrenzung: Es ist ganz normal, dass Sie bei der Einschätzung einer Aktie auch einmal danebenliegen. Das ist grundsätzlich kein Problem, solange Sie mit Ihren anderen Aktien diesen Verlust ausgleichen können beziehungsweise solange Sie es sich leisten können. Sind Ihre Einzelinvestments eher eine „Spielerei" für Sie, weil Sie mit Ihren anderen Vermögensbausteinen Ihre Altersvorsorge oder Ihren Lebensunterhalt ausreichend gesichert haben, können Sie größere Verluste mit Aktien finanziell eher wegstecken.
- Prinzipiell sollten Sie aber Ihre Verluste mit Aktien immer begrenzen. Dazu können Sie zum Beispiel echte Stop-Loss-Limits nutzen oder eine Aktie verkaufen, wenn sie unter einen bestimmten Wert gefallen ist. Wichtig ist im letzteren Fall, dass Sie Ihre Aktie täglich überwachen, zum Beispiel mithilfe eines Musterdepots, und sich auch an Ihre definierten Verlustgrenzen halten. Vertrauen Sie nicht darauf, jeden Verlust aussitzen zu können. Es gibt Aktien, die sich nach einem schweren Verlust nie mehr erholen oder bei denen dies viele Jahre dauert, in denen Sie Ihr Geld besser anlegen könnten.

- **Verbilligen von Aktienpositionen:** Wenn eine Ihrer Aktien größere Verluste erleidet, heißt das nicht unbedingt, dass sie zum jetzigen Preis ein Schnäppchen ist. Manche Anleger kaufen in solchen Situationen aber Aktien des gleichen Unternehmens nach und glauben, mit dieser Verbilligung ihres durchschnittlichen Einstandskurses klug zu handeln. Das ist aber selten der Fall. Die Aktie kann weiter fallen und auch der „gesenkte Einstandspreis" ändert nichts daran, dass die Verluste zu hoch sind.

  **Beispiel:** Ein Anleger hält 30 Aktien, die er einmal für 100 Euro je Aktie gekauft hat. Der Wert der Aktie sinkt auf 80 Euro. Statt seine Aktien zu verkaufen, „verbilligt" er und kauft weitere 30 Aktien. Sein durchschnittlicher Einstandskurs beträgt so (3 000 Euro + 2 400 Euro) : 60 Aktien = 90 Euro je Aktie. Fällt der Kurs weiter auf 60 Euro, beträgt der Verlust des Anlegers (5 400 Euro – 3 600 Euro =) 1 800 Euro. Hätte er seine Verlustgrenze bei 20 Prozent Verlust gesetzt, hätte er nur 600 Euro verloren und sich für 4 800 Euro (2 400 Erlös aus dem Verkauf alter Aktien plus gesparte 2 400 Euro für gleiche neue Aktien) neue Qualitätsaktien kaufen können.
- **Auf sogenannte Börsengurus hören:** In Zeitschriften, im Fernsehen und im Internet können Sie täglich viele „heiße" Tipps und Börseneinschätzungen von Experten und solchen, die es werden wollen, finden. Manche „Börsengurus" sind grundsätzlich bullish (optimistisch), andere immer bearish (pessimistisch) zu den zukünftigen Marktentwicklungen eingestellt, und weil sie damit irgendwann einmal recht hatten, wird ihre Meinung gerne nachgefragt. Bedenken Sie aber immer: Selbst die anerkanntesten Experten können nicht hellsehen! Nur wenn deren Einschätzung richtig war, wird dies später wieder beachtet werden und der „Prophet" gefeiert. War sie falsch, fragt in der Regel kein Mensch mehr danach. Sie haben keinen Schadensersatzanspruch gegen den Tippgeber, wenn Sie seinem Tipp folgen und damit auf die Nase fallen. Sie allein sind für Ihre Anlageentscheidung verantwortlich. Sie können daher solche Tipps als Anregung nehmen, sich eine Aktie genauer anzuschauen. Die Entscheidung für oder gegen sie sollten Sie aber immer anhand Ihrer Strategie und Analyse und nicht aus blindem Vertrauen in einen Experten treffen.
- **Nicht aus Fehlern lernen:** Wenn es mit Ihren Einzelaktien nicht so läuft, wie Sie es sich vorgestellt haben, machen Sie am besten erst einmal einen Schritt zurück. Schauen Sie sich noch einmal Ihre Strategie und Ihre Einstiegs- und Verkaufszeitpunkte genauer an. Haben Sie vielleicht übereilt gekauft? Oder zu früh/zu spät verkauft? Lernen Sie aus Ihren Fehlern, bevor Sie Ihre nächsten Transaktionen machen, und Sie werden Ihre Erfolge verbessern. Niemand wird zum Börsenprofi geboren. Es kann auch sein, dass Sie nach der Analyse entscheiden, von Einzelaktienanlagen Abstand zu nehmen und lieber wieder über Fonds zu investieren.

# GELDANLAGE IN DER PRAXIS

Sie haben in den vorhergehenden Kapiteln viele wichtige Anlagemöglichkeiten kennengelernt und erfahren, wie Sie mit etwas Wissen und einer Strategie das Beste für Ihre Ziele herausholen können. Der nächste Schritt ist jetzt, dass Sie tatsächlich anfangen, Ihr Wissen in die Praxis umzusetzen. In diesem Kapitel zeigen wir Ihnen anhand von Beispielfällen, wie fleißige Anleger in verschiedenen Lebenssituationen ihr Finanzwissen anwenden könnten.

## AUF DIE LEBENSSITUATION KOMMT ES AN

Ihr Anlagehorizont wird vor allem von Ihrer Lebenssituation und Ihrem Alter beeinflusst. Wie viel Vermögen Sie bereits aufgebaut haben und welchem Zweck Ihre Anlagen dienen sollen (zum Beispiel regelmäßige Erträge generieren oder eine größere Anschaffung finanzieren), hat maßgeblichen Einfluss auf das Risiko, das Sie mit Ihren Anlagen eingehen können. Dazu müssen noch Ihre persönliche Einstellung zu Geld und Risiko sowie Ihre Lebenserfahrungen berücksichtigt werden. Eine Patentlösung für die Geldanlage kann es daher nicht geben.

Auf den folgenden Seiten finden Sie Beispiele dafür, wie Anleger je nach Lebenssituation und Risikobereitschaft anlegen könnten. Vermutlich wird keines der Beispiele exakt Ihrer Situation entsprechen. Das ist auch nicht beabsichtigt. Es geht nicht darum, die Depotvorschläge eins zu eins zu übernehmen. Vielmehr sollen sie Ihnen illustrieren, worauf es ankommt, wenn Sie das Wissen, das Sie in diesem Ratgeber erworben haben, in die Tat umsetzen möchten. Am besten, Sie lesen also nicht nur das Beispiel, das am ehesten Ihrer Situation entspricht, sondern das ganze Kapitel.

Berücksichtigen Sie bitte auch, dass es in diesem Buch nur um die Geldanlage geht. Bevor Sie sich mit der Geldanlage beschäftigen, müssen Sie existenzielle Risiken wie Berufsunfähigkeit, Haftpflichtfälle oder den Tod des Hauptverdieners in einer Familie grundsätzlich über Versicherungen absichern. Darauf gehen wir in den Beispielfällen nicht ein.

## DER STUDENT

Alexander Wendland ist 22 Jahre alt und studiert Volkswirtschaftslehre. Seine Eltern hatten vor zwölf Jahren eine Ausbildungsversicherung – das ist letztlich eine Kapitallebensversicherung – für ihn abgeschlossen, die kürzlich fällig wurde. Diese Anlage rentierte sich sehr schlecht, da bei solchen speziellen Kinderpolicen durch hohe Provisionen und Verwaltungskosten viel Geld verloren geht. Die Auszahlungssumme von 10 000 Euro haben die Eltern Alexander geschenkt. Dieser braucht das Geld nicht, um seinen Lebensunterhalt damit zu bestreiten, denn er finanziert sein Studium selbst durch einen Job in einem Computerfachgeschäft. Die geschenkten 10 000 Euro hat er also zur freien Verfügung. Er möchte Aktien damit kaufen und schnell reich werden. Dabei möchte er hohe Gewinnchancen wahrnehmen und würde auch einen zwischenzeitlichen Verlust von mehr als der Hälfte des Betrags in Kauf nehmen. Nach unserer Einteilung der Geldanlagen in Chance-Risiko-Klassen, die wir ab Seite 113 ausführlich beschrieben haben, liegt er damit ungefähr bei einer Chance-Risiko-Klasse von 11.

Alexanders Anlagehorizont beträgt fünf Jahre. Dann möchte er sich – nach abgeschlossenem Studium – ganz auf seinen Beruf konzentrieren und das Geld weniger riskant anlegen oder für seinen Berufsstart (Umzug in andere Wohnung, Berufskleidung etc.) verwenden.

So könnte er anlegen: Der Student sollte nicht die vollen 10 000 Euro in risikoreiche Anlagen stecken. Für unerwartete Notfälle wie beispielsweise eine teure Autoreparatur oder einen kaputten Kühlschrank sollte er mindestens 2 000 Euro sicher und liquide halten. Dafür würde sich ein Tagesgeldkonto bei einer Direktbank anbieten.

Will Alexander mit hoher Wahrscheinlichkeit ausschließen, dass er Geld verliert, dürfte seine Aktienquote gemäß der Grafik „Mindestrendite“ auf Seite 122 höchstens 40 Prozent betragen, da er nur einen relativ kurzen Anlagehorizont von fünf Jahren hat.

Würde er die nach der Notfallreserve verbleibenden 8 000 Euro voll in Aktien investieren, läge seine Mindestrendite bei dieser Laufzeit basierend auf Durch-

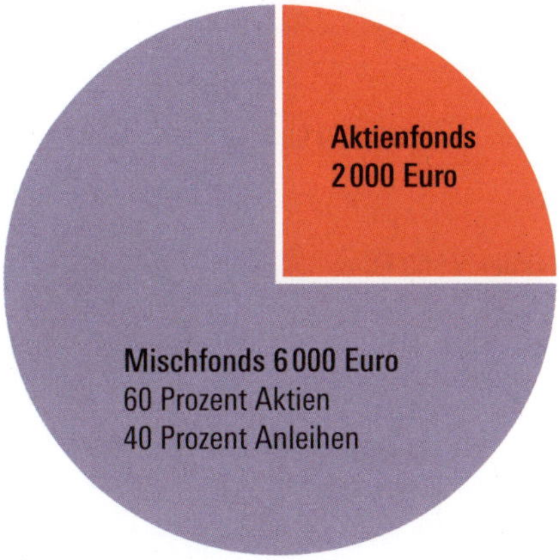


**Depot Student:** Alexander Wendland hat nur einen kurzen Anlagehorizont. Trotz hoher Risikobereitschaft sollte er nicht den gesamten Anlagebetrag in Aktien stecken.

schnittswerten der vergangenen 30 Jahre nur bei – 12 Prozent. Die Chance-Risiko-Klasse läge, je nachdem, wie spekulativ die Anlagen sind, zwischen 10 und 13, was bedeutet, dass er auf Jahressicht auch bis zu 80 Prozent Verlust erleiden könnte. Eine solche Asset Allocation passt also weder zu seinem Anlagehorizont noch zu seiner Risikoeinstellung.

Alexander spielt daher Möglichkeiten mit dem Vermögensplaner-Tool (siehe Seite 114) durch und entscheidet sich, neben dem Tagesgeld 6000 Euro in einen weltweiten Mischfonds der Risikoklasse 6 anzulegen. Dieser kann einen Aktienanteil bis zu 60 Prozent des Fondsvermögens aufweisen. Mit den restlichen 2000 Euro will er erst Aktienerfahrung mit deutschen Standardwerten (Risikoklasse 10) sammeln. Würde er für 2000 Euro drei Einzelaktien kaufen, blieben pro Position aber nur knapp 700 Euro. Damit hätte er relativ hohe Kosten pro Aktie. Deshalb entscheidet er sich doch für einen aktiv gemanagten Aktienfonds der Risikoklasse 10.

Die Chance-Risiko-Klasse seiner Geldanlagen beträgt damit 7, das entspricht in etwa einem Depot mit einer Aktienquote von 50 Prozent. Damit besteht zwar nach der Statistik immer noch die Gefahr, dass er über den Zeitraum von fünf Jahren einen Verlust erleidet – die Mindestrendite liegt nur bei –1,5 Prozent. Weil er aber einen größeren Teil seines Anlagevermögens in dem Mischfonds anlegt, der die Aktienquote auch zurückfahren kann, wenn sich beispielsweise nach drei Jahren ein Rückgang der Aktienmärkte andeutet, verlagert Alexander das Risiko, nicht rechtzeitig in sicherere Anlagen umgeschichtet zu haben, insoweit auf ein professionelles Fondsmanagement. Mit seiner jetzigen Aufteilung hat er damit einen guten Kompromiss zwischen seiner höheren Risikobereitschaft und dem kurzen Anlagehorizont gefunden.

## DER SINGLE

Manuel Bernhauser (40 Jahre, Single) ist Betriebswirt und arbeitet als Controller in einem großen Unternehmen. Seine berufliche Karriere nimmt immer mehr Fahrt auf. Gerade wurde er zum Gruppenleiter in seiner Abteilung befördert. Er verdient sehr gut. Am Monatsende bleibt von seinem Einkommen immer noch einiges übrig. Herr Bernhauser interessiert sich zunehmend für die Börse und will hier 50000 Euro anlegen. Eine Notfallreserve auf einem Tagesgeldkonto hat er bereits, ein konkretes Sparziel hingegen nicht. Er möchte für später sparen und dabei mög-

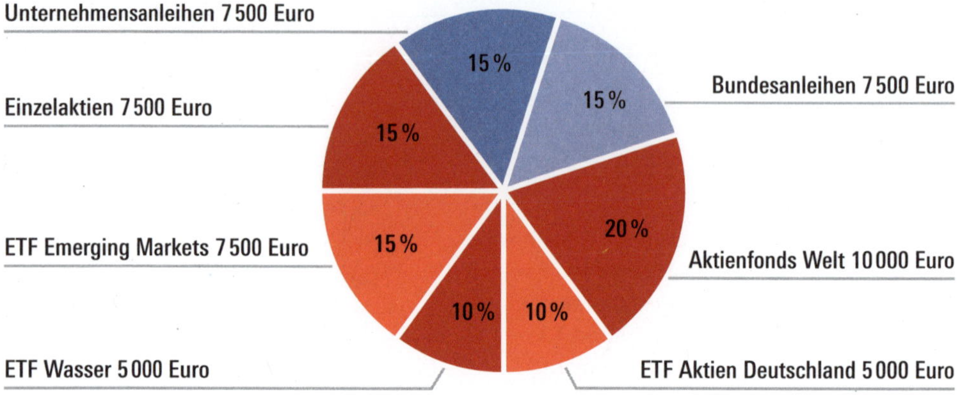


lichst hohe Renditechancen wahrnehmen. Sollte er nicht mehr arbeiten wollen und genügend gespart haben, möchte er vielleicht mit 55 Jahren in den Ruhestand gehen. Sein Anlagehorizont beträgt also mindestens 15 Jahre. An das Geld muss er in dieser Zeit voraussichtlich nicht heran. Zwischenzeitliche Wertschwankungen von bis zu 40 Prozent kann Herr Bernhauser nach seiner Einschätzung nervlich gut verkraften. Um einen Teil des Geldes (7 500 Euro) möchte er sich aktiv selbst kümmern und in Einzelaktien oder Anleihen investieren.

So könnte er anlegen: Herrn Bernhausers Risikoklasse entspricht in etwa der von Alexander Wendland. Im Unterschied zu dem Studenten hat Herr Bernhauser aber einen deutlich längeren Anlagehorizont und könnte zwischenzeitliche Verlustphasen von mehreren Jahren aussitzen.

Herr Bernhauser entscheidet sich für eine Aufteilung von 70 Prozent Aktienanlagen und 30 Prozent Zinsanlagen. Nach unseren Auswertungen zu den Entwicklungen der Aktien- und Rentenmärkte in den vergangenen 30 Jahren hätte er damit eine Mindestrendite von –0,5 Prozent erzielt (siehe Grafik Mindestrendite, Seite 122). Das bedeutet, er hätte nur knapp sein eingesetztes Geld zurückerhalten und seine durchschnittliche Renditeerwartung darf gut 8 Prozent betragen.

Bei seinen Zinsanlagen möchte Herr Bernhauser eine Hantelstrategie (Seite 140) verfolgen, sich also auf zwei unterschiedliche Restlaufzeiten konzentrieren. Er kauft für 7 500 Euro deutsche Staatsanleihen für eine längere Restlaufzeit. Weil die Marktzinsen gerade extrem niedrig liegen, kauft er sie nicht für zehn, sondern nur für fünf Jahre. Weitere 7 500 Euro investiert er kurzlaufend in Unternehmensanleihen, deren Rating noch im Investment-Grade-Bereich liegt und deren Restlaufzeit noch maximal drei Jahre beträgt.

Seine Aktienanlagen teilt er wie folgt auf: Als Basisanlage investiert er 10 000 Euro in einen weltweit anlegenden Aktienfonds. 7 500 Euro legt er in einen ETF an, dem ein Emerging-Markets-Index zugrunde liegt. Damit will er an den Wachstumsaussichten der aufstrebenden Schwellenländer partizipieren. 5 000 Euro investiert er in einen ETF auf deutsche Aktien, da er diesem als „Heimatmarkt" nahesteht. Weitere 5 000 Euro legt er in einen ETF an, der sich auf Unternehmen aus den Bereichen Wasserverteilung, -bereitstellung und -aufbereitung konzentriert. Auf die-

**Depot Single:** Manuel Bernhausers Anlagehorizont ist lang und er ist finanziell gut abgesichert. Deshalb kann er es sich leisten, 70 Prozent seines Anlagebetrags in Aktienanlagen zu stecken.

sem Gebiet sieht Herr Bernhauser besondere Wachstumsperspektiven.

Mit den verbliebenen 7 500 Euro möchte Herr Bernhauser in Einzelaktien investieren. Weil er sich als Betriebswirt und Controller gut mit Bilanzen auskennt, möchte er bei der Auswahl seiner Aktien nach dem Prinzip des Value-Investings vorgehen (siehe Seite 157) und solide unterbewertete Aktien kaufen.

Alle seine Anlagen teilt Herr Bernhauser betragsmäßig auf und kauft zeitlich versetzt. So will er vermeiden, genau am falschen Tag sein ganzes Geld anzulegen.

## DIE GESCHIEDENE

Silvia Koop ist 53 Jahre alt. Ihre Ehe wurde vor einem Jahr geschieden, ihre Kinder sind erwachsen und führen ein eigenständiges Leben. Frau Koop arbeitet seit sieben Jahren wieder als Sekretärin in einem mittelständischen Unternehmen. Davor war sie Hausfrau und hat sich um die Kinder gekümmert. Da ihr Einkommen des Öfteren nicht ganz zur Deckung ihrer Lebenshaltungskosten reicht, muss sie von der Summe, die sie als Zugewinnausgleich bei der Scheidung erhalten hat, im Schnitt monatlich 100 Euro verbrauchen. 75 000 Euro davon sind noch übrig und liegen seit der Scheidung auf ihrem Girokonto. Ihre Mutter ist bereits gestorben. Weil sie keine Geschwister hat, wird sie einmal aufgrund eines bindend gewordenen gemeinschaftlichen Testaments ihrer Eltern nach dem Tod ihres Vaters (76 Jahre) Alleinerbin von dessen Vermögen.

**So könnte sie anlegen:** Bis zu ihrem Ruhestand und darüber hinaus benötigt Frau Koop laufende Erträge, um die Lücke zwischen Einkommen und Lebenshaltungskosten weiterhin decken zu können. Ihr Anlagehorizont beträgt zehn Jahre oder mehr. Auf das Erbe von ihrem Vater will und sollte sie sich nicht verlassen, da sein Vermögen durch einen Pflegefall auch aufgebraucht werden könnte. Ihre Rente allein wird erst recht nicht zur Deckung ihrer Lebenshaltungskosten ausreichen. Weil sie sich somit einen Verlust ihres Vermögens nicht leisten kann, müssen ihre Anlagen möglichst sicher sein.

Zunächst eröffnet Frau Koop ein Tagesgeldkonto bei einer Direktbank. Auf diesem legt sie eine Notfallreserve von 5 000 Euro an. Anders als auf dem unverzinsten Girokonto erhält sie dafür Zinsen, wenn auch keine üppigen. Für die übrigen 70 000 Euro entscheidet sie sich für das Sicherheitsdepot (siehe Seite 117) und legt so zumindest 15 Prozent in Aktienfonds an, 85 Prozent in Zinsanlagen. Mit dieser Aufteilung ihres Anlagebetrags kann sie statistisch mit einer Mindestrendite von rund 3,8 Prozent rechnen. Nach Steuern bliebe ihr damit eine Rendite von

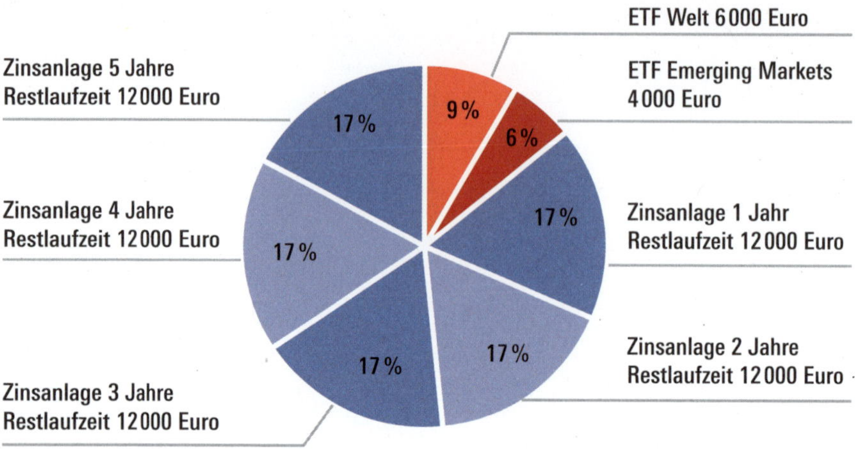


**Depot Geschiedene:** Sylvia Koop muss mit dem Betrag, den sie anlegt, eine Einkommenslücke schließen. Große Risiken sollte sie nicht eingehen. Sie wählt das Sicherheitsdepot: 60 000 legt sie in Zinsanlagen mit maximal fünfjähriger Laufzeit an. 10 000 Euro gehen in Aktien-ETFs.

rund 2,8 Prozent. Selbst wenn also durch die Inflation ihre Lebenshaltungskosten steigen, hat sie somit die Chance, noch Vermögen aufbauen zu können, solange ihre Rendite nach Steuern höher ist als die Inflationsrate. Die durchschnittliche Rendite einer Asset Allocation mit 15 Prozent Aktien und 85 Prozent Zinsanlagen lag in den vergangenen 30 Jahren immerhin bei rund 7,2 Prozent. Frau Koop weiß, dass solche durchschnittlichen Renditen der Vergangenheit keine Garantie für die Zukunft sind und immer ins Verhältnis zum damals geltenden Marktumfeld gesetzt werden müssen. Zumindest zeigt die Vergangenheitsbetrachtung aber, dass mit dieser Vermögensaufteilung ein Inflations- und Steuerausgleich zuzüglich einer gewissen Rendite erzielt werden konnte.

Für den Aktienteil ihres Depots kauft Frau Koop für 6000 Euro zunächst einen ETF auf den MSCI World Index. Da in diesem Index keine Schwellenländer vertreten sind, entscheidet sie sich zusätzlich für einen ETF auf einen Emerging Markets Index (Anlagesumme 4 000 Euro).

Die verbleibenden 60 000 Euro will sie mit einer Treppendepot-Strategie über verschiedene Laufzeiten verteilen (siehe Seite 138). Sie kauft daher für jeweils 12 000 Euro eine Festzinsanlage mit einer Restlaufzeit von ein bis fünf Jahren. In längere Laufzeiten will sie derzeit wegen des relativ niedrigen Zinsniveaus nicht investieren. Sie rechnet zukünftig eher mit steigenden Zinsen und kann dann das Geld aus den jeweils fällig werdenden Anlagen jedes Jahr in besser verzinsliche Anlagen stecken. Bei der konkreten Produktauswahl vergleicht Frau Koop die Renditen von Bundesanleihen und gleich lang laufenden Festgeldern. Erhält sie beispielsweise für ein Drei-Jahres-Festgeld eine höhere Verzinsung als für eine Bundesanleihe mit einer Restlaufzeit von drei Jahren, wählt sie das Festgeld.

Die jährlichen Zinszahlungen ihrer Festgeldanlagen sammelt Frau Koop auf ihrem Tagesgeldkonto und entnimmt von diesem jeweils Teilbeträge, um die Lücke zwischen ihrem Einkommen und ihren Lebenshaltungskosten zu füllen.

## DIE FAMILIE

Das Ehepaar Anita und Karsten Gruber (34 und 32 Jahre) hat zwei Kinder im Alter von einem (Lea) und drei Jahren (Benno). Beide Eltern arbeiten Teilzeit. Anitas Eltern haben jeder ihrer drei Töchter 40 000 Euro geschenkt. Die Grubers planen, in spätestens zwei bis drei Jahren ein Reihenhaus zu kaufen, das sie neben dem Wohlfühlaspekt auch als einen Baustein ihrer Altersvorsorge ansehen. In der Gegend, in der sie leben möchten, kosten Reihenhäuser ungefähr 250 000 Euro. Die Grubers haben aber noch kein passendes Objekt gefunden. Eine gute Ausbildung für ihre Kinder ist ihnen sehr wichtig. Sie möchten schon jetzt für ein mögliches Studium von Lea und Benno sparen.

So könnten sie anlegen: Beim Kauf einer selbst genutzten Immobilie gilt der Grundsatz: „So viel Fremdkapital wie nötig, so viel Eigenkapital wie möglich." Anita und Karsten Gruber müssen daher darauf achten, dass ihr Geld bis zum Hauskauf sicher angelegt ist und sie gut herankommen. Da sie schon morgen eine passende Immobilie finden könnten, scheiden Aktienanlagen aufgrund ihrer Wertschwankungen für sie ebenso aus wie längerfristige Festgeldanlagen. Sie parken daher die 40 000 Euro für den Hauskauf auf einem Tagesgeldkonto.

Für die Kinder schließen die Grubers je einen Fondssparplan in einen guten internationalen Aktienfonds ab. Sie finden eine Direktbank, bei der dieser Fonds ohne Ausgabeaufschlag angeboten wird, eröffnen dort ein Depot und zahlen monatlich 100 Euro für jedes Kind. Um die Freiheit zu haben, das Geld selbst verwenden zu können, sollte es mit der Hausfinanzierung einmal eng werden, eröffnen sie keine Depots auf die Namen der Kinder – dann würde das Fondsvermögen bereits den Kindern gehören.

Wenn Benno 18 Jahre ist, kann er bei einer durchschnittlichen Rendite seines Fonds von 5 Prozent mit einem Ausbildungskapital von 26 595 Euro rechnen. Weil die Spardauer für Lea länger ist, kann diese gar 31 848 Euro erwarten. Bei 3 Prozent werden es für Benno 22 681 Euro, für Lea 26 538 Euro. Sollte der Fonds sogar 7 Prozent Rendite erwirtschaften, stehen 31 298 Euro beziehungsweise 38 411 Euro für ihre Ausbildung zur Verfügung.

Wollen Sie selbst mit anderen Zahlen rechnen, empfiehlt sich die Internetseite www.zinsen-berechnen.de. Hier finden Sie Rechner für verschiedene Fragestellungen. Für regelmäßige Sparraten können Sie den Sparrechner der Webseite verwenden.

## DOUBLE INCOME, NO KIDS

Die Eheleute Iris (45) und Aron Meiden (44) sind beide als Juristen voll berufstätig. Sie wollen 200 000 Euro für ihre Altersvorsorge anlegen, haben aber keine Vorstellung davon, welche Geldanlagen sie wählen sollen. Da ihr Einkommen immer hoch genug war, um ihren gehobenen Lebensstandard zu finanzieren, haben sie sich nie Gedanken um ihr Geld gemacht. Sie haben gehört, dass die persönliche Risikoeinstellung wichtig ist, um die passenden Anlageformen zu finden.

Herr Meiden hält sich für einen Anleger, der bereit ist, hohe Risiken bei der Geldanlage einzugehen. Er möchte ausschließlich im Bereich Aktien anlegen, hier vor allem in Technologiewerte, weil er sowohl privat als auch beruflich sehr viel Wert darauf legt, immer auf dem neuesten Stand der Technik zu sein.

Für seine Frau hingegen ist Sicherheit bei der Geldanlage sehr wichtig. Sie möchte mit ihren Anlagen auch eine Vorsorge für schwere Krisen treffen. Insbesondere fürchtet sie eine stark ansteigende Inflation.

Die Risikoeinstellungen des Paares liegen sehr stark auseinander. Daher entscheiden sie sich, die Anlagesumme zu teilen und für jeden entsprechend seiner Anlagementalität zu investieren. Beide haben einen Anlagehorizont von 15 bis 20 Jahren.

**So könnte Herr Meiden anlegen:** Herr Meiden hat sich bei einer Direktbank im Internet die wesentlichen Anlegerinformationen einiger Aktienfonds angesehen, die sich auf Aktien aus dem Technologiesektor konzentrieren. Das sind vor allem Aktien von Unternehmen, die in den Bereichen Computer, Elektronik, Halbleiter, Kommunikations- und Informationstechnologie tätig sind. Dabei hat er festgestellt, dass das Risikoprofil dieser Fonds in den wesentlichen Anlegerinformationen meist mit der höchsten Risikostufe 7 bewertet wird. Das entspricht nach unserer Einteilung einer Chance-Risiko-Klasse von 11 bis 15 und damit einem möglichen Verlustrisiko auf Jahressicht von 60 bis 100 Prozent. Als Herr Meiden dann noch feststellt, dass er selbst bei seinem langen Anlagehorizont von 15 bis 20 Jahren bei

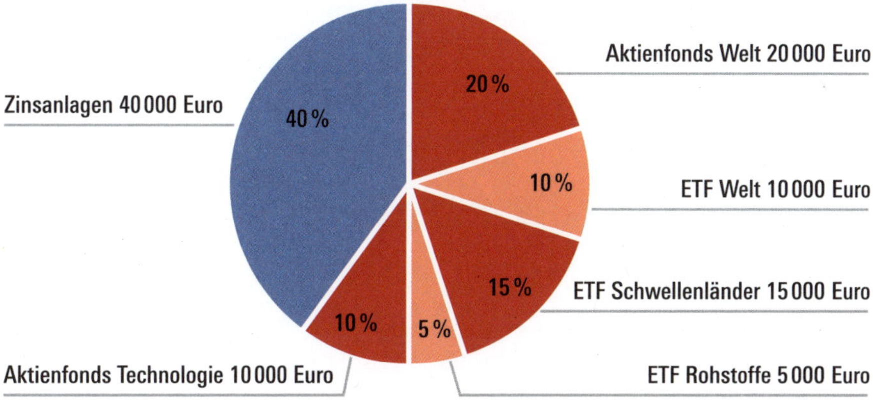


**Depot 1 Double income no kids:** Herr Meiden möchte die Chancen der Märkte nutzen und hat sich eine Vermögensaufteilung mit einem hohen Aktienanteil (Risikoklasse 9) zusammengestellt.

einer hundertprozentigen Aktienquote keine positive Mindestrendite hätte (diese liegt laut Grafik „Mindestrendite" auf Seite 122 bei –4 Prozent), überdenkt er seine Risikobereitschaft. Er möchte nicht mehr als 40 Prozent innerhalb eines Jahres verlieren und zumindest eine positive Renditeerwartung haben. Damit strebt er eine Asset Allocation an, die etwa einer Chance-Risiko-Klasse von 9 entspricht.

Aron Meiden entscheidet sich als Basisanlage für einen weltweit anlegenden ETF (10 000 Euro, Risikoklasse 9). Daneben wählt er einen aktiv gemanagten Aktienfonds Welt, der nicht marktnah an einem Index orientiert anlegt, sondern bei dem das Fondsmanagement versucht, eigenständig weltweit chancenreiche Aktien zu finden (20 000 Euro, Risikoklasse 10). Mit einem Schwellenländer-ETF (15 000 Euro, Risikoklasse 11) will er an den Wachstumschancen der Emerging Markets partizipieren. Den Technologiesektor deckt er mit einem weiteren Aktienfonds der Risikoklasse 11 ab, allerdings nur mit 10 000 Euro. Zur Beimischung und weiteren Diversifikation investiert er überdies in einen ETF, der einen Rohstoffindex nachbildet (5 000 Euro, Risikoklasse 11). Die restlichen 40 000 Euro legt Herr Meiden konservativ in der Risikoklasse 4 an. Dazu baut er sich ein Treppendepot (Bundesanleihen, Festgelder) mit je 8 000 Euro und Laufzeiten von einem bis fünf Jahren.

Mit dem Vermögensplaner-Tool prüft er seine Asset Allocation. Die Chance-Risiko-Klasse seines Gesamtvermögens beträgt wie gewünscht 9, sein Verlustrisiko auf ein Jahr nur rund 34 Prozent.

**So könnte Frau Meiden anlegen:** Frau Meiden investiert 40 Prozent ihres Anlagebetrags in deutsche Staatsanleihen (Risikoklasse 4), da sie der Auffassung ist, dass der deutsche Staat der letzte Schuldner sein wird, der im Fall der Fälle seine Schulden nicht begleichen kann. Sie weiß, dass Anleihen grundsätzlich keinen Inflationsschutz bieten. Denn die Rückzahlung einer Anleihe erfolgt immer zum Nennwert. Der reale Wert des angelegten Geldes – die Kaufkraft – kann aber bei einer hohen Inflation während der Anlagedauer stark gesunken sein. Sie legt daher einen Teil (15 000 Euro) in inflationsgeschützten Bundesanleihen an. Das sind Anleihen, bei denen der Zins und die

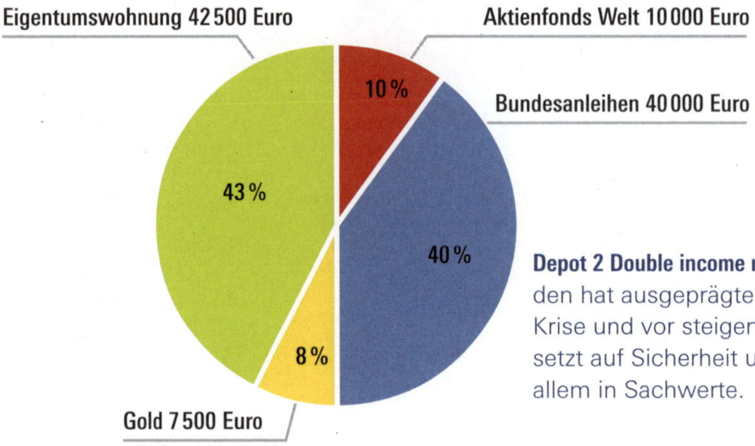


**Depot 2 Double income no kids:** Frau Meiden hat ausgeprägte Ängste vor einer Krise und vor steigender Inflation. Sie setzt auf Sicherheit und investiert vor allem in Sachwerte.

Rückzahlung an die Inflationsrate gekoppelt sind. Zwar erwirtschaftet die inflationsgeschützte Bundesanleihe nur dann eine höhere Rendite als eine normale Bundesanleihe, wenn die Inflation stärker steigt als allgemein erwartet. Ist dies allerdings – wie Iris Meiden befürchtet – tatsächlich der Fall, kann sie mit der inflationsindexierten Anleihe auch unter Berücksichtigung der Inflation eine positive Rendite sicherstellen.

Ihr restliches Anlagegeld möchte Frau Meiden in Sachwerte stecken, also in Wirtschaftsgüter, die einen Gebrauchswert verkörpern, der unabhängig von Geldwertschwankungen ist. Dazu zählen Immobilien, Rohstoffe und Beteiligungen an Unternehmen und deren Vermögenswerten wie Maschinen und Gebäude.

Sie investiert daher 10 000 Euro in einen weltweit anlegenden Aktienfonds (Risikoklasse 10). Damit ist sie über die vom Fonds gehaltenen Aktien an den Unternehmen beteiligt. Mit 7 500 Euro kauft sie bei einem Goldhändler Goldbarren und -münzen (Risikoklasse 8). Die Goldbarren lagert sie in ihrem Safe. Die Münzen hingegen versteckt sie bei sich zu Hause als „Notfall- und Krisenwährung".

Die restlichen 42 500 Euro setzt Frau Meiden als Eigenkapital für den Kauf einer vermieteten Eigentumswohnung (Kaufpreis 100 000 Euro, Risikoklasse 5) in ihrer Nachbarstadt ein. Sie kennt den Wohnungsmarkt in der Gegend und weiß, dass der Preis angemessen ist. Auch ist sie sich sicher, dass es nicht schwer wird, Mieter dafür zu finden. Sie hat die Wohnung mehrmals besichtigt: Diese ist ruhig und hell, die Lage gut, der Blick unverbaubar. Weil das Gebäude bereits zwanzig Jahre alt ist und sie ganz auf Nummer sicher gehen wollte, hat sie zudem einen Sachverständigen hinzugezogen, der ihr bestätigt hat, dass es gut in Schuss ist. Die Zinsen und die Tilgung des Fremdkapitalanteils (Darlehen für die Eigentumswohnung) kann sie aufgrund des niedrigen Zinsniveaus mit den Mieteinnahmen begleichen.

Damit liegt Frau Meidens Asset Allocation zwar in der leicht erhöhten Chance-Risiko-Klasse 6. Das liegt aber auch daran, dass sie ihre besonderen Inflations- und Krisenängste bei der Anlage berücksichtigt hat. Mit ihrer jetzigen Anlageaufteilung kann sie daher trotzdem sehr gut schlafen.

## DER ERBE

Bernd Tornow (55 Jahre, verheiratet) ist Marketingleiter eines größeren mittelständischen Unternehmens. Er hat ein überdurchschnittliches Einkommen und besitzt zusammen mit seiner Frau ein vermietetes Mehrfamilienhaus. Um seine Geldanlagen hat er sich bisher nicht viel gekümmert. Für den hohen Lebensstandard der Familie mit regelmäßigen Urlaubsreisen und großen Autos haben die Einkünfte aber immer ausgereicht. Sohn Jörn hat gerade sein zweites Jura-Staatsexamen hinter sich und möchte sich als Rechtsanwalt selbstständig machen. Sein zweiter Sohn Ralf studiert Physik.

Vor Kurzem ist Herrn Tornows Mutter gestorben. Sie hat ihm rund 300 000 Euro vererbt. Er weiß, wie hart seine Eltern dafür gearbeitet haben, ein kleines Vermögen aufzubauen, um es ihm als einzigem Sohn hinterlassen zu können. Ihm ist daher wichtig, das Erbe nicht zu verschleudern, sondern es zu erhalten und zu vermehren, um auch an seine Söhne etwas weitergeben zu können. Weil er Angst vor einer stark steigenden Inflation hat, überlegt er, für einen größeren Teil des geerbten Geldes Gold zu kaufen. Auch möchte er einen kleineren Teil in Aktien anlegen. Da seine Schwiegertochter Brasilianerin ist und er bereits einige Male in Brasilien Urlaub gemacht hat, möchte er gern in Aktien großer brasilianischer Unternehmen investieren.

**So könnte er anlegen:** Herr Tornow unterstützt seinen Sohn Jörn bei seiner Existenzgründung. Jörn hat die Möglichkeit, sich als Partner in eine größere, eingeführte Kanzlei einzukaufen. Herr Tornow gibt seinem Sohn dafür ein Privatdarlehen in Höhe von 100 000 Euro, für das dieser neben einer einprozentigen Tilgung 4 Prozent Zinsen an seinen Vater zahlen muss. So profitieren beide: Jörn zahlt niedrigere Zinsen als bei einer Bank und Herr Tornow erhält für die Unterstützung seines Sohnes auch noch marktübliche Zinsen. Von seinem Steuerberater lässt Herr Tornow den Darlehensvertrag prüfen, damit sichergestellt ist, dass sein Sohn die gezahlten Zinsen als Betriebsausgaben steuerlich absetzen kann.

Nachdem Herr Tornow von inflationsgeschützten Anleihen gehört und im Inter-

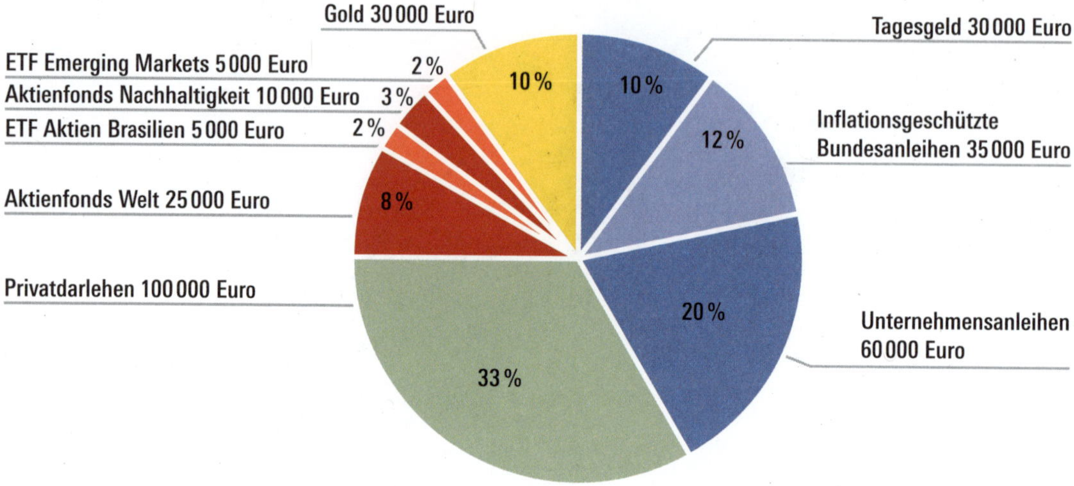


**Depot Erbe:** So verteilt Herr Tornow seine Erbschaft von 300 000 Euro: Für 100 000 Euro gibt er seinem Sohn ein Privatdarlehen. Für den Rest wählt er eine breite Mischung, wobei er den Aktienanteil relativ klein hält.

net eingehender dazu recherchiert hat, beschließt er, zur Krisensicherung nicht nur auf Gold zu setzen. Er kauft daher für insgesamt 35 000 Euro zwei inflationsindexierte Bundesanleihen mit unterschiedlichen Laufzeiten.

30 000 Euro will Bernd Tornow in physischem Gold anlegen. Das Risiko, auf dem Höhepunkt einer Preisblase zu kaufen, möchte er abfedern, indem er den Kauf über ein Jahr verteilt: Alle zwei Monate erwirbt er Gold für 5 000 Euro.

Angesichts hoher Staatsverschuldungen hält Herr Tornow solide Unternehmen für bessere Anleiheschuldner als viele Staaten und beschließt, für insgesamt 60 000 Euro Anleihen von Unternehmen zu kaufen, die mit BBB–/Ba3 oder besser geratet sind. Um die passenden Papiere zu finden, nutzt er die Anleihefinder-Tools im Internet von www.baadermarkets.de und www.boerse-stuttgart.de.

Die zur Anlage verbleibenden 45 000 Euro will Herr Tornow in Aktienfonds und ETFs anlegen. Für insgesamt 25 000 Euro möchte er in zwei marktunabhängig und weltweit anlegende aktiv gemanagte Fonds investieren. Um hier nicht den falschen Zeitpunkt zu erwischen, richtet er Sparpläne von jeweils 500 Euro ein. Er behält sich gedanklich vor, diese Sparpläne zu stoppen und das Geld in ein Festgeld zu investieren, wenn er feststellen sollte, dass das Auf und Ab der Börse ihn emotional zu stark mitnimmt.

5 000 Euro will er je in einen Brasilien-ETF und einen Emerging-Markets-ETF anlegen. Weitere 10 000 Euro gehen in einen ETF, der sich auf Unternehmen konzentriert, die an der Herstellung sauberer Energieformen und der Fertigung von Anlagen und Technologien beteiligt sind. Herr Tornow glaubt, dass nicht nur in Deutschland, sondern auch in anderen Ländern mit einer Energiewende zu rech-

nen ist und Unternehmen auf diesem Gebiet großes Wachstumspotenzial haben.

Neben einer Reserve von 30 000 Euro parkt er auch das Geld für seine Fondssparpläne und geplanten Gold- und Anleihe-Käufe auf seinem Tagesgeldkonto. Voll investiert, käme er auf eine Chance-Risiko-Klasse 8. Nicht berücksichtigt ist bei der Risikobewertung das Privatdarlehen an seinen Sohn.

## DER RENTNER

Wilhelm Schild ist 68 Jahre alt und verwitwet. Er lebt in einem abbezahlten Einfamilienhaus, das er vor 35 Jahren gebaut hat. Seine gesetzliche und betriebliche Rente reichen zur Deckung seiner Lebenshaltungskosten. Größere Urlaubsreisen kann er sich damit allerdings nicht erlauben. Aus einer fälligen Lebensversicherung erhielt er gerade 20 000 Euro, die er jetzt besser verzinst anlegen möchte. Bei einem ersten Beratungsgespräch in seiner Bank hat sich Herr Schild als eher spekulativer Anleger eingeschätzt.

**So könnte er anlegen:** Ganz egal, wie risikofreudig sich Herr Schild selbst einschätzt: Seine Risikofähigkeit, also die Fähigkeit, absolute Vermögensverluste wegzustecken, ist nur sehr begrenzt. Denn er hat aufgrund seines Alters kaum noch realistische Chancen, Vermögensverluste durch zusätzliches Einkommen auszugleichen. Angesichts hoher Staatsschulden sollte er sich auch nicht darauf verlassen, dass seine Rente immer mindestens um die Inflationsrate steigt und er somit seinen Lebensstandard halten kann.

Oberstes Ziel seiner Geldanlagen muss daher sein, zumindest einen Inflationsausgleich bei höchstmöglicher Sicherheit und Flexibilität zu erzielen. Für notwendige Reparaturen am Haus oder andere Eventualitäten legt er daher 10 000 Euro auf einem Tagesgeldkonto an, die übrigen 10 000 Euro gehen in ein zweijähriges Festgeld. Mit den jährlichen Zinsen bessert er sein Urlaubsbudget auf.

## DIVIDENDENINDIZES IM VERGLEICH

Dividendenindizes unterscheiden sich nicht nur in der Zahl ihrer Aktien sehr deutlich. Auch bei den Auswahl-

| Index | Stoxx Global Select Dividend 100 | Stoxx Europe Select Dividend 30 | MSCI Europe High Dividend Yield | Euro Stoxx Select Dividend 30 |
|---|---|---|---|---|
| Region/Land | Global | Europa | Europa | Euroland |
| Startdatum | 21. 2. 2007 | 13. 4. 2005 | 31. 10. 2006 | 13. 4. 2005 |
| Titel | 100 | 30 | ca. 70 | 30 |
| Basisindex (Titel) | Stoxx Global (1 800) | Stoxx Europe (600) | MSCI Europe (ca. 460) | Euro Stoxx (ca. 300) |
| **Auswahlkriterien** | | | | |
| Dividende | Historische und voraussichtliche Dividenden im Folgejahr | Historische und voraussichtliche Dividenden im Folgejahr | Historische und voraussichtliche Dividenden im Folgejahr[1] | Historische und voraussichtliche Dividenden im Folgejahr |
| Ausschüttungsquote | Zwischen 0 und 60 bzw. 80 Prozent[2] | Zwischen 0 und 60 Prozent[2] | Höher als 0 Prozent[3] | Zwischen 0 und 60 Prozent[2] |
| Entwicklung der Dividenden | Wachstum über fünf Jahre, maximal ein Ausfall[2] | Wachstum über fünf Jahre, maximal ein Ausfall[2] | Wachstum über fünf Jahre[2] | Wachstum über fünf Jahre, maximal ein Ausfall[2] |
| **Gewichtung im Index** | | | | |
| Gewichtung nach | Dividendenrendite | Dividendenrendite | Börsenwert (free float) | Dividendenrendite |
| Höchstanteil pro Aktie | 10 % | 15 % | 5 % | 15 % |
| Größte Einzelpositionen | Monadelphous (2,29 %), Pitney Bowes (2,23 %), Belgacom (2,00 %), BCO Santander (2,00 %), Orange (1,96 %) | Belgacom (5,22 %), BCO Santander (5,21 %), Orange (5,11 %), BAE Systems (4,33 %), AstraZeneca (4,21 %) | Daimler (5,84 %), Total (5,49 %), Vodafone (5,38 %), Allianz (4,94 %), AstraZeneca (4,71 %) | Belgacom (6,17 %), BCO Santander (6,16 %), Orange (6,04 %), EDP Energias de Portugal (5,13 %), E.ON (4,70 %) |

– = Kriterium wird nicht berücksichtigt.
K.A. = Keine Angabe des Anbieters.

1) Dividendenrendite muss 30 Prozent über dem Durchschnitt des Basisindex liegen, seit 2013 weitere fundamentale Auswahlkriterien. 2) Bei Neuaufnahmen. Für Indexmitglieder sind Abweichungen zulässig. Evtl. weitere Kriterien.

methoden und der Gewichtung einzelner Titel gibt es große Unterschiede.

| MSCI EMU High Dividend Yield | Dow Jones Asia/ Pacific Select Dividend 30 | Dow Jones US Select Dividend | DaxPlus Maximum Dividend | DivDax | FTSE UK Dividend+ |
|---|---|---|---|---|---|
| Euroland | Asien/Pazifik | USA | Deutschland | Deutschland | Groß-britannien |
| 31. 10. 2006 | 14. 3. 2006 | 3. 11. 2003 | 23. 3. 2009 | 1. 3. 2005 | 3.10. 2005 |
| ca. 35 | 30 | 100 | 20 | 15 | 50 |
| MSCI EMU (ca. 240) | Aktien der 5 DJ Indizes für Australien, Hong Kong, Japan, Neuseeland, Singapur | Dow Jones US (ca. 1260) | HDax (110) | Dax (30) | FTSE (350) |
| | | | | | |
| Historische und voraussichtliche Dividenden im Folgejahr[1)] | Historische und voraussichtliche Dividenden im Folgejahr | Historische und voraussichtliche Dividenden im Folgejahr | Voraussichtliche Dividenden über die kommenden 6 Monate | Dividenden des vergangenen Jahres | Voraussichtliche Dividenden im Folgejahr[2)] |
| Höher als 0 Prozent[3)] | 5-Jahres-Mittel kleiner 85 Prozent[2)] | 5-Jahresmittel kleiner 60 Prozent[2)] | – | – | – |
| Wachstum über fünf Jahre[2)] | Zahlung über letzten drei Jahre und letzte Dividende größer als 3-Jahres-Mittel[2)] | Wachstum über fünf Jahre[2)] | – | – | – |
| | | | | | |
| Börsenwert (free float) | Dividendenrendite | Dividendenrendite | Dividendenrendite | Börsenwert (free float) | Dividendenrendite |
| 5 % | 15 % | 10 % | 10 % | 10 % | – |
| AXA (5,50 %), Daimler (5,46 %), Dt. Börse (5,28 %), Total (5,14 %), GDF-Suez (4,97 %) | Telecom Corp. of New Zealand (6,98 %), National Australia Bank (5,32 %), VTech (4,47 %), Metcash (4,38 %), SP Ausnet (4,35 %) | Lorillard (3,98 %), Lockheed Martin (3,42 %), Chevron (2,01 %), Philip Morris (1,91 %), Kimberly-Clark (1,87 %) | A. Springer (7,33 %), RTL (6,64 %), E.ON (6,63 %), Münch. Rück. (6,59 %), Hann. Rück. (6,42 %) | Allianz (10,23 %), Bayer (10,14 %), BASF (10,05 %), Siemens (10,00 %), Daimler (9,70 %) | Direct Line (3,52 %), Resolution (2,78 %), BP (2,63 %), National Grid (2,62 %), AstraZeneca (2,59 %) |

3) Es werden 5 Prozent der Unternehmenskandidaten mit der höchsten Ausschüttungsquote ausgeschlossen, Indexmitglieder fallen aus dem Index, sobald sie zu den besten 2 Prozent bei der Ausschüttungsquote gehören.

Stand: Dezember 2013

## GLOSSAR

**Abgeltungsteuer:** Seit 1. Januar 2009 gilt in Deutschland die pauschale Abgeltungsteuer auf alle Kapitalerträge, zum Beispiel Zins- und Dividendeneinkünfte oder realisierte Kursgewinne. Die Abgeltungsteuer beträgt 25 Prozent plus Solidaritätszuschlag und gegebenenfalls Kirchensteuer. Die Bank zieht sie automatisch ab, sofern der Anleger keinen Freistellungsauftrag hat. Für Aktien oder Fonds, die vor Januar 2009 gekauft wurden, gibt es einen Bestandsschutz. Alle künftigen Kursgewinne bleiben steuerfrei.
**Agio:** Aufgeld oder Aufschlag, um den der Ausgabepreis eines Wertpapiers, zum Beispiel eines Zertifikats, den Nennwert oder Rückzahlungspreis übersteigt. Davon wird in der Regel der Vertrieb bezahlt.
**Aktie:** Die Aktie ist ein Wertpapier, das seinem Inhaber (Aktionär) einen Anteil am Grundkapital einer Aktiengesellschaft vermittelt und damit verbundene Eigentumsrechte am Unternehmen verbrieft. Der Aktionär ist am Erfolg oder Misserfolg der Aktiengesellschaft unmittelbar beteiligt, unter anderem in Form von Kursgewinnen und -verlusten sowie durch Dividendenzahlungen.
**Anleihe:** Verzinsliche Schuldverschreibungen mit meist fester Laufzeit, die von Einrichtungen der öffentlichen Hand (Bund, Länder, Gemeinden), Unternehmen oder Banken begeben und an der Börse gehandelt werden. Die Zinshöhe ist abhängig von der Laufzeit und Kreditwürdigkeit des Herausgebers (Emittent). Der Emittent ist verpflichtet, dem Gläubiger (Anleger) zum Laufzeitende den Nominalwert, also den bei Emission der Anleihe verbrieften Betrag, zurückzuzahlen. Bei einem Verkauf der Anleihe während der Laufzeit kann der Kurswert vom Nominalwert abweichen.
**Asset Allocation:** Die prozentuale Aufteilung der eigenen Geldanlagen in Anlageklassen und Anlagemärkte.
**Ausgabeaufschlag:** Differenz zwischen Ausgabe- und Rücknahmepreis eines Fonds. Der Ausgabeaufschlag dient vor allem der Deckung der Vertriebskosten eines Fonds. Er lässt sich durch Verhandeln oder Auswahl der Kaufquelle reduzieren. Je nach Fonds und Anlagebetrag gewähren Direktbanken und Vermittler einen Rabatt darauf.
**Ausschüttender Fonds:** Fonds, der Erträge wie Zinsen und Dividenden meist einmal jährlich an Anleger auszahlt.
**Benchmark:** Maßstab, um die Leistung von Fonds zu messen. Meist wird dazu ein Index herangezogen, der die Marktentwicklung widerspiegelt.
**Dachfonds:** Fonds, der nicht direkt in Aktien, Renten oder Immobilien investiert, sondern in andere Fonds – etwa in mehrere Aktienfonds oder Aktien- und Rentenfonds.
**Depot:** Wertpapiere, etwa Aktien, Anleihen und Fonds, werden in einem Depot verwahrt. Es ist eine Art Konto, auf dem Zu- und Abgänge verbucht werden. Die Verwahrstelle – eine Bank oder Investmentgesellschaft – kümmert sich darum, dass Geld aus Verkäufen oder Ausschüttungen dem Girokonto gutgeschrieben oder wieder angelegt wird; sie schickt an den Anleger regelmäßig Abrechnungen über alle Buchungen sowie einen Depotauszug. Für diesen Service verlangt sie meist Depotgebühren.

**Diversifikation:** Streuung von Geldanlagen auf mehrere Anlageklassen wie Aktien, Festzinsanlagen, Immobilien, Rohstoffe mit dem Ziel der Risikoreduzierung.

**Dividende:** Der Anteil am Gewinn einer Aktiengesellschaft, der pro Aktie an den Anleger ausgeschüttet wird. Die Höhe der Dividende wird auf der Hauptversammlung der AG festgelegt.

**Dividendenrendite:** Kennzahl zur Bewertung von Aktien. Die Dividendenrendite ergibt sich, wenn man die Höhe der Dividende durch den aktuellen Aktienkurs dividiert.

**Emerging Markets (Schwellenländer):** Staaten, die den Stand eines Entwicklungslandes verlassen haben und sich auf der Schwelle zu einer bedeutsamen industrialisierten Volkswirtschaft befinden. Dazu zählen zum Beispiel Brasilien, Chile, Mexiko, Russland und die Türkei.

**Emissionsrendite:** Rendite von festverzinslichen Wertpapieren bei erstmaliger Ausgabe (Emission).

**Emittent:** Der Herausgebers eines Wertpapiers, zum Beispiel einer Anleihe oder eines Zertifikats.

**Emittentenrisiko:** Gefahr von Bonitätsverschlechterungen oder des Ausfalls eines Emittenten. Bei einer Schuldverschreibung kann dies zum (teilweisen) Ausfall von Zinszahlungen oder der Rückzahlung des Anlagekapitals führen.

**ETCs (Exchange Traded Commodities):** Sie bilden die Wertentwicklung von Rohstoffen wie Gold, Silber, Kupfer oder Nickel, aber auch von Nahrungsmitteln wie Mais, Kakao oder Zucker ab. Rechtlich gesehen handelt es sich um Schuldverschreibungen, die teilweise zusätzlich besichert sind.. Anders als bei ETFs steht hinter ETCs aber kein Sondervermögen.

**ETF:** Ein Exchange Traded Fund (ETF) ist ein an der Börse gehandelter Investmentfonds. Im Gegensatz zu einem aktiv von einem Fondsmanager gemanagten Investmentfonds hat ein ETF keinen Fondsmanager, sondern bildet einen Index nach. Dadurch sind die Verwaltungskosten des ETF wesentlich günstiger als bei einem aktiv gemanagten Fonds. Die Wertentwicklung eines ETF entspricht – anders als bei aktiv gemanagten Fonds – daher immer annähernd der des zugrundeliegenden Index.

**Floater (Floating Rate Note):** Anleihe mit variabler Verzinsung, die an einen Referenzzinsatz gekoppelt ist.

**Fonds (Investmentfonds):** Eine Kapitalverwaltungsgesellschaft (früher Kapitalanlagegesellschaft) sammelt Geld der Anleger und bündelt es in einem Sondervermögen, dem Investmentfonds. Ein Fondsmanager entscheidet, in welche Werte entsprechend der Strategie des Fonds angelegt wird. In Betracht kommen vor allem Investitionen in Aktien (Aktienfonds), festverzinsliche Wertpapiere (Rentenfonds), beides (Mischfonds), Geldmarktinstrumente (Geldmarktfonds), Immobilien (offene Immobilienfonds) und andere Investmentfonds (Dachfonds).

**Freistellungsauftrag:** Anleger können ihrer Investmentgesellschaft oder Bank einen Freistellungsauftrag erteilen (Alleinstehende: 801 Euro, Ehepaare: 1 602 Euro). Dann werden bis zu dieser Summe keine Steuern von den jährlichen Erträgen – etwa Zinsen, Dividenden und realisierte Wertsteigerungen bei Wertpapieren – abgezogen.

**Geschlossener Fonds:** Geschlossene Fonds werden nicht an der Börse gehandelt. Es handelt sich meist um unternehmerische Beteiligungen, bei denen der Käufer Mitunternehmer (in der Regel Kommanditist) mit allen Chancen und Risiken wird. Wenn sich an dem Fonds genügend Anleger (Mitunternehmer) beteiligt haben, um in ein geplantes Investitionsgut zu investieren, wird der Fonds geschlossen, es werden also keine weiteren Mitunternehmer mehr aufgenommen. Investitionsgüter für geschlossene Fonds können neben Immobilien unter anderem auch Schiffe (Schiffsfonds), Windkraftanlagen, Zweitmarkt-Kapitallebensversicherungen (US-, britische oder deutsche Lebensversicherungen), Venture-Capital/Private-Equity und Filme (Medienfonds) sein. Während der Beteiligungsdauer von in der Regel sieben und mehr Jahren ist ein Verkauf der Beteiligung häufig kaum möglich. Solche Fonds weisen meist ein extrem hohes Risiko auf.
**High-Yield-Fonds:** Fonds, die Anleihen von Emittenten mit geringer Bonität kaufen.
**Index:** In einem Index werden bestimmte ausgewählte Basiswerte zusammengefasst und deren Wertentwicklung über einen bestimmten Zeitraum dargestellt (siehe Seite 25). Er dient als eine Art Marktbarometer.
**Indexzertifikat:** Anleihe, die die Wertentwicklung eines Index nachzeichnet.
**Investment-AG:** Investmentaktiengesellschaften entsprechen den bisherigen Investmentfonds wie Aktien-, Renten- und offenen Immobilienfonds. Im Kapitalanlagegesetzbuch (KAGB), das das Investmentgesetz abgelöst hat, wurden die Begriffe geändert. Anleger einer Investment-AG haben kein Stimmrecht und dürfen ihre Anteile zurückgeben.
**Isin:** Die international gültige zwölfstellige Kennnummer für Wertpapiere hat die aus sechs Ziffern bestehende deutsche Wertpapierkennnummer (WKN) abgelöst.
**KAGB:** Am 22. Juli 2013 hat das Kapitalanlagegesetzbuch (KAGB) das Investmentgesetz abgelöst. Im Bereich der in diesem Buch dargestellten Aktien-, Renten- oder Mischfonds wurden durch das neue KAGB vor allem einige Begriffe geändert. So werden dort Investmentfonds als Investmentaktiengesellschaften oder Organismen für gemeinsame Anlagen in Wertpapieren (OGAW) bezeichnet. Depotbanken heißen im KAGB jetzt Verwahrstellen und die Kapitalanlagegesellschaft wird als Kapitalverwaltungsgesellschaft bezeichnet. Da die neuen Begrifflichkeiten mitunter sehr sperrig und noch nicht allgemein gebräuchlich sind, verwenden wir weiter die schon vor dem Inkrafttreten des KAGB verwendeten Begriffe.
**Kapitalverwaltungsgesellschaft:** Verwaltungsgesellschaft ist die nach dem Kapitalanlagegesetzbuch neue Bezeichnung für die Kapitalanlagegesellschaft eines offenen Fonds.
**KGV:** Kennzahl zur Bewertung von Aktien. Man erhält das Kurs-Gewinn-Verhältnis, indem man den aktuellen Kurs einer Aktie durch den erwarteten Jahresüberschuss je Aktie teilt.
**Korrelation:** Die Korrelation misst die Beziehung, die die Wertentwicklungen zweier verschiedener Anlagen (zum Beispiel Gold und Aktien) haben. Liegt keine gemeinsame Entwicklung zwischen beiden Werten vor, ergibt sich eine Korrelation von 0. Bei einem Korre-

lationsgrad von 1 entwickeln sich beide Werte gleich, bei –1 gegenläufig.

**Kupon:** Der Kupon bezeichnet die Nominalverzinsung einer Anleihe und wird in Prozent ausgedrückt.

**Limit:** Zusatzangabe bei einer Wertpapierorder, dass nur zu einem bestimmten Preis gekauft oder verkauft werden soll.

**Liquidität:** Fähigkeit, Zahlungsverpflichtungen kurzfristig erfüllen zu können.

**Market Maker:** Professionelle Börsenhändler, die für bestimmte Wertpapiere kontinuierlich verbindliche Kauf- und Verkaufspreise stellen und damit eine ausreichende Marktliquidität (Handelbarkeit) sicherstellen.

**Marktkapitalisierung:** Die Marktkapitalisierung (auch Börsenwert oder Börsenkapitalisierung) ist eine Kennzahl für den Wert eines börsennotierten Unternehmens. Sie ergibt sich aus der Multiplikation des aktuellen Kurses einer Aktie mit der Anzahl der an der Börse frei handelbaren Aktien.

**Nennwert (Nominalwert):** Bei festverzinslichen Wertpapieren der Wert, der am Laufzeitende an den Anleger zurückgezahlt wird.

**OGAW:** Die Abkürzung steht für „Organismus für gemeinsame Anlagen in Wertpapieren". Sie bezeichnet vor allem offene Investmentfonds.

**Pfandbriefe:** Schuldverschreibungen, die stets mit Immobilien besichert sind.

**Portfolio:** Bezeichnung für den Gesamtbestand an Geldanlagen eines Anlegers. Ein breit gestreutes Portfolio beinhaltet eine Mischung aus Aktien, Anleihen, Immobilien, Rohstoffen und liquiden Geldanlagen.

**Quanto:** Bezeichnung für Anlageprodukte, die gegen Währungsschwankungen abgesichert sind.

**Rating:** Bei Zinsanlagen ist ein Rating eine Einschätzung der Bonität des Schuldners (Emittenten).

**Rendite:** Die Wertentwicklung einer Anlage in einem bestimmten Zeitraum. Sie wird in der Regel für ein Jahr berechnet.

**Renten:** Anderer Ausdruck für ▹Anleihe.

**Schuldverschreibung:** ▹Anleihe.

**Spread:** So bezeichnet man die Handelsspanne bei börsennotierten Wertpapieren. Der Spread ist der Unterschied zwischen dem An- und dem Verkaufskurs. Ein geringer Spread ist Ausdruck hoher ▹Liquidität und für Anleger günstig.

**Standardwert:** Umsatzstarke Aktie eines großen und international tätigen Unternehmens (auch Blue Chips oder Large Caps genannt, siehe Seite 56).

**Stop-Loss-Limit:** Auftrag an die Bank, bei der der Anleger sein Depot führt, eine Aktie automatisch zu verkaufen, sobald ein bestimmter Kurs unterschritten wird.

**Stückzinsen**: Zinsen, die vom letzten Zinszahlungstermin bis zum Kauftag einer Anleihe anfallen. Der Käufer der Anleihe muss dem Verkäufer diese Zinsen zahlen, da er für den seit der letzten Zinszahlung vergangenen Zeitraum den Zinsanspruch des Verkäufers mit erwirbt und beim nächsten Zinstermin die volle Zinszahlung vom Anleihe-Emittenten erhält.

**Thesaurierende Fonds:** Thesaurierende Fonds zahlen im Gegensatz zu ausschüttenden die laufenden Erträge der im Fonds enthaltenen Werte nicht an die Anleger aus, sondern legen sie im Fondsvermögen an, sodass sich das Fondsvermögen erhöht.

**Unze:** Gewichtseinheit. Bei Edelmetallen wird die sogenannte Feinunze verwendet.

Sie bezieht sich nur auf den Edelmetallanteil, Verunreinigungen werden also vom Gesamtgewicht abgezogen. Eine Feinunze entspricht rund 31,1 Gramm. Gold- und Silberpreise werden üblicherweise in US-Dollar pro Feinunze angegeben.
**Verwahrstelle:** Bis zum Inkrafttreten des Kapitalanlagegesetzbuches hieß sie Depotbank. Verwahrstellen von Fonds müssen unabhängig vom Anbieter sein und darauf achten, dass Investments nicht zweckentfremdet werden.
**Volatilität:** Statistisches Maß für Marktschwankungen. Die Volatilität zeigt an, welche Wertschwankungen ein Wertpapier, insbesondere eine Aktie, über einen bestimmten Zeitraum aufweist. Je stärker und häufiger die Wertschwankungen, desto höher ist die Volatilität und damit auch das Risiko.
**Wertpapier:** Urkunde, die ein Vermögensrecht verbrieft. Dazu gehören zum Beispiel Aktien, Anleihen, Schecks und Wechsel.
**Zerobond**: Anleihe, bei der die Zinsen während der Laufzeit angesammelt und erst zum Laufzeitende zusammen mit dem Nennwert zurückgezahlt werden.
**Zertifikat:** Rechtlich sind Zertifikate Anleihen bzw. Schuldverschreibungen. Es gibt zwei große Gruppen: Partizipationszertifikate und Zertifikate mit definiertem Rückzahlungsprofil. Bei Partizipationszertifikaten leitet sich der Wert des Zertifikats von der Wertentwicklung des zugrundeliegenden Basiswerts ab. Basiswerte können zum Beispiel ein Index oder einzelne Wertpapiere sein. Bei Zertifikaten mit definiertem Rückzahlungsprofil sind Zins- und Rückzahlung von komplizierten Bedingungen abhängig.

## INTERNETSEITEN, DIE IHNEN WEITERHELFEN

**www.bondboard.de:** Unter dem Stichwort Bondboard finden Sie sehr gute Tools für die Suche nach passenden Anleihen: Beim Bondfinder können Sie Kriterien wie Anleihensegment, Emittent, Kuponhöhe, Fälligkeit, Rating und Währung vorgeben und sich mögliche Anleihen filtern und anzeigen lassen. Mit dem Renditerechner berechnen Sie leicht die Rendite von Anleihen.
**www.bafin.de:** Die Webseite der Bundesanstalt für Finanzdienstleistungen. Hier finden Sie unter anderem Informationen zu den Tätigkeiten von Banken, Finanzdienstleistern oder Versicherungsunternehmen und wie Sie bei Ärger mit diesen vorgehen können.
**www.bdb.de:** Die Seite des Bundesverbands deutscher Banken bietet unter anderem einen Währungsrechner, Informationen zur Einlagensicherung und verschiedene kostenlose Publikationen zu Bank- und Geldanlagethemen.
**www.beraterlotse.de:** Der Berater-Lotse ist ein Suchdienst, mit dem Sie unabhängige Honorarberater und Experten in den Bereichen Geldanlagen, Versicherungen und Finanzierungen finden können.
**www.boerse-frankfurt.de:** Die Börse Frankfurt bietet unter anderem einen gut sortierten Überblick über die in Deutschland gehandelten ETFs. Sehr interessant für Anle-

ger, die nachhaltige Investmentmöglichkeiten suchen, ist die Unterseite „Nachhaltige Wertpapiere". Mit dem Tool „Aktienauswahl nach Kennzahlen der Nachhaltigkeit" können Sie angeben, wie wichtig Ihnen unter anderem die Kriterien ökologische und soziale Verträglichkeit sowie Unternehmensführung sind, und sich dann die Aktien anzeigen lassen, die Ihre Kriterien erfüllen.

**www.boerse-stuttgart.de:** Die Homepage der Börse Stuttgart ist besonders empfehlenswert für die Suche nach Anleihen. Die Seite bietet neben dem Anleihenfinder und Renditerechner aber auch Produkt-Finder-Tools für andere Wertpapiere. Zum Beispiel können Sie mit dem ETF-Finder sehr genau vorgeben, welche Kriterien der von Ihnen gesuchte ETF erfüllen soll, und bekommen dann eine übersichtliche Auswahl.

**www.bvi.de:** Der Bundesverband Investment und Asset Management bietet eine Reihe von Informationen zum Thema Fonds.

**www.bmelv.de:** Das Bundesministerium für Verbraucherschutz bietet aktuelle Informationen zu gesetzlichen Regelungen sowie Checklisten und Ratschläge im Bereich Finanzen und Versicherung.

**www.dai.de:** Das Deutsche Aktieninstitut ist der Verband der Unternehmen und Institutionen, die sich am deutschen Kapitalmarkt engagieren. Hier finden Sie unter anderem Grundlagenbroschüren zum Thema Aktienanlagen.

**www.deutsche-finanzagentur.de:** Auf der Homepage der Finanzagentur der Bundesrepublik Deutschland finden Sie Informationen über alle Bundeswertpapiere.

**www.dia-vorsorge.de:** Das Deutsche Institut für Altersvorsorge bietet unter „Daten & Fakten" interessante Informationen rund um das Thema Altersvorsorge.

**www.dividendenchecker.de:** Die Webseite bietet einen Überblick über Dividenden und Dividendenrenditen von Aktien aus dem Dax, MDax, Sdax, TecDax, ÖkoDax und Atx.

**www.gold.de:** Auf dieser Webseite können Sie Edelmetallhändler in Ihrer Nähe suchen und Händlerangebote vergleichen.

**www.morningstar.de:** Die deutsche Seite der Ratingagentur Morningstar bietet detaillierte Informationen zu vielen Fonds sowie einige nützliche Tools zu Fondsauswahl und Fondscontrolling: Der Fundscreener hilft bei der Suche nach dem passenden Fonds. Mit dem Fondsvergleich können Sie mehrere Fonds direkt miteinander vergleichen. Mit dem Tool Instant X-Ray können Sie Ihr Fondsportfolio genauer analysieren.

**www.onvista.de:** Die Finanz-Webseite bietet Daten, Informationen und Tools zu allen Wertpapierarten.

**www.test.de:** Die Webseite der Stiftung Warentest bietet unter anderem Produktfinder für die besten Tagesgelder, Festgelder und Fonds sowie Tests zu vielen anderen Finanzprodukten (zum Beispiel zu Versicherungen).

**www.tradesignalonline.de:** Hervorragende Seite für Anleger, die sich mit Charttechnik befassen und damit arbeiten wollen. Unter anderem können Sie hier selbst technische Analysen von Aktien und Indizes durchführen. Dafür stehen Ihnen eine Fülle von Zeichenwerkzeugen, Chartarten und Indikatoren zur Verfügung.

**http://zertifikate.finanztreff.de:** Hier finden Sie diverse Hilfsmittel für die Suche nach dem passenden Zertifikat.

# REGISTER

Stiftung Warentest

## IMPRESSUM


2., aktualisierte Auflage

Stiftung Warentest
Lützowplatz 11–13
10785 Berlin
Telefon 0 30/26 31–0
Fax 0 30/26 31–25 25
www.test.de
email@stiftung-warentest.de

USt.-IdNr.: DE136725570

**Vorstand:** Hubertus Primus
**Weiteres Mitglied der Geschäftsleitung:**
Dr. Holger Brackemann
(Bereichsleiter Untersuchungen)



**Programmleitung:** Niclas Dewitz

**Autoren:** Stefanie Kühn, Markus Kühn
**Projektleitung/Lektorat:** Ursula Rieth
**Lektoratsassistenz:** Veronika Schuster
**Fachliche Beratung:** Michael Beumer, Thomas Krüger, Yann Stoffel, Hermann-Josef Tenhagen
**Korrektorat:** Hartmut Schönfuß
**Titelentwurf:** Susann Unger, Berlin
**Layout:** Pauline Schimmelpenninck Büro für Gestaltung, Berlin
**Grafiken:** Anne-Katrin Körbi, Martina Römer
**Grafik, Bildredaktion und Satz:** Anne-Katrin Körbi
**Bildnachweis – Titel:** GettyImages – DesignPics/Chris Knorr; **Inhalt:** GettyImages – Design Pics/Chris Knorr, Mimi Haddon, Jeffrey Coolidge, LWA, Joshua Hodge Photography, suedhang, Simon Potter; thinkstockphotos
**Verlagsherstellung:** Rita Brosius (Ltg.), Susanne Beeh
**Produktion:** Vera Göring
**Litho:** tiff.any GmbH, Berlin
**Druck:** Grafisches Centrum Cuno GmbH & Co. KG, Calbe

**ISBN: 978-3-86851-357-8**